la gramática española

ispanyolca dilbilgisi

KÜBRA SAĞLAM

FONO açıköğretim kurumu

ISBN 975-471-226-3

Baskı-Cilt
KAHRAMAN OFSET LTD. ŞTİ.
Mas-Sit / İstanbul
Tel: (0212) 629 00 01
2004

ÖNSÖZ

Latin kökenli dillerden biri olan İspanyolca, kurallara bağlı olduğundan öğrenilmesi kolay bir dildir.İspanyolca dilbilgisindeki önemli konuları içeren bu kitapla, dilbilgisi kuralları kolay anlaşılır bir biçimde açıklanarak, birçok örnek cümle ve bunların Türkçe karşılıkları verilerek, İspanyolca'nın iyi bir temelle öğrenilmesi amaçlanmıştır.

Fiil zamanlarının gerek şematik, gerekse çekim halinde verilmesi, zamanların açıklamalar ve örneklerle ayrıntılı olarak gösterilmesi ile fiiller konusu kapsamlı olarak öğretilmekte ve diğer bütün önemli konular da aynı şekilde detaylı bir biçimde anlatılıp örneklendirildiğinden, bu kitap, diğer dilbilgisi kitaplarından farklı bir yer tutmakta ve İspanyolca öğrenenlerin sürekli takip edebilecekleri bir kitap niteliği kazanmaktadır.

Bu yönüyle, klasik dilbilgisi kitaplarından ayrılan bu kitap, İspanyolca bilgileri ileri düzeyde olanlara olduğu kadar, bu dili yeni öğrenmeye başlayanlara da kolay ve sağlam bir temelle yol gösteren bir kaynaktır.

ÍNDICE – İNDEKS

LA GRAMÁTICA ESPAÑOLA

Partes de la oración - sözbölükleri

İspanyolca'da sekiz sözbölüğü vardır. İspanyolca sözcüklerin her biri bu sekiz türden birine aittir. Ancak, çeşitli anlam ve kullanışı olan bir sözcük bu gruplardan birden fazlasına girebilir. Bu bakımdan birçok sözcük için sekiz gruptan şu gruba aittir demek mümkün değildir. Sadece o kullanışıyla hangi gruba ait olduğu söylenebilir. Aynı sözcük başka bir anlamda kullanılışıyla diğer bir grup içinde yer alabilir. Bu bakımdan bir sözcüğü öğrenirken onun anlamlarını ve bu anlamlardayken hangi grupta olduğunu da bellemek gerekir.

Sözünü ettiğimiz sekiz sözbölüğü şunlardır: Parantez içinde verilen örnek sözcüklerden bazılarının yukarıda sözünü ettiğimiz gibi birden fazla grup içinde olabileceğini hatırdan çıkarmayınız.

1. **SUSTANTIVOS / NOMBRES** – isimler (**la mesa**, **María**, **la belleza**, **el ejército**)
2. **ADJETIVOS** – sıfatlar (**bien**, **blanco**, **este**, **cada**, **alguno**)
3. **PRONOMBRES** – zamirler (**tú**, **él**, **éste**, **conmigo**, **muchos**, **cuál**)
4. **VERBOS** – fiiller (**ir**, **comer**, **andar**, **tener**, **estar**, **escribir**)
5. **ADVERBIOS** – zarflar (**rápidamente**, **ahora**, **aquí**)
6. **PREPOSICIONES** – edatlar (**en**, **sobre**, **debajo de**, **al lado de**, **desde**)
7. **CONJUNCIONES** – bağlaçlar (**y**, **pero**, **o**, **porque**)
8. **INTERJECCIONES** – ünlemler (**¡Dios mío!**, **¡por dios!**)

SUSTANTIVOS / NOMBRES – isimler

ismin tanımı

Varlıklara ad olan sözcüklere isim denir. İsimler, insan, hayvan, eşya gibi varlıkları ve soyut kavramları adlandıran sözcüklerdir.

el árbol (ağaç)	**María**
el libro (kitap)	**Ankara**
la casa (ev)	**España**
el perro (köpek)	**Sr. Martínez**
el hombre (adam)	**Miguel**
el estudiante (öğrenci)	**Turquía**
la muchedumbre (kalabalık)	**la belleza** (güzellik)
el grupo (grup)	**la felicidad** (mutluluk)
el equipo (takım)	**la valentía** (cesaret)
el ejército (ordu)	**la blancura** (beyazlık)
la clase (sınıf)	**la salud** (sağlık)
el rebaño (sürü)	**la pobreza** (yoksulluk)

sözcükleri birer isimdir. Bunlar tanımda belirttiğimiz şeyleri adlandırmaktadırlar.

isimlerin türleri

İspanyolca'da isimler genel olarak Türkçe'de olduğu gibidirler. Bunların türlerini ve özelliklerini sırayla görelim:

İspanyolca'da isimler aşağıda gördüğümüz dört gruptan birine girerler.

1. **los nombres comunes** cins isimler
2. **los nombres propios** özel isimler
3. **los nombres abstractos** soyut isimler
4. **los nombres colectivos** topluluk isimleri

Bu grupları teker teker ele alıp inceleyelim:

1. **los nombres comunes** – cins isimler

Tanımdaki örneklerin ilk bölümünde bulunan **el árbol**, **la casa**, **el hombre**, **el perro** gibi sözcükler **los nombres cómunes** sınıfındardırlar. Bunlar gösterdikleri varlıkların tümüne aittirler. Örneğin, **el árbol** (ağaç) sözcüğü tüm ağaç cinsinin ismidir; **el estudiante** (öğrenci) sözcüğü tüm öğrenciler için kullanılan bir isimdir.

la mesa (masa)	**la radio** (radyo)
la chica (kız)	**el gato** (kedi)
el caballo (at)	**la tienda** (dükkân)
el profesor (öğretmen)	**el padre** (baba)

sözcükleri isimlendirdikleri türün hepsine isim olan ve hepsi tarafından paylaşılan isimlerdir. Bunlar birer **nombre común** – cins isimdir.

2. **los nombres propios** – özel isimler

Yukarıda gördüğümüz ve bir türün hepsine ait olan isimlere karşın, sadece bir tek şeye ait olan ve yalnız onu belirten isimler vardır. Bunlara **los nombres propios** – özel isimler denir. Çoğunlukla şahıs, yer gibi varlıklara ait olan bu isimler **María**, **Madrid**, **Miguel**, **Ahmet**, **Sr. Martínez** gibi bir tek şahıs veya yere ait olan, sadece onu gösteren sözcüklerdir.

Miguel	**Himalaya**
Señorita Alberti	**Berlin**
Selma	**Sr. Campos**
Estambul	**España**
New York	**Madrid**

Özel isimlerin baş harfleri daima büyük harfle yazılır.

3. **los nombres abstractos** – soyut isimler

Elle tutulup gözle görülen ve yukarıda gördüğümüz tür isimlerle isimlendirilen varlıklardan başka, birer kavram, nitelik, durum gösteren isimler vardır ki bunlar **los nombres abstarctos** – soyut isimler türünü oluştururlar.

la bondad (iyilik)	**la alegría** (sevinç)
la longitud (uzunluk)	**la pobreza** (yoksulluk)
la fe (inanç)	**el encanto** (cazibe)
la belleza (güzellik)	**la esperanza** (ümit)
el miedo (korku)	**la hambre** (açlık)

4. **los nombres colectivos** – topluluk isimleri

Aynı cinsten birçok varlığı topluca adlandıran, onları bir bütün olarak belirten sözcüklere **los nombres colectivos** – topluluk isimleri denir. Örneğin **el bosque** (orman), **la muchedumbre** (kalabalık), **el rebaño** (sürü) gibi isimler ağaç, insan, hayvan topluluklarını bir bütün olarak adlandırırlar.

el comité (kurul)	**el grupo** (grup)
la clase (sınıf)	**la familia** (aile)

los nombres compuestos – bileşik isimler

Dört grupta topladığımız isimlerin bazıları birleşerek **los nombres compuestos** – birleşik isimler meydana getirirler. Bunların bazıları birleşik, bazıları ise aralarında (-) işareti ile yazılırlar.

la bocamanga (kolağzı)
el guardia-civil (sivil polis)

İsimlerin dört türünü ve bazı isimlerin birleşerek meydana getirdikleri birleşik isimleri gördükten sonra İspanyolca isimlerde dişillik, erillik, cinsiyetsizlik durumlarını belirleyen (**género** cins) konusunu, bundan sonra isimlerin nasıl çoğul hale getirileceğini açıklayan (**plural** çoğul) konusunu, daha sonra da isimlerin cümle içindeki halini açıklayan (**caso** hal) konularını inceleyerek isim konusunu tamamlayacağız.

GÉNERO – CİNS

İspanyolca'da isimler eril (**masculino**) ve dişil (**femenino**) olmak üzere iki türlüdür. Tanım edatları isimlerin cinsini tanımlar. Hangi isimlerin eril, hangilerinin dişil olduklarını gösterecek kesin kurallar yoktur, ancak genelde aşağıdaki kurallar geçerlidir:

1) –**o** ile biten isimler eril, –**a** ile bitenler dişildir: **el libro** (kitap), **el hombre** (adam), **la casa** (ev), **la clase** (sınıf). Bu kuralın dışında kalanlardan en önemlileri **el día** (gün), **la mano** (el) ve –**ma** ile biten isimlerin büyük çoğunluğudur: **el problema** (sorun), **el idioma** (lisan).

2) –e ve sessiz harflerle biten isimler genelde eril olamakla birlikte –d ve –z ile bitenlerin çoğu dişildir: **el padre** (baba), **el carácter** (karakter), **la paz** (barış), **la bondad** (iyilik).

1. **eril** (erkek) **cins**

el hombre (adam), **el padre** (baba), **el policía** (polis), **el chico** (erkek çocuk) gibi erkek varlıkları gösteren isimler eril cins'tir.

2. **dişil** (dişi) **cins**

la mujer (kadın), **la madre** (anne), **la chica** (kız), **la tía** (hala, teyze) gibi dişi cins varlıkları gösteren isimler dişil cins'tir.

Bazı eril isimler, sonlarına ekler getirilerek dişil şekline sokulurlar.

el actor (aktör)	**la actriz** (altris)
el héroe (erkek kahraman)	**la heroína** (kadın kahraman)

Bazı isimlerin eril ve dişil şekilleri vardır.

el príncipe (prens)	**la princesa** (prenses)
el toro (boğa)	**la vaca** (inek)
el gallo (horoz)	**la gallina** (tavuk)
el padre (baba)	**la madre** (anne)
el hombre (adam)	**la mujer** (kadın)

Bazı eril isimlerin sonlarındaki **–o** harfi yerine **–a** harfi getirildiğinde dişil olurlar.

el dueño (erkek ev sahibi)	**la dueña** (kadın ev sahibi)
el tío (amca, dayı)	**la tía** (hala, teyze)
el hermano (erkek kardeş)	**la hermana** (kız kardeş)
el hijo (oğul)	**la hija** (kız evlat)
el sobrino (erkek yeğen)	**la sobrina** (kız yeğen)
el profesor (erkek öğretmen)	**la profesora** (kadın öğretmen)
el amigo (erkek arkadaş)	**la amiga** (kız arkadaş)

PLURAL – ÇOĞUL

Türkçedeki isimleri çoğul yapmak için sonlarına "-ler, -lar" çoğul ekleri getirilir.

Kitap	Kitaplar
Oda	Odalar
Kalem	Kalemler
Defter	Defterler
Çatal	Çatallar
Kaşık	Kaşıklar

İspanyolca'da isimlerin çoğul hali aşağıda sıralandığı gibi yapılır:

İspanyolca isimleri çoğul yapmak için genel olarak ismin sonuna bir **s** harfi eklenir. Bu **s** harfi Türkçedeki "-ler, -lar" çoğul eklerinin yerini tutar.

İsimlerle birlikte bunların tanımlıkları da çoğul olur, çoğulda **el** tanımlığı **los** ve **la** tanımlığı da **las** biçimini alır.

El ve **la** tanımlıklarının isimlerin önünde yer aldıkları zaman, o ismin belirttiği varlığın nitelikleri (biçimi, rengi vb.) bizce biliniyor demektir.

Tekil (**singular**) isimlerin, çoğul (**plural**) yapılmaları şu kurallara bağlıdır:

1. Vurgusuz sesli harf veya vurgulu **–e** ile biten isimlerin sonuna **–s** eklenir:

el gato (kedi)	**los gatos** (kediler)
el perro (köpek)	**los perros** (köpekler)
el libro kitap	**los libros** kitaplar
la puerta (kapı)	**las puertas** (kapılar)
el pájaro (kuş)	**los pájaros** (kuşlar)
el vaso (bardak)	**los vasos** (bardaklar)
la mesa (masa)	**las mesas** (masalar)
la caja (kutu)	**las cajas** (kutular)
la iglesia (kilise)	**las iglesias** (kiliseler)
el beso (öpücük)	**los besos** (öpücükler)
el tomate (domates)	**los tomates** (domatesler)
la foto (fotoğraf)	**las fotos** (fotoğraflar)
la llave (anahtar)	**las llaves** (anahtarlar)
el coche (araba)	**los coches** (arabalar)

2. Sessiz harfle veya vurgulu sesliyle biten isimlerin sonuna **–es** eklenir:

el árbol (ağaç)	**los árboles** (ağaçlar)
el jardín (bahçe)	**los jardines** (bahçeler)
la mujer (kadın)	**las mujeres** (kadınlar)
el reloj (saat)	**los relojes** (saatler)
el profesor (öğretmen)	**los profesores** (öğretmenler)
el país (ülke)	**los paises** (ülkeler)
la flor (çiçek)	**las flores** (çiçekler)
el autobús (otobüs)	**los autobuses** (otobüsler)

3. **–s** ile biten ve son heceleri vurgulu olmayan isimler değişmezler:

el lunes (Pazartesi)	**los lunes** (Pazartesi günleri)
el martes (Salı)	**los martes** (Salı günleri)
el miércoles (Çarşamba)	**los miércoles** (Çarşamba günleri)
el jueves (Perşembe)	**los jueves** (Perşembe günleri)
el viernes (Cuma)	**los viernes** (Cuma günleri)

el domingo (Pazar)	**los domingos** (Pazar günleri)

4. **–z** ile biten isimlerde bu harf **–c**' ye dönüşür:

la luz (ışık)	**las luces** (ışıklar)
el pez (balık)	**los peces** (balıklar)
el lápiz (kalem)	**los lápices** (kalemler)

5. Bileşik isimlerde genellikle ikinci kelime çoğul yapılır:

la bocamanga (kolağzı)	**las bocamangas** (kolağızları)

Bileşik ismin her iki unsuru birbirinden ayrılabiliyorsa her ikisi de çoğul yapılır:

el guardia-civil	**los guardias-civiles**

6. Bazı bileşik isimlerin tekil ve çoğulları aynıdır:

el abrelatas (konserve açacağı)	**los abrelatas** (konserve açacakları)
el paraguas (şemsiye)	**los paraguas** (şemsiyeler)

7. Bazı isimler her zaman çoğul olarak kullanılır.

las gafas (gözlük)
las tijeras (makas)

İSİMLERİN HALLERİ

İsimlerin –i ve –e halleri

Türkçe'de isimler –i ve –e hallerinde oldukları zaman sonlarına –i, –e gibi takılar alırlar. Örneğin (Ahmet televizyonu açtı. Onlar maça gittiler. Öğretmen öğrenciye bir kitap verdi.) cümlelerinde televizyon, maç, öğrenci isimleri takılar alarak –i ve –e hallerine girmişlerdir.

İspanyolca'da bu durum **a** edatı ile yapılır.

A edatı fiilin yöneltilmiş olduğu tümleci gösterir. (ismin –i ve –e halleri): **Respetar a los ancianos.** (Yaşlılara saygı göstermek.) **Enseñar a bailar.** (Dans etmeyi öğretmek.)

Yön bildirir (ismin –e hali): **Voy a Madrid.** (Madrit'e gidiyorum.) **¡A comer!** (Yemeğe!)

Bu edat daha bir çok anlama gelmektedir. Biz bu edatı daha sonraki derslerimizde ayrıntılı olarak göreceğiz.

Mülkiyet hali

İsimlerin mülkiyet hali (tamlayan hali) aşağıdaki gibi yapılır.

İspanyolcada isimlerin iyelik hali **de** edatı ile yapılır.

"DE" ile isim tamlaması

Türkçede, isim tamlaması, bir ismin başka bir isimle açıklanmasıdır. Örneğin, "ev, kapı" ve "okul, bahçe" sözcükleri tek tek ele alındığında, sadece karşıladıkları varlıkları ifade ederler. Fakat, "evin kapısı" "okulun bahçesi" dediğimiz zaman "kapı" ve "bahçe" isimlerinin özelliklerini anlatmış, açıklamış oluruz. Bu örneklerdeki –ın, -un tamlayan ekleri, -sı, -si ekleri de tamlanan ekleridir. Bu ekler ismin ses uyumuna göre –ın, -ün ve –su, -sü gibi değişikliklere uğrarlar.

İspanyolca da isim tamlaması biraz farklı olmakla birlikte Türkçedekine benzer. Ancak isimler, Türkçede olduğu gibi bir takım ekler almazlar. İki ismin arasına "**de**" girer.

Önce isimleri ayrı ayrı yazalım, sonra da isim tamlamalarını kuralım:

la puerta	kapı
la casa	ev
de	...in, ...ın
la puerta de la casa	evin kapısı
el jardín	bahçe
la escuela	okul
de	...in, ...ın
el jardin de la escuela	okulun bahçesi

Bu örneklerdeki dikkat edilmesi gereken bazı notları açıklayalım:

Yukarıda da söylediğimiz gibi, isimler, Türkçede olduğu gibi tamlayan ve tamlanan ekleri almıyor. İspanyolca sözcüklerin sıralanışı Türkçedekinin tam tersidir. Başka bir deyişle, "ev, okul" sözcükleri sona, "kapı, bahçe" sözcükleri de başa gelmektedir. Bunun nedeni diller arasındaki yapı farklılığıdır. Bunu böylece öğrenmek gerekir.
İspanyolca isim tamlamasında **de**'den sonra bir özel isim de gelebilir.

el sombrero	şapka
Juan	Juan
de	...in, ...ın

el sombrero de Juan Juan'ın şapkası

"yanında, yakınında" anlamına gelen **al lado de** edatını öğrenirken;

al lado de + el = al lado del
al lado de + la = al lado de la (değişmez)

olduğunu görmüştük. İsim tamlamalarında da **de**'den sonra gelen **el** tanımlığı **de** ile birleşerek **del** olur. **De**'den sonra gelen **la** tanımlığı ise değişikliğe uğramaz.

Cümleler:

La puerta de la casa es negra.	Evin kapısı siyahtır.
La cartera del profesor no es pequeña.	Öğretmenin çantası küçük değildir.
Los estudiantes de las escuelas están en la calle.	Okulların öğrencileri caddededir.
Las ventanas de las clases están cerradas.	Sınıfların pencereleri kapalıdır.
Los pájaros del niño son amarillos.	Çocuğun kuşları sarıdır.
Los libros de Clara no están sobre la mesa.	Clara'nın kitapları masanın üstünde değildir.
¿Dónde está la estilográfica de mi padre?	Babamın dolmakalemi nerededir?
¿Dónde está el hermano de Miguel?	Miguel'in erkek kardeşi nerededir?

Türkçeden İspanyolcaya çeviri yaparken, Türkçe isim tamlamasında sonraki sözcüğü başa; baştaki sözcüğü sona alıp, iki sözcük arasına **de** koyunuz. **De**'den sonra gelen isim çoğul ise "**de + los = de los ; de + las = de las**" olduğunu biliyoruz.

İspanyolcadan Türkçeye çeviri yaparken de sondaki sözcükten başlayarak çeviriniz. Bunlar, öğrenmek için pratik kurallardır.

Örneklerde de görüldüğü gibi **de**'nin önünde bulunduğu isim eril-tekil ise de bu ismin tanımlığı ile birleşerek **del** olur. Önünde bulunduğu isim dişil-tekil, dişil-çoğul ya da eril-çoğul ise **de** yine tanımlığın önünde fakat tanımlıktan ayrı yazılır.

de + el = del
de + la = de la

de + los = de los
de + las = de las

el sombrero de la chica	kızın şapkası
la puerta de la casa	evin kapısı
el libro del profesor	öğretmenin kitabı
el gato de Julia	Julia'nın kedisi
la camisa de un policía	bir polisin gömleği
el amigo de Miguel	Miguel'in arkadaşı
la casa de Juan	Juan'ın evi
las piernas del caballo	atın bacakları
el juguete de un niño	bir çocuğun oyuncağı
la exportación de Turquía	Türkiye'nin ihracatı

Çoğul isimlerde de iyelik yine **de** ile yapılır:

los zapatos de las mujeres	kadınların ayakkabıları
los juguetes de los niños	çocukların oyuncakları
los sombreros de las chicas	kızların şapkaları
el cuartel de los soldados	askerlerin kışlası
la escuela de los estudiantes	öğrencilerin okulu
las colas de los perros	köpeklerin kuyrukları
los cuernos de las vacas	ineklerin boynuzları

Özel isimlerde de durum aynıdır:

el padre del sr. Duarte	Bay Duarte'nin babası

Bir şeye sahip olan kişiler birden fazlaysa yine bu isimlerden önce **de** kullanılarak mülkiyet haline sokulur:

el perro de Turgut y Selma	Turgut ve Selma'nın köpeği
el piso de la chica y (de) su amiga	kız ve arkadaşının dairesi
el dormitorio de tu madre y (de) tu padre	annen ve babanın odası

de ile mülkiyet hali insan ve hayvanlar için kullanıldığı gibi, yani **de**'nin önünde bulunduğu isim bir insan veya hayvan gösteren isim olduğu gibi (örneğin, **el hombre** (adam), **el profesor** (öğretmen), **el piloto** (pilot), **Sr. Duarte** (Sr. Duarte), **el caballo** (at), **el pájaro** (kuş), cansız varlıklara ait isimlerin mülkiyet hali de yine bu isimlerin önüne **de** getirmek suretiyle yapılır:

el lápiz de Selim	Selim'in kalemi
un amigo de Hasan	Hasan'ın bir arkadaşı
un libro de Cervantes	Cervantes'in bir kitabı
los zapatos del obrero	işçinin ayakkabıları
el sombrero del piloto	pilotun şapkası
los sombreros de los pilotos	pilotların şapkaları
la cola del gato	kedinin kuyruğu
los dientes del elefante	filin dişleri
los amigos de Pedro	Pedro'nun arkadaşları
el arma de los soldados	askerlerin silahı

el arma del soldado	askerin silahı

Şimdi de cansız varlıklara ait isimlerin mülkiyet haline örnekler verelim:

de la puerta	kapının
la llave de la puerta	kapının anahtarı
del jardín	bahçenin
las paredes del jardín	bahçenin duvarları
de la iglesia	kilise
las puertas de la iglesia	kilisenin kapıları
de la habitación	odanın
la ventana de la habitación	odanın penceresi
de la mesa	masanın
los pies de la mesa	masanın ayakları
la cubierta del barco	geminin güvertesi
la tripulación del yate	yatın tayfası

Zamanla ilgili sözcükler:

las vacaciones de una semana	bir haftalık tatil
el periódico de hoy	bugünün gazetesi
un trabajo de cinco días	beş günlük iş
un descanso de veinte minutos	yirmi dakikalık istirahat
el programa de mañana	yarının programı
un tiempo de una hora	bir saatlik zaman
un paseo de medio día	yarım günlük yürüyüş
la noticia de ayer	dünün haberi
un retraso de diez minutos	on dakikalık gecikme
una espera de una hora	bir saatlik bekleyiş

Bazı cümlelerde bu sözcüğü tekrarlamamak için sahip olan isimden önce **de** kullanılarak sahip olunan isim kaldırılır.

Ésta es mi silla y ésa es la de mi madre.	Bu benim sandalyem, şu annemin-kidir.
Ella ha traido sus cartas pero no ha traido la de Miguel.	Sizin mektuplarınızı getirdi, fakat Miguel'inkini getirmedi.
¿Es este tú libro o el de tu hermana?	Bu senin kitabın mı yoksa kız kar-deşininki mi?

Bu cümlelerde **de mi madre**'den önce **silla**, **de Miguel**'den önce **carta**, **de tu hermana**'dan önce **libro** tekrarlanmamıştır.

Türkçe'de iki isim yan yana gelerek bir tamlama yaparlar. İspanyolca'da bu tür tamlamalar yine **de** yardımı ile yapılır.

la cancha de tenis	tenis kortu
la agencia de turismo	turizm acentesi
un cuento de amor	aşk öyküsü
el carné de conducir	sürücü belgesi

De edatı üstünlük, tarz, köken, gelinen yer, madde, konu, nitelik, açıklama, mastar fiillerde, zaman, nitelik güçlendirme, amaç, neden, tanımlama, şart, kıyaslama bildiren cümlelerde de kullanılır. Bu kullanımları da ileriki derslerimizde, de edatını ayrıntılı olarak işlerken öğreneceğiz.

LOS ADJETIVOS – SIFATLAR

sıfatın tanımı

Sıfatlar, isimleri tanımlamak, onlar hakkında bilgi vermek, özelliklerini belirtmek için kullanılan sözcüklerdir.

largo (uzun)	**mi** (benim)
pequeño (küçük)	**tu** (senin)
bajo (kısa)	**su** (onun)
negro (siyah)	**nuestro** (bizim)
alto (yüksek)	**este** (bu)
cada (her bir)	**ese** (şu)
todo (bütün, hepsi)	**estos** (bunlar)
ninguno (hiçbir)	**esos** (şunlar)
mucho (çok)	**vuestro** (sizin)

sözcükleri birer sıfattır. Bunlar cümle içinde ilgili oldukları ismin durumunu açıklar, onunla ilgili tanımlama yaparlar.

İspanyolca'da sıfatlar, isimlerde olduğu gibi eril ve dişil olup, tamamladıkları isimlere cins ve sayı bakımından uyarlar. Tekil sıfatların çoğul yapılmalarında, isimlere uygulanan kurallar geçerlidir.

Sıfatların dişil yapılması

Eril sıfatların dişil yapılmasında ise şu kurallar uygulanır:

1) –**o** ile biten sıfatlar –**a** alır:

un hombre alto	uzun boylu bir adam

una mujer alta	uzun boylu bir kadın
unos chicos altos	uzun boylu erkek çocuklar
unas chicas altas	uzun boylu kız çocuklar

2) –**an**, –**on**, –**or** ile biten sıfatlara –**a** eklenir:

holgazán	tembel (eril)
holgazana	tembel (dişil)
campeón	şampiyon (eril)
campeona	şampiyon (dişil)
traidor	hain (eril)
traidora	hain (dişil)

istisnalar:

exterior	dış
interior	iç
superior	daha üstün
inferior	daha aşağı
mejor	daha iyi
peor	daha kötü
mayor	daha büyük
menor	daha küçük

3) Bunların dışında kalanlar değişmez:

fuerte	güçlü
belga	Belçikalı
fácil	kolay
gris	gri

İspanyolca'da sıfatlar, bağlı oldukları ismin bir niteliğini göstermeleri ya da o varlığın kendi cinsi içinde hangisi olduğunu belirtmeleri açısından ikiye ayrılırlar:

A) Tanımladıkları ismin genellikle arkasında yer alan **adjetivos calificativos** (niteleme sıfatları):

Bunlar isimlerin nasıl olduklarını açıklayan sözcüklerdir.

bien	iyi
frío	soğuk
nuevo	yeni
malo	kötü
valiente	cesur
amarillo	sarı
limpio	temiz
corto	kısa

el hombre viejo	yaşlı adam
la mesa grande	büyük masa
la chica inteligente	akıllı kız
la casa verde	yeşil ev
una mujer celosa	kıskanç bir kadın
la nieve blanca	beyaz kar

B) Belirttikleri ismin önünde yer alan **adjetivos determinativos** (belirtme sıfatları):

1) **Adjetivos posesivos** – iyelik (mülkiyet) sıfatları

Sahip olma durumu gösteren sıfatlardır. Aşağıda görüldüğü gibi, Türkçe'de tamlayan eki almış şahıs zamiri olan (benim, senin, onun ...) sözcükleri İspanyolca'da birer iyelik sıfatıdır. Bu konuda karşılaştırmalı bilgi için iyelik zamirleri konusuna bakınız.

Singular (tekil)	Plural (çoğul)	
mi	**mis**	(benim)
tu	**tus**	(senin)
su	**sus**	(onun)
nuestro, nuestra	**nuestros, nuestras**	(bizim)
vuestro, vuestra	**vuestros, vuestras**	(sizin)
su	**sus**	(onların)

mi reloj (benim saatim)
mi libro (benim kitabım)
tu sombrero (senin şapkan)
tus hermanos (senin erkek kardeşlerin)
su hijo (onun oğlu)
su puerta (onun kapısı)
nuestro padre (bizim babamız)
nuestra madre (bizim annemiz)
vuestro perro (sizin köpeğiniz)
vuestra casa (sizin eviniz)
su coche (onların otomobili)
sus casas (onların evleri)
mis libros (benim kitaplarım)
tus lápices (senin kurşunkalemlerin)
vuestros cuadernos (sizin defterleriniz)
sus coches (onların otomobilleri)
su padre (onların babası)

2) **Adjetivos demostrativos** – işaret sıfatları

İşaret sıfatları şunlardır:

Singular (tekil)				Plural (çoğul)		
Masc. (eril)	**Fem.** (dişil)	**Neutro** (cinssiz)		**Masc.** (eril)	**Fem.** (dişil)	
este	**esta**	**esto**	(bu)	**estos**	**estas**	(bunlar)
ese	**esa**	**eso**	(şu)	**esos**	**esas**	(şunlar)
aquel	**aquella**	**aquello**	(o)	**aquellos**	**aquellas**	(onlar)

este libro (bu kitap)
este edificio (bu bina)
este chico (bu çocuk)
este hombre (bu adam)
esta escalera (bu merdiven)
esta mesa (bu masa)
esta casa (bu ev)
esta chica (bu kız)
esos libros (şu kitaplar)
estos árboles (bu ağaçlar)
estos coches (bu arabalar)
estos estudiantes (bu öğrenciler)
esos hombres (şu adamlar)
esos libros (şu kitaplar)
esas casas (şu evler)
esas mujeres (şu kadınlar)
aquellas sillas (o sandalyeler)
aquellas flores (o çiçekler)
aquellas tiendas (o dükkânlar)
esa silla (şu sandalye)
aquellos pájaros (o kuşlar)
esas camisas (şu gömlekler)

Cinssiz işaret sıfatı zamir olarak kullanılır:

Esto no es verdad. (Bu doğru değil)

İşaret sıfatları zamir olarak kullanıldıkları zaman vurgulu yazılır:

Esta casa es verde, aquélla es blanca. (Bu ev yeşil, oradaki beyaz.)
Este libro es grande, ése es pequeño. (Bu kitap büyük, şu (kitap) küçük)

3) **Adjetivos indefinidos** – belgisiz sıfatlar

Bağlı oldukları isimleri nicelik veya nitelik açısından "belirsiz" bırakan sıfatlardan en önemlileri şunlardır:

alguno, **–na** (bir, bazı)
cierto, **–ta** (belirli, bazı)
ninguno, **–na** (hiçbir)
cualquier, **–ra** (herhangi bir)
todo, **–da** (hepsi, bütün)
mucho, **–cha** (birçok)
poco, **–ca** (az)
otro, **–ra** (öbür)
mismo, **–ma** (aynı)
varios, **–rias** (birçok)
tal, **–les** (öyle)
bastante, **–tes** (yeterince)

Not: **alguno** ve **ninguno**, eril-tekil bir isimden önce kısalıp **algún** ve **ningún** olur.

4) **Adjetivos numerales** – sayı sıfatları

a) **Numeros cordinales** – asıl sayılar

cero	sıfır
uno, una	bir
dos	iki
tres	üç
cuatro	dört
cinco	beş
seis	altı
siete	yedi
ocho	sekiz
nueve	dokuz
diez	on
once	on bir
doce	on iki
trece	on üç
catorce	on dört
quince	on beş
dieciséis	on altı
diecisiete	on yedi
dieciocho	on sekiz
diecinueve	on dokuz
veinte	yirmi
veintiuno	yirmi bir
veintidós	yirmi iki

veintitrés	yirmi üç
treinta	otuz
treinta y uno	otuz bir
cuarenta	kırk
cincuenta	elli
sesenta	atmış
setenta	yetmiş
ochenta	seksen
noventa	doksan
cien, ciento	yüz
ciento uno	yüz bir
ciento diez	yüz on
doscientos, –tas	iki yüz
trescientos, –tas	üç yüz
cuatrocientos, –tas	dört yüz
quinientos, –tas	beş yüz
seiscientos, –tas	altı yüz
setecientos, –tas	yedi yüz
ochocientos, –tas	sekiz yüz
novecientos, –tas	dokuz yüz
mil	bin
dos mil	iki bin
diez mil	on bin
cien mil	yüz bin
un millón	bir milyon
dos millones	iki milyon

Asıl sayıların kullanımı hakkında birkaç not:

1) **uno** ile **ciento** (ve içinde bu rakamlar bulunan sayılar) iki cinslidir ve belirttikleri kelimeye göre değişirler; **uno**, eril isimler önünde kısalıp **un** olur; **ciento**, isimler önünde ve "**mil**" sayısından önce kısalıp **cien** olur:

un hombre (bir adam)
una mujer (bir kadın)
cien libros (yüz kitap)
quinientos lápices (beş yüz kurşunkalem)
quinientas hojas (beş yüz yaprak)
cien mil soldados (yüz bin asker)

2) **mil** rakamı tekildir:

dos mil (iki bin)
tres mil (üç bin)

Ancak "binlerce" anlamında çoğul olur ve "**de**" edatıyla birlikte kullanılır:

miles de niños (binlerce çocuk)

3) **millón** kelimesi isimdir, bu nedenle "**de**" edatıyla birlikte kullanılır:

un millón de billetes (bir milyon bilet)

b) **Números ordinales** – sıra sayılar

primero	birinci
segundo	ikinci
tercero	üçüncü
cuarto	dördüncü
quinto	beşinci
sexto	altıncı
séptimo	yedinci
octavo	sekizinci
noveno, **nono**	dokuzuncu
décimo	onuncu
undécimo	on birinci
duodécimo	on ikinci
decimotercio, **decimotercero**	on üçüncü
decimocuarto	on dördüncü
decimoquinto	on beşinci
decimosexto	on altıncı
decimoséptimo	on yedinci
decimooctavo	on sekizinci
decimonoveno, **decimonono**	on dokuzuncu
vigésimo	yirminci
vigésimo primero	yirmi birinci
trigésimo	otuzuncu
trigésimo primero	otuz birinci
cuadragésimo	kırkıncı
quincuagésimo	ellinci
sexagésimo	altmışıncı
septuagésimo	yetmişinci
octogésimo	sekseninci
nonagésimo	doksanıncı
centésimo	yüzüncü
centésimo primero	yüz birinci
centésimo décimo	yüz onuncu
ducentésimo	iki yüzüncü
trecentésimo	üç yüzüncü
cuadringentésimo	dört yüzüncü
quingentésimo	beş yüzüncü
sexcentésimo	altı yüzüncü
septingentésimo	yedi yüzüncü
octingentésimo	sekiz yüzüncü

noningentésimo	dokuz yüzüncü
milésimo	bininci
dos milésimo	iki bininci
millonésimo	bir milyonuncu
dos millonésimo	iki milyonuncu

Sıra sayıların kullanımı hakkında birkaç not:

1) **primero** ve **tercero**, eril-tekil isimlerin önünde kısalıp **primer** ve **tercer** olur.

2) Tüm sıra sayılar, tamamladıkları isme sayı ve cins bakımından uyarlar:

el primer año (birinci yıl)
el tercer día (üçüncü gün)
la quinta vez (on beşinci kere)

3) 1'den 10'a kadar olan sıra sayıları, sık sık kullanılır; 11'den 20'ye kadar olanlar daha az kullanılır; 20'den sonrakilere (**milésimo** dışında) hemen hemen hiç rastlanılmaz ve bunların yerine asıl sayılar kullanılır:

en la página cuarenta y ocho (kısk sekizinci sayfada)
el ochenta aniversario (sekseninci yıldönümü)

4) Ayın günleri söylenirken sadece birinci gün için "**primero**", diğerleri için asıl sayılar kullanılır:

el primero de enero (ocağın biri)
el diez de marzo (martın onu)

5) Hükümdar isimlerinin ve yüzyılların sıralanmasında dokuzuncuya kadar sıra sayılar, onuncu için sıra veya asıl sayı, ondan sonrakiler için asıl sayılar kullanılır:

Enrique octavo (sekizinci Enrique)
Alfonso diez (onuncu Alfonso)
Luis catorce (on dördüncü Luis)
siglo décimo (onuncu yüzyıl)
siglo dieciocho (on sekizinci yüzyıl)

6) Sıra sayıların kısaltmaları şöyledir:

1°, 2°, 3°, 4° etc. (Dişil isimlerde: 1ª, 2ª, 3ª etc.)

c) **Números partitivos** – kesirler

medio, media	yarım
una y media	bir buçuk

un tercio	üçte bir
dos tercios, las dos terceras partes	üçte iki
un cuarto, la cuarta parte	dörtte bir, çeyrek
tres cuartos, las tres cuatras partes	dörtte üç
un quinto, la quinta parte	beşte bir
un sexto, la sexta parte	altıda bir
tres y tres sextos	üç, altıda üç
un duodécimo, un dozavo, un duodécima parte	on ikide bir
ocho dozavos	on ikide sekiz
un centésimo, una centésima parte	yüzde bir
un milésimo	binde bir

d) **Números multiplicativos** – katlama sayılar

doble	iki katı
triple	üç katı
cuádruple	dört katı
quíntuple	beş katı

e) **Números distributivos** – dağıtma sayılar

sendos	her biri
ambos	her ikisi
dos en dos	ikişer ikişer
cuatro en cuatro	dörder dörder

Daha önce de belirttiğimiz gibi İspanyolca'da sıfatlar tanımladıkları ismin tekil, çoğul veya erkek, dişi oluşuna göre değişip uyum sağlarlar.

la silla pequeña	küçük sandalye
las sillas pequeñas	küçük sandalyeler

el coche nuevo	yeni araba
los coches nuevos	yeni arabalar
un chico alto	uzun boylu bir (erkek) çocuk
una chica alta	uzun boylu bir (kız) çocuk

Görüldüğü gibi sıfatlar tekil ve çoğul isimler önünde veya eril ve dişil isimler önünde değişikliğe uğrayıp tamamladıkları isimlere cins ve sayı bakımından uymaktadırlar.

esta casa	bu ev
estas casas	bu evler
esa mujer	şu kadın
esas mujeres	şu kadınlar
aquel hombre	o adam
aquellos hombres	o adamlar

Posición de los adjetivos – sıfatların yeri

İspanyolca'da sıfatlar genellikle ilgili oldukları isimlerin arkasında yer alırlar.

una llave pequeña	küçük bir anahtar
un libro verde	yeşil bir kitap
un hombre viejo	yaşlı bir adam
una mesa grande	büyük bir masa

Bir isimden sonra birden fazla sıfat varsa bunların arasına "ve" anlamındaki **y** getirilir.

una llave pequeña y negra	küçük siyah bir anahtar
una regla larga y pesada	uzun ağır bir cetvel
una chica alta y joven	uzun boylu genç bir kız

La llave es pequeña.	Anahtar küçüktür.
Las sillas son blancas.	Sandalyeler beyazdır.
¿Están los ibros viejos?	Kitaplar eski midir?
El hombre está cansado.	Adam yorgundur.
Carmen es alta y gorda.	Carmen uzun ve şişmandır.
Los coches son grandes, nuevos y caros.	Otomobiller büyük, yeni ve pahalıdır.
Ésta es una radio nueva.	Bu yeni bir radyodur.
Esta radio es nueva.	Bu radyo yenidir.
Era una película larga.	Uzun bir filmdi.

La película era larga.	Film uzundu.
Esos son los animales grandes y peligrosos.	Şunlar büyük ve tehlikeli hayvanlardır.

İsim olarak kullanılan sıfatlar

İnsanların durumunu belirten **bueno**, **malo**, **pobre**, **rico**, **sano**, **enfermo**, **vivo**, **muerto** gibi sıfatlar tanım edatı ile kullanılarak çoğul anlamlı bir isim görevi yaparlar. Bu durumda bir topluluğu gösterdikleri için fiilin çoğul hali ile kullanılırlar.

Tenemos que ayudar a los pobres.	Yoksullara yardım etmeliyiz.
Los ciegos pueden hacerlo.	Körler onu yapabilirler.
Estas medicinas son para los enfermos.	Bu ilaçlar hastalar içindir.
Los ricos viven en esta parte de la ciudad.	Zenginler şehrin bu kısmında yaşarlar.
Los viejos son pacientes.	Yaşlılar sabırlıdır.

Formación del negativo – olumsuz yapma

Sıfatlara bazı önekler veya sonekler ilave edilerek olumsuzluk anlamı verilir. Bunlar **im**, **in**, **des**, **ir** önekleridir.

im

probable (olası, muhtemel)	**improbable** (muhtemel olmayan)
posible (olası, mümkün)	**imposible** (imkânsız)
propio (uygun)	**impropio** (yakışıksız, uygunsuz)
puro (saf, temiz)	**impuro** (kirli, saf olmayan)
potente (güçlü, yetenekli)	**impotente** (kudretsiz)

in

útil (yararlı)	**inútil** (yararsız)
capaz (yetenekli, muktedir)	**incapaz** (güçsüz)
modesto (alçakgönüllü, mütevazi)	**inmodesto** (utanmaz)
oportuno (uygun, müsait)	**inoportuno** (vakitsiz)
soluble (çözünebilir)	**insoluble** (çözülmez)

des

afortunado (şanslı, talihli)	**desafortunado** (talihsiz)
agradable (hoş)	**desagradable** (nahoş)
aventajado (elverişli)	**desaventajado** (elverişsiz)

atento (dikkatli) **desatento** (dikkatsiz)
aprovechado (yararlı) **desaprovechado** (yararsız)

ir

respetuoso (saygılı) **irrespetuoso** (saygısız)
real (gerçek) **irreal** (gerçekdışı)
responsable (sorumlu) **irresponsable** (sorumsuz)
resoluto (kararlı) **irresoluto** (kararsız)
regular (düzenli, kurallı) **irregular** (kuraldışı)

Alguno/a, ninguno/a

"Herhangi bir, oldukça, bir miktar" anlamlarına gelen **alguno/a** genel olarak olumlu cümlelerde kullanılır. Kullanımı ve anlamı **unos/as** gibidir. Bu sözcük de sayısı belirsiz isimlerin önünde yer alır. Sayılabilen ve sayılamayan isimlerin önünde yer alabilir. Önünde yer aldığı ismin tekilliğine, çoğulluğuna, erilliğine ve dişilliğine göre uyum sağlar. İsmin tanımlığı kalkar. Aşağıdaki örnekleri inceleyiniz.

unos lápices birkaç kalem
algunos lápices birkaç kalem
algún azúcar biraz şeker
alguna cerveza biraz bira

Dame alguna mantequilla. Bana biraz tereyağı ver.
Tiene algunos amigos en İzmir. İzmir'de birkaç arkadaşı var.
Hemos comprado algunas sillas. Birkaç sandalye aldık.
Hay algunos profesores en la escuela. Okulda birkaç öğretmen var.
Hay algunos huevos en la cesta. Sepette birkaç yumurta var.

¿Hay algún libro sobre la mesa? Masada hiç kitap var mı?
Sí, hay unos libros sobre la mesa. Evet, masada birkaç kitap var.

¿Hay alguna silla al lado de la ventena? Pencerenin yanında hiç sandalye var mı?
Sí, hay unas sillas al lado de la ventana. Evet, pencerenin yanında birkaç sandalye var.

¿Hay alguna carnicería en la calle? Caddede hiç kasap dükkanı var mı?
Sí, hay dos carnicerías en la calle. Evet, caddede iki kasap dükkanı var.

¿Hay algún árbol en el jardín? Bahçede hiç ağaç var mı?
Sí, hay muchos árboles en el jardín. Evet, bahçede birçok ağaç var.

Yukarıdaki örneklerde görüldüğü gibi, **alguno** eril ve tekil bir ismin önünde yer aldığında değişip **algún** şeklinde yazılıyor. Soru cümlesi içerisindeki **alguno**, "hiç" anlamını veriyor.

"Hiçbir, hiç, hiç biri, hiç kimse" anlamına gelen **ninguno** eril tekil isimler önünde kısalıp **ningún** olur. Olumsuzluk bildiren cümlelerde kullanılır.

Ella bebió alguna agua.	Biraz su içti.
Ella no bebió ninguna agua.	Hiç su içmedi.
No comió ningún pan.	Hiç ekmek yemedi.
No leemos ningún libro.	Hiç kitap okumayız.
No tienen ninguna casa.	Hiç evleri yok.
No tenemos ningún dinero.	Hiç paramız yok.
Tienes algún dinero.	Biraz paran var.
¿Tienes algún dinero?	Hiç paran var mı?
No tengo ningún dinero.	Hiç param yok.
¿Tiene él algún libro?	Onun hiç kitabı var mı?
¿Hay alguna flor en el jardín?	Bahçede hiç çiçek var mı?
¿Hay alguna mantequilla en el plato?	Tabakta hiç tereyağı var mı?
¿Hay algún libro sobre la mesa?	Masanın üstünde hiç kitap var mı?
No hay ninguno.	Hiç yok.
Hay algunos.	Birkaç tane var.
¿Hay alguna botella sobre la mesa?	Masanın üstünde hiç şişe var mı?
No hay ninguna.	Hiç yok.
Hay algunas.	Birkaç tane var.
No hay ningún libro sobre la mesa.	Masanın üstünde hiç kitap yok.
No hay ninguna botella sobre la mesa.	Masanın üstünde hiç şişe yok.
No tenía ningún libro.	Hiç kitabım yoktu.
Esta mañana he comprado algunos en la libreria.	Bu sabah kitaplıktan birkaç tane satın aldım.
No había ninguna fruta en casa.	Evde hiç meyve yoktu.
Esta mañana he comprado algunas en la frutería.	Bu sabah manavdan biraz satın aldım.
¿Hay algún cuaderno sobre la silla?	Sandalyenin üstünde hiç defter var mı?
No hay ninguno.	Hiç yok.
Sí, hay algunos.	Evet, birkaç tane var.

¿No has recibido ninguna carta?	Hiç mektup almadın mı?
No he recibido ninguna.	Hiç almadım.
Sí, he recibido alguna.	Evet, bir tane aldım.
¿No has comprado ningún regalo?	Hiç hediye almadın mı?
No he comprado ninguno.	Hiç almadım.
Sí, he comprado alguno.	Evet, bir tane aldım.
¿Tienes alguna corbata?	Hiç kravatın var mı?
No tengo ninguna.	Hiç yok.
Sí, tengo alguna.	Evet, bir tane var.
¿Hay alguna botella de vino?	Hiç şarap şişesi var mı?
No hay ninguna.	Hiç yok.
Sí, hay algunas.	Evet, birkaç tane var.
¿Hay algún huevo en la nevera?	Buzdolabında hiç yumurta var mı?
No hay ninguno.	Hiç yok.
Sí, hay algunos.	Evet, birkaç tane var.
¿Hay algunas flores en el jardín?	Bahçede hiç çiçek var mı?
No hay ninguna.	Hiç yok.
Sí, hay algunas.	Evet, birkaç tane var.
Ella no tiene ninguna hermana.	Onun hiç kız kardeşi yok.
No hay ninguna sal en el salero.	Tuzlukta hiç tuz yok.
No hay ningún libro sobre la mesa.	Masanın üstünde hiç kitap yok.
No comió ninguna manzana.	Hiç elma yemedi.
No hemos visto ningún conejo.	Hiç tavşan görmedik.
Miguel no bebió ninguna cerveza.	Miguel hiç bira içmedi.

nadie, alguien, algo, nada

Nadie "hiç kimse", **alguien** "biri, birisi", **algo** "bir şey", **nada** "hiçbir şey" anlamına gelir:

¿Hay alguien en casa?	Evde (biri) kimse var mı?
¿Hay alguien en la oficina?	Büroda (biri) kimse var mı?
¿Hay alguien en la tienda?	Dükkânda (biri) kimse var mı?
¿Hay alguien aquí?	Burada (biri) kimse var mı?
¿Hay alguien en el cine?	Sinemada (biri) kimse var mı?
¿Hay alguien en la cocina?	Mutfakta (biri) kimse var mı?
¿Hay alguien en la biblioteca?	Kütüphanede (biri) kimse var mı?
¿Hay alguien en clase?	Sınıfta (biri) kimse var mı?
¿Hay alguien en el teatro?	Tiyatroda (biri) kimse var mı?

¿Hay alguien en la playa?	Plajda (biri) kimse var mı?
¿Hay alguien en la habitación?	Odada (biri) kimse var mı?
¿Hay alguien en el parque?	Parkta (biri) kimse var mı?
¿Hay alguien en el jardín?	Bahçede (biri) kimse var mı?
¿Hay alguien en piscina?	Havuzda (biri) kimse var mı?
¿Hay alguien en la farmacia?	Eczanede (biri) kimse var mı?
¿Hay alguien en el museo?	Müzede (biri) kimse var mı?
¿Hay alguien en la canicería?	Kasap dükkanında (biri) kimse var mı?
¿Hay alguien en la embajada?	Elçilikte (biri) kimse var mı?
¿Hay alguien en el consulado?	Konsoloslukta (biri) kimse var mı?
¿Hay alguien en el mar?	Denizde (biri) kimse var mı?
¿Hay alguien en el coche?	Otomobilde (biri) kimse var mı?
¿Hay alguien en el autobús?	Otobüste (biri) kimse var mı?
No hay nadie en casa.	Evde hiç kimse yok.
No hay nadie en la oficina.	Büroda hiç kimse yok.
No hay nadie en la calle.	Caddede hiç kimse yok.
No hay nadie en la tienda.	Dükkanda hiç kimse yok.
No hay nadie en la biblioteca.	Kütüphanede hiç kimse yok.
No hay nadie en la cocina.	Mutfakta hiç kimse yok.
No hay nadie en la habitación.	Odada hiç kimse yok.
No hay nadie en el consulado.	Konsoloslukta hiç kimse yok.
No hay nadie en el parque.	Parkta hiç kimse yok.
No hay nadie en la piscina.	Havuzda hiç kimse yok.
No hay nadie en la escuela.	Okulda hiç kimse yok.
No hay nadie en clase.	Sınıfta hiç kimse yok.
No hay nadie en la jardín.	Bahçede hiç kimse yok.
No hay nadie en el hotel.	Otelde hiç kimse yok.
No hay nadie en el hospital.	Hastanede hiç kimse yok.
No hay nadie en la farmacia.	Eczanede hiç kimse yok.
No hay nadie en el cine.	Sinemada hiç kimse yok.
No hay nadie en el museo.	Müzede hiç kimse yok.
No hay nadie en el teatro.	Tiyatroda hiç kimse yok.
No hay nadie aquí.	Burada hiç kimse yok.
No hay nadie en la carnicería.	Kasap dükkanında hiç kimse yok.
No hay nadie en la embajada.	Elçilikte hiç kimse yok.
No hay nadie en el mar.	Denizde hiç kimse yok.
No hay nadie en el coche.	Otomobilde hiç kimse yok.
No hay nadie en el autobús.	Otobüste hiç kimse yok.
¿Beberéis algo después de la clase?	Dersten sonra bir şey içecek misiniz?
No beberemos nada después de la clase.	Dersten sonra hiçbir şey içmeyeceğiz.
¿Habéis comprado algo para mañana?	Yarın için bir şey satın aldınız mı?
No hemos comprado nada para mañana.	Yarın için hiçbir şey satın almadık.

¿Le has comprado algo a Julia? **No le he comprado nada a Julia.**	Julia'ya bir şey aldın mı? Julia'ya hiçbir şey almadım.
¿Has traido algo de París? **No he traido nada de París.**	Paris'ten bir şey getirdin mi? Paris'ten hiçbir şey getirmedim.
¿Quieres decir algo? **No quiero decir nada.**	Bir şey söylemek istiyor musun? Hiçbir şey söylemek istemiyorum.
¿Quién ha llamado? **No ha llamado nadie.**	Kim aradı? Hiç kimse aramadı.
¿A quién has visto? **No he visto a nadie.**	Kimi gördün? Hiç kimseyi görmedim.
¿Quién ha venido? **No ha venido nadie.**	Kim geldi? Hiç kimse gelmedi.
¿Quién ha llegado? **No ha llegado nadie.**	Kim geldi? Hiç kimse gelmedi.
¿A quién has telefoneado? **No he telefoneado a nadie.**	Kime telefon ettin? Hiç kimseye telefon etmedim.
¿Quién ha estudiado? **No ha estudiado nadie.**	Kim çalıştı? Hiç kimse çalışmadı.
¿Quién ha salido? **No ha salido nadie.**	Kim çıktı? Hiç kimse çıkmadı.
¿A quién has llamado? **No he llamado a nadie.**	Kimi aradın? Hiç kimseyi aramadım.
No hay nadie en casa. **Hay alguien en casa.**	Evde hiç kimse yok. Evde biri var.
Ho hay nada sobre la mesa. **Hay algo sobre la mesa.**	Masanın üstünde hiçbir şey yok. Masanın üstünde bir şey var.

otro, otra, otros, otras

Otro, **otra** tekil bir anlam taşır ve tekil isimlerin önünde kullanılır. **Otros**, **otras** çoğul isimlerle kullanılır.

otro, otra	diğer, öteki, öbür, başka

Dame otro vaso.	Bana başka bir bardak ver.
Ella comprará otra falda.	Başka bir eteklik alacak.
otra vez	bir kez daha
por otra parte	öte yandan
el otro día	geçen gün
de otra manera	aksi takdirde
ni uno ni otro	ne biri ne öteki
otros, otras	diğer, öbür
Las otras máquinas fotográficas son caras.	Diğer fotoğraf makineleri pahalıdır.
Te mostraré las otras habitaciones.	Sana diğer odaları göstereceğim.

Cada

Cada sözcüğünün özelliği bir topluluk veya grup içindeki tek şeyi gösteriyor olması nedeniyle tekil bir anlam taşıması isimlerin tekil haliyle kullanılmasıdır. Bu sözcüğün anlamı "her, her bir"dir.

cada	her, her bir
cada año	her yıl, her sene
cada estudiante	her öğrenci
cada día	her gün
cada dos meses	her iki ayda bir
Cada estudiante está listo.	Her bir öğrenci hazırdır.
Cada hombre leía un libro.	Her bir adam bir kitap okuyordu.
Cada soldado sabe el plan.	Her bir asker planı bilir.
Cada chica es guapa.	Her bir kız güzeldir.
Cada médico sabe lo que hacer.	Her bir doktor ne yapılacağını bilir.

Cada cuento termina así.	Her bir öykü böyle biter.
Cada chica se ha vestido una camisa roja.	Her bir kız kırmızı bir gömlek giydi.

todo, toda, todos, todas

Todo, **toda** sözcükleri "tüm, bütün, hep, her, hepsi" anlamlarına gelir, bir grubun veya şeyin tümünü belirtir. **Cada** sözcüğü gibi tekil isimlerle kullanılır.

todo el mundo **toda la gente**	her kes herkes, bütün insanlar
toda la noche	bütün gece
todo el día	bütün gün
todo el año	bütün yıl
Él vivió toda su vida en Madrid.	Bütün hayatını Madrit'te yaşadı.
He gastado todo el dinero.	Bütün parayı harcadım.

Todos ve **todas** da çoğul isimlerle birlikte kullanılır.

todas las semanas	her hafta
todos los martes	her Salı
todos los días	her gün
todas las noches	her gece
todas las mañanas	her sabah
Todos los animales son útiles.	Bütün hayvanlar yararlıdır.
A todas las mujeres les gustan los vestidos bonitos.	Bütün kadınlar güzel elbiseleri severler.
Tiene que responder a todas las preguntas que se escribe en esta papel.	Bu kağıtta yazılı bütün sorulara cevap vermelisiniz.
Todos los niños están en el jardín.	Bütün çocuklar bahçededir.

Todas las flores son amarillas.	Bütün çiçekler sarıdır.

Cualquiera, ninguno, ambos, ambas, los dos, las dos

Ambos, **ambas** "her iki, her ikisi, her ikisi de" anlamına gelen bir sıfattır. **Ambos** eril-çoğul, **ambas** ise dişil-çoğul isimlerden önce kullanılır. **Los dos** ve **las dos** da **ambos** ve **ambas** gibi "her ikisi" anlamına gelir.

ambos chicos	her iki (erkek) çocuk
ambas chicas	her iki (kız) çocuk
Ambas casas están viejas.	Her iki ev eskidir.
Voy a comprar los dos libros.	Her iki kitabı satın alacağım.
Cualquiera de los dos días me conviene.	Her iki gün de benim için uygundur.
Cualquiera de los dos hombres pueden hacer el trabajo.	Her iki adam işi yapabilir.
Ninguno de los hombres ha venido.	Hiçbir adam gelmedi.
Estaban allí los dos.	Her ikisi de oradaydı.
Ninguno de los dos estaba allí.	Hiçbiri (ikisinden hiçbiri) orada değildi.

mucho, mucha, muchos, muchas

Mucho ve **mucha** "çok, pek çok, çok miktarda" anlamındadır ve bir sıfat olarak sayılamayan isimler önünde kullanılır.

mucha agua	çok su (çok miktar su)
mucha sal	çok tuz (çok miktar tuz)
No pone mucha sal en la sopa.	Çorbaya çok tuz koymaz.
¿Les han dado mucho dinero?	Onlara çok para verdiler mi?
No tenemos mucho tiempo.	Çok vaktimiz yok.
No tengo mucho dinero.	Çok param yok.

Muchos ve **muchas** ise çoğul isimler önünde kullanılır.

muchos libros	çok kitap (çok sayıda kitap)
muchos árboles	çok ağaç (çok sayıda ağaç)
muchas tiendas	çok dükkan (çok sayıda dükkan)
muchas chicas	çok kız (çok sayıda kız)
¿Hay muchos estudiantes en el jardín?	Bahçede çok öğrenci var mı?
¿Has visto muchos pájaros en el árbol?	Ağaçta çok kuş gördün mü?
No tengo muchos amigos en París.	Paris'te çok arkadaşım yok.
No han traido muchas cartas.	Çok mektup getirmediler.
Había muchos extranjeros en el congreso.	Kongrede birçok yabancılar vardı.
Hemos visto muchos cuadros en el museo.	Müzede birçok tablolar gördük.
El camarero rompió muchos platos.	Garson birçok tabak kırdı.
Cada verano ella compra muchos vestidos.	Her yaz pek çok elbise alır.
Había muchos coches en el lugar del aparcamiento.	Park yerinde pek çok otomobil vardı.
A mucha gente no le gusta viajar de noche.	Pek çok kimse geceleyin seyahat etmeyi sevmez.
Muchas legumbres son útiles como las medicinas.	Birçok sebzeler ilaçlar gibi yararlıdır.
Se necesita mucho tiempo para el plan.	Plan için çok zamana ihtiyaç var.
Se gastó mucho dinero.	Çok para harcandı.
Ella tiene muchos libros. **Ella no tiene muchos libros.** **¿Tiene ella muchos libros?**	Çok kitabı var. Çok kitabı yok. Çok kitabı var mı?
Hay mucha gente en el parque. **¿Hay mucha gente en el parque?**	Parkta çok insan var. Parkta çok insan var mı?

No hay mucha gente en el parque.	Parkta çok insan yok.
Hay mucho aceite en la caja. **¿Hay mucho aceite en la caja?** **No hay mucho aceite en la caja.**	Kutuda çok yağ var. Kutuda çok yağ var mı? Kutuda çok yağ yok.
Ella tiene mucho trabajo que hacer. **¿Tiene ella mucho trabajo que hacer?** **Ella no tiene mucho trabajo que hacer.**	Yapılacak çok işi var. Yapılacak çok işi var mı? Yapılacak çok işi yok.
Ella ha comprado mucha leche. **¿Ha comprado ella mucha leche?** **Ella no ha comprado mucha leche.**	Çok süt aldı. Çok süt aldı mı? Çok süt almadı.
Tengo muchos amigos en Madrid.	Madrit'te çok arkadaşım var.
Les han dado mucha leche a los niños. **Les han dado muchos juguetes a los niños.**	Çocuklara çok süt verdiler. Çocuklara çok oyuncak verdiler.
El ejército tenía muchas armas nuevas.	Ordunun birçok yeni silahı vardı.

un poco, unos pocos

Un poco "biraz, bir miktar" anlamındadır. Sayılamayan isimler önünde kullanılır. Sayısal olmayan az bir miktar gösterir.

un poco de tiempo	biraz zaman
Dame un poco de tiempo.	Bana biraz zaman ver.
Pongo un poco de azúcar en mi té.	Çayıma biraz şeker koyarım.
Cada mañana María bebe un poco de zumo.	Maria her sabah biraz meyve suyu içer.

Unos pocos da "birkaç" anlamına gelir. Sayıca az bir miktarı gösterir. Sayılabilen isimlerin önünde kullanılır.

unos pocos libros	birkaç kitap
Tengo unos pocos amigos en Esmirna.	İzmir'de birkaç arkadaşım var.
Hay unas pocas manzanas en la cesta.	Sepette birkaç elma var.

Han comprado unos pocos juguetes para los niños.	Çocuklar için birkaç oyuncak aldılar.
Hay un poco de leche en la botella.	Şişede az süt var.
Tenemos una poca información sobre él.	Onun hakkında az bilgimiz var.
Tenían un poco de agua en el almacén.	Depoda az suları vardı.
Hay·unos pocos libros para los niños en esta biblioteca.	Bu kütüphanede çocuklar için az kitap var.
Le puedo recomendar unas pocas tiendas para la compra.	Alışveriş için size az dükkan tavsiye edebilirim.
Tengo unos pocos amigos en Estambul.	İstanbul'da az arkadaşım var.

Niteleme sıfatları ait oldukları isimler yerine **el**, **la**, **los**, **las**, **lo** ile kullanılarak isimler kaldırılabilir.Ancak bu durumda, bahsedilen şeyin önceden geçmiş ve biliniyor olması gerekir.

Hay unos pañuelos ahí. Toma el azul.	Orada birkaç mendil var. Mavisini (mavi olanını) al.
Quiero dos kilos de manzanas. Dame las grandes por favor.	İki kilo elma istiyorum. Lütfen bana irilerini ver.
Prefieren los plátanos verdes en lugar de los amarillos.	Yeşil muzları sarılarına tercih ederler.
A mi no me gustan las zapatillas pesadas. Dame las ligeras.	Ağır terlikleri sevmem. Bana hafiflerini ver.
Él ha comprado lo más barato.	En ucuzunu aldı.

GRADACIÓN DE LOS ADJETIVOS

SIFATLARIN KARŞILAŞTIRMA DERECELERİ

Sıfatlar, sahip oldukları özelliklerin belirtilmesi bakımından, karşılaştırma derecesi denen üç halden veya şekilden birinde bulunurlar.

tabii derece

Bu, sıfatın şimdiye kadar gördüğümüz normal şeklidir.

joven (genç)

viejo (yaşlı, eski)

grande (büyük)

pequeño (küçük)

largo (uzun)

corto (kısa)

fuerte (güçlü)

débil (güçsüz, zayıf)

útil (yararlı)

inteligente (zeki)

gordo (şişman)

feo (çirkin)

guapo (güzel, yakışıklı)

interesante (ilginç)

bajo (kısa)

alto (uzun, yüksek)

barato (ucuz)

caro (pahalı)

blando (yumuşak)

duro (sert)

perezoso (tembel)

delgado (zayıf)

Birbirleriyle karşılaştırılan varlıkların herhangi bir niteliklerinin aynı, daha üstün ya da daha aşağı olduğunu gösteren karşılaştırma dereceleri İspanyolca'da şöyledir:

1. **Igualdad** – eşitlik

Bir şahıs veya şeye ait sıfatın, başka bir şahıs veya aynı sıfatla eşit derecede olduğunu gösterir. Bunu yapmak için sıfatın önüne **tan** arkasına ise **como** sözcükleri getirilir. Buradaki **tan** sözcüğünün Türkçe karşılığı "kadar", **como** sözcüğünün Türkçe karşılığı ise "gibi"dir.

tan .... como (kadar ....)

tan joven como (kadar genç)

tan viejo como (kadar yaşlı, kadar eski)

tan pequeño como (kadar küçük)

tan grande como (kadar büyük)

tan largo como (kadar uzun)

tan útil como (kadar yararlı)

tan interesante como (kadar ilginç)

tan caro como (kadar pahalı)

tan barato como (kadar ucuz)

tan guapa como (kadar güzel)

tan bajo como (kadar kısa)

tan inteligente como (kadar zeki)

2. Superioridad – üstünlük

Bir şahıs veya şeye ait sıfatın, başka bir şahıs veya aynı sıfattan daha üstün olduğunu belirtmek için kullanılan derece şeklidir. Bunu yapmak için sıfattan önce **más** sözcüğü ve sıfattan sonra **que** sözcükleri kullanılır. **Más** Türkçe'deki "daha" sözcüğünün karşılığıdır.

más .... que (-den daha fazla)

más joven que (-den daha genç)

más guapa que (-den daha güzel)

más largo que (-den daha uzun)

más interesante que (-den daha ilginç)

más útil que (-den daha yararlı)

más alto que (-den daha uzun)

más caro que (-den daha pahalı)

más importante que (-den daha önemli)

más feo que (-den daha çirkin)

más grande que (-den daha büyük)

3. **Inferioridad** – aşağılık

Bir şahıs veya şeye ait sıfatın diğer benzerleri arasında daha aşağı olduğunu anlatmak için kullanılan derece şeklidir. Bunu yapmak için sıfattan önce **menos** ve sıfattan sonra **que** sözcükleri kullanılır. Buradaki **menos** sözcüğünün Türkçe karşılığı "daha az"dır.

menos .... que (-den daha az)

menos alto que (-den daha kısa)

menos caro que (-den daha az pahalı)

menos interesante que (-den daha az ilginç)

menos guapa que (-den daha az güzel)

menos útil que (-den daha az yararlı)

menos importante que (-den daha az önemli)

menos inteligente que (-den daha az zeki)

Kurallara uymayan sıfat dereceleri:

Bazı sıfatların kendine özgü karşılaştırma dereceleri vardır.

grande	**mayor**
pequeño	**menor**
bueno	**mejor**
malo	**peor**
alto	**superior**
bajo	**inferior**

Grado superlativo – en üstünlük derecesi

Bir şahıs veya şeye ait sıfatın diğer benzerleri arasında en üstün düzeyde olduğunu anlatmak için kullanılan derece şeklidir. Bu iki türlü yapılabilir:

a) **muy** sıfatı ile:

José es muy alto.	José çok uzun boyludur.
María es muy guapa.	María çok güzeldir.
Esta pregunta es muy difícil.	Bu soru çok zordur.
Ese chico es muy inteligente.	Şu çocuk çok zekidir.
Mi casa es muy grande.	Evim çok büyüktür.

b) **–ísimo**, **–ísima** takısıyla:

José es altísimo.	José çok uzun boyludur.
María es guapísima.	María çok güzeldir.
José es él más alto.	José en uzun boyludur.

Bazı sıfatların kendine özgü üstünlük dereceleri vardır.

grande	**máximo**
pequeno	**mínimo**
bueno	**óptimo, bonísimo**
malo	**pésimo**
alto	**supremo**
bajo	**ínfimo**
fiel	**fidelísimo**
amable	**amabilísimo**
antiguo	**antiquísimo**
fuerte	**fortísimo**
nuevo	**novísimo**
sabio	**sapientísimo**

célebre	**celebérrimo**
pobre	**paupérrimo**
libre	**libérrimo**
bueno	iyi
mejor	daha iyi
el mejor	en iyi
malo	kötü
peor	daha kötü
el peor	en kötü
grande	büyük
mayor	daha büyük
el mayor	en büyük

comparación de los adjetivos – sıfatların karşılaştırılması		
tabii derece	daha üstünlük derecesi	en üstünlük derecesi
alto	**más alto**	**lo más alto**
viejo	**más viejo**	**lo más viejo**
interesante	**más interesante**	**lo más interesante**
caro	**más caro**	**lo más caro**
barato	**más barato**	**lo más barato**

Sıfatların karşılaştırılmaları ile ilgili cümleler:

Tabii derece, daha üstünlük derecesi ve en üstünlük derecesi halinde bulunan sıfatların yer aldığı cümle yapılarını inceleyelim:

a. eşitlik karşılaştırması

Bir sıfata eşit derecede sahip olunduğunu gösteren eşitlik karşılaştırmasında sıfat tabii derecedeki haliyle **tan** ve **como** arasına konmak suretiyle cümle kurulur.

tan .... como	.... kadar
tan alto como	.... kadar yüksek, uzun

El árbol es tan alto como la pared.	Ağaç, duvar kadar yüksektir.
José es tan alto como Juan.	Jose, Juan kadar uzun boyludur.
José es tan viejo como Carlos.	José, Carlos kadar yaşlıdır.
Ella es tan inteligente como tu hijo.	O, oğlun kadar akıllıdır.
Yo soy tan cuidadosa como su madre.	Ben onun annesi kadar dikkatliyim.
Este coche es tan nuevo como el otro.	Bu otomobil diğeri kadar yenidir.
Estas preguntas son tan difíciles como las otras.	Bu sorular diğerleri kadar zordur.
¿Es Juan tan alto como su padre?	Juan, babası kadar uzun mudur?
¿Esta usted tan delgada como mi hermana?	Benim kız kardeşim kadar zayıf mısınız?

Bu tip cümlelerin olumsuz şekli bu yapıya sadece no ilavesiyle yapılabilir.

Tu cartera es tan pesada como la mía.	Senin çantan benimki kadar ağırdır.
Tu cartera no es tan pesada como la mía.	Senin çantan benimki kadar ağır değildir.
Las naranjas son tan grandes como las manzanas.	Portakallar elmalar kadar büyüktür.
Las naranjas no son tan grandes como las manzanas.	Portakallar elmalar kadar büyük değildir.
Nuestro profesor no es tan viejo como el vuestro.	Bizim öğretmenimiz sizinki kadar yaşlı değildir.
Esta calle no es tan ancha como la otra.	Bu cadde diğeri kadar geniş değildir.
José no es tan alto como Juan.	José Juan kadar uzun boylu değildir.

Mi coche no es tan nuevo como el tuyo.	Benim arabam seninki kadar yeni değildir.
Mis zapatos no son tan caros como los tuyos.	Benim ayakkabılarım seninkiler kadar pahalı değildir.

b. daha üstünlük karşılaştırması

Bir şahıs veya şeyin bir sıfata digerlerinden daha fazla sahip olduğunu anlatmak için "daha üstünlük karşılaştırması şekli" kullanılır.

Sıfatın önüne **más** ve arkasına **que** sözcükleri getirilerek yapılan bu karşılaştırma şekli cümlede aşağıda görüldüğü gibi kullanılır.

pequeño	küçük
más pequeño	daha küçük
más pequeño que	-den daha küçük
caro	pahalı
más caro	daha pahalı
más caro que	-den daha pahalı

Un edificio es más alto que una casa.	Bir bina bir evden daha yüksektir.
Los edificios son más altos que las casas.	Binalar evlerden daha yüksektir.
Carmen es más baja que mi hermana.	Carmen kız kardeşimden daha kısadır.
Ella es más guapa que mi hermana.	O kız kardeşimden daha güzeldir.
El camarero es más cuidadoso que tu hijo.	Garson senin oğlundan daha dikkatlidir.
¿Son aquéllas más baratas que nuestras alfombras?	Onlar bizim halılarımızdan daha ucuz mudur?
Tu camisa es más nueva que la mía.	Senin gömleğin benimkinden daha yenidir.
La casa de Juan es más grande que la mía.	Juan'ın evi benimkinden daha büyüktür.

Los libros son más caros que los cuadernos.	Kitaplar defterlerden daha pahalıdır.

c. daha aşağılık karşılaştırması

Bir şahıs veya şeyin bir sıfata diğerlerinden daha az sahip olduğunu anlatmak için "daha aşağılık karşılaştırması şekli" kullanılır.

Sıfatın önüne **menos** ve arkasına **que** sözcükleri getirilerek yapılan bu karşılaştırma şekli cümlede aşağıda görüldüğü gibi kullanılır.

barato	ucuz
menos barato	daha az ucuz
menos barato que	-den daha az ucuz
alto	uzun
menos alto	daha az uzun
menos alto que	-den daha az uzun

Este edificio es menos alto que aquél edificio.	Bir bina o binadan daha az yüksektir.
Estos coches son menos baratos que aquéllos.	Bu otomobiller onlardan daha az ucuzdur.
Ella es menos baja que mi hermana.	O kız kardeşimden daha az kısadır.
Ella es menos guapa que mi hermana.	O kız kardeşimden daha azgüzeldir.
Juan es menos alto que José.	Juan José'den daha kısadır.
Este libro es menos interesante que aquél.	Bu kitap ondan daha az ilginçtir.

d. en üstünlük karşılaştırması

Bir şahıs veya şeyin bir sıfata diğerleri arasında en fazla sahip olduğunu belirtmek için "en üstünlük karşılaştırması şekli" kullanılır.

Bu karşılaştırma sıfattan önce **el**, **la** ve **lo** sözcüklerinin getirilmesiyle yapılır.

bajo	kısa

más bajo **lo más bajo** **el más bajo de .....**	daha kısa en kısa .....nin en kısası
interesante **más interesante** **lo más interesante** **lo más interesante de .....**	ilginç daha ilginç en ilginç .....nin en ilginci
Éste es la más corto de mis faldas.	Bu, eteklerimin en kısasıdır.
Miguel es el estudiante más alto en su clase.	Miguel sınıfında en uzun boylu öğrencidir.
Carlos es el estudiante más bajo de su clase.	Carlos sınıfının en kısa öğrencisidir.
Mi hija es la más inteligente de este grupo.	Kızım bu grubun en akıllısıdır.
Pedro es el camarero mas cortés en este restaurante.	Pedro bu lokantada en kibar garsondur.
Julia es la chica más guapa de esta aldea.	Julia bu köyün en güzel kızıdır.
Te daré el libro más interesante en mi biblioteca.	Sana kütüphanemdeki en ilginç kitabı vereceğim.
Éste es el día más feliz de mi vida.	Bu, hayatımın en mutlu günüdür.
Bolu no es la montaña suprema de Turquía.	Bolu Türkiye'nin en yüksek dağı değildir.
¿Es ésta la iglesia más vieja en Roma?	Bu, Roma'da en eski kilise midir?
Ésta es una regla corta.	Bu, kısa bir cetveldir.
Esta regla es tan corta como un lápiz.	Bu cetvel bir kalem kadar kısadır.
Esta regla no es tan corta como un lápiz.	Bu cetvel bir kalem kadar kısa değildir.

Esta regla es más corta que ese lápiz.	Bu cetvel şu kalemden daha kısadır.
Esta regla es menos larga que ese lápiz.	Bu cetvel şu kalemden daha az uzundur.
Esta regla es la más corta en el jardín.	Bu cetvel bahçedeki en kısa çubuktur.
Esta radio es bueno. **Ésa es mejor.** **Aquélla es la mejor.**	Bu radyo iyidir. Şu daha iyidir. O en iyisidir.
Este coche es malo. **Ése es peor.** **Aquél es el peor.**	Bu otomobil kötüdür. Şu daha kötüdür. O en kötüsüdür.
Carlos es menor que Pedro. **Pedro es mayor que Carlos.** **Pedro es menor que Miguel.** **Miguel es el mayor de los tres.**	Carlos Pedro'dan daha küçüktür. Pedro Carlos'tan daha büyüktür. Pedro Miguel'den küçükütr. Miguel üçünden en büyüğüdür.
Carmen es guapa. **Julia es más guapa que Carmen.**	Carmen güzeldir. Julia Carmen'den daha güzeldir.
Julia es menos guapa que María.	Julia María'dan daha az güzeldir.
María es la más guapa de las tres.	María üçünden en zekisidir. (zeki olanıdır)
Este libro es interesante. **Aquél es más interesante que éste.**	Bu kitap ilginçtir. O, bundan daha ilginçtir.
Ése es el más interesante.	Şu en ilgincidir.
Este camarero es amable. **Ése es más amable que éste.**	Bu garson naziktir. Şu, bundan daha naziktir.
Aquél es el más amable.	O en naziğidir.
Este libro es caro. **La radio es más caro que el libro.**	Bu kitap pahalıdır. Radyo kitaptan daha pahalıdır.
El coche es el más caro de los tres.	Otomobil üçünden en pahalısıdır. (pahalı olandır.)
La radio es menos caro que el coche.	Radyo otomobilden daha az pahalıdır.

Este edificio es moderno. Aquél es menos moderno que éste.	Bu bina moderndir. O bundan daha az moderndir.
¿Esta usted mejor? No, estoy peor.	Daha iyi misiniz? Hayır, daha kötüyüm.
¿Tienes el peor libro? No, tengo el mejor.	En kötü kitaba mı sahipsin? Hayır, en iyisine sahibim.
¿Eres la menor de la familia? No, soy la mayor.	Ailenin en küçüğü müsün? Hayır, en büyüğüyüm.
¿Es Carmen la mayor de las hermanas? No, es la menor.	Carmen kardeşlerden en büyüğü müdür? Hayır, en küçüğüdür.
¿Es Antonio el peor estudiante? No, es el mejor.	Antonio en kötü öğrenci midir? Hayır, en iyisidir.
¿Son ellas las menores del grupo? No, son las mayores.	Onlar grubun en küçükleri midir? Hayır, en büyükleridir.
Ella es más fuerte que usted.	O sizden daha kuvvetlidir.
Él es tan inteligente como tú.	O senin kadar akıllıdır.
Ella tiene más dinero que yo.	Onun benden daha çok parası var.
Él no es tan rico como nosotros.	O bizim kadar zengin değildir.
Carmen es más guapa que ella.	Carmen ondan daha güzeldir.
La casa es tan grande como la suya.	Ev onunki kadar büyüktür.
El hombre es más bajo que yo.	Adam benden daha kısadır.

EL ARTÍCULO - TANIM EDATI

İspanyolca'da tüm isimler eril (**masculino**) ve dişil (**femenino**) olmak üzere iki cinse ayrılır ve bunlar tanım edatlarıyla belirlenir.

Bu tanım edatları belirli (**definido**) ve belirsiz (**indefinido**) olmak üzere ikiye ayrılır, bunlar da tanımladıkları ismin sayısına göre tekil (**singular**) ya da çoğul (**plural**) olabilir. Şimdi bu tanım edatlarını ayrıntılı olarak görelim:

	Singular		Plural	
	Masculino	**Femenino**	**Masculino**	**Femenino**
Artículo definido	**el**	**la**	**los**	**las**
Artículo indefinido	**un**	**una**	**unos**	**unas**

Artículo indefinido – belirsiz tanım edatı

Un/una

İsimlerin önüne gelen ve "bir, herhangi bir" anlamını veren eril-tekil tanım edatı **un**; ve dişil-tekil tanım edatı **una**'dır.

una mesa (bir masa)

un lápiz (bir kalem)

un chico (bir çocuk)

una naranja (bir portakal)

un huevo (bir yumurta)

una camisa (bir gömlek)

una flor (bir çiçek)

una montaña (bir dağ)

una ventana (bir pencere)

un sombrero (bir şapka)

una hora (bir saat)

un árbol (bir ağaç)

İsimlerin önünde bulunan **un** ya da **una** tanım edatları o şeyin bu isimle isimlendirilentürün içinden herhangi biri olduğunu belirtir. Örneğin **una mesa** (bir masa) dendiğinde "masa" olarak isimlendirilen şeylerden biri kastedilmiş olur. Bu durumda özel ve bilinen bir masa değil herhangi bir masa söz konusudur. **Compra una mesa.** "Bir masa satın al." sözündeki **una mesa** bilinen ve özellikle belirtilmiş bir masa değil, masa türünden herhangi biridir.

Ella es una enfermera.	O bir hemşiredir.
Esto es una mesa.	Bu bir masadır.
Un perro es un animal.	Bir köpek bir hayvandır.

Dame un lápiz. Bana bir kalem ver.

Veo una mujer en el jardín. Bahçede bir kadın görüyorum.

Un ve **una** tanım edatları sayılabilen ve tekil isimlerin önünde kullanılır.

Come una manzana. Bir elma ye.

¿Es esto un sombrero? Bu bir şapka mıdır?

Una tienda tiene una puerta. Bir dükkânın bir kapısı vardır.

Un perro puede coger un gato. Bir köpek bir kediyi yakalayabilir.

Un veya **una** tanım edatları özel bir şahıs veya şeyi belirtmeyen herhangi bir sayılabilen tekil ismin önünde kullanılır:

Veo un avión. Bir uçak görüyorum.

Toma una silla. Bir sandalye al.

Lee un libro. Bir kitap oku.

Vivimos en una casa. Bir evde oturuyoruz.

Bu tanımlıklar ayrıca bir sınıf veya topluluğu belirtmek için tekil isimlerle kullanılırlar:

Una abeja es un a animal útil. Bir arı yararlı bir hayvandır.

Un bebé necesita cuidado. Bir bebeğin bakıma ihtiyacı vardır.

Un triángulo tiene tres ángulos. Bir üçgenin üç köşesi vardır.

Bu cümlelerde (Bütün arılar yararlıdır. Bütün bebeklerin bakıma ihtiyacı vardır. Bütün üçgenlerin üç köşesi vardır.) anlamı bulunmaktadır.

Meslek isimlerini de kapsayan isimler, dinler, sınıflarla ve isim tamamlayıcısı olarak kullanılırlar:

Él es un abogado. O bir avukattır.

Ella es una profesora. O bir öğretmendir.

Él es un cristiano. O bir hıristiyandır.

María es una cristiana. Marîa bir hıristiyandır.

Bazı ölçü ifadelerinde kullanılırlar:

una docena	(bir düzüne)
un par	(bir çift)
un millón	(bir milyon)
una y media	(bir buçuk)
un milésimo	(binde bir)

Belirsiz tanım edatlarının çoğulu aşağıdaki gibidir:

Unos/ unas

un	**unos**
una	**unas**

un / unos

un libro (bir kitap)	**unos libros** (kitaplar)
un perro (bir köpek)	**unos perros** (köpekler)
un gato (bir kedi)	**unos gatos** (kediler)
un árbol (bir ağaç)	**unos árboles** (ağaçlar)

una / unas

una casa (bir ev)	**unas casas** (evler)
una flor (bir çiçek)	**unas flores** (çiçekler)
una silla (bir sandalye)	**unas sillas** (sandalyeler)
una mujer (bir kadın)	**unas mujeres** (kadınlar)

Artículo definido – belirli tanım edatı

Bütün cins isimlerin önünde tanımlıklardan birisi mutlaka yer alır. Bu sözcüklerin Türkçe karşılıkları yoktur. Önünde bulundukları ismin bir parçası gibidirler.

İspanyolcada cins isimler eril ve dişil diye iki gruba ayrılmışlardır. Ancak sözcüklerdeki bu ayrım, onların gerçek cinsiyetleriyle ilgili değildir. Önüne **el** alan isimler erkek, **la** alan isimler dişi kabul edilmişlerdir. Bunlar da tanımladıkları ismin sayısına göre tekil [**singular**] ya da çoğul [**plural**] olabilirler.

Belirli tanım edatları önünde bulundukları ismin belli, bilinen, aynı cins şeylerin içinden herhangi biri değil, belirli ve bilinen olduğunu işeret ederler.

Şimdi bu tanım edatlarını tek tek inceleyelim.

EL

Eril-tekil isimlerin önünde yer alır.

el cuaderno	defter (belli, bilinen defter)
el lápiz	kurşun kalem (belli, bilinen kalem)
el perro	köpek (belli, bilinen köpek)
el artículo	tanımlık
el árbol	ağaç (belli, bilinen ağaç)
el hombre	adam (bu adam- belli adam)
el libro	kitap (belli, bilinen kitap)

LA

Dişil-tekil isimlerin önüne gelir.

la mesa	masa (belli, bilinen masa)
la casa	ev (belli, bilinen ev)
la ventana	pencere (belli, bilinen pencere)
la escuela	okul (belli, bilinen okul)
la silla	sandalye (belli, bilinen sandalye)
la flor	çiçek (belli, bilinen çiçek)

Los /Las

tekil	çoğul
el	**los**
la	**las**
la mesa (masa)	**las mesas** (masalar)
la chica (kız)	**las chicas** (kızlar)
la casa (ev)	**las casas** (evler)
la ventana (pencere)	**las ventanas** (pencereler)
la silla (sandalye)	**las sillas** (sandalyeler)
la escuela (okul)	**las escuelas** (okullar)
la camisa (gömlek)	**las camisas** (gömlekler)
la corbata (kravat)	**las corbatas** (kravatlar)
la manzana (elma)	**las manzanas** (elmalar)
el libro (kitap)	**los libros** (kitaplar)
el chico (çocuk)	**los chicos** (çocuklar)
el árbol (ağaç)	**los árboles** (ağaçlar)
el autobús (otobüs)	**los autobuses** (otobüsler)
el gato (kedi)	**los gatos** (kediler)
el perro (köpek)	**los perros** (köpekler)
el hombre (adam)	**los hombres** (adamlar)
el cuaderno (defter)	**los cuadernos** (defterler)

Herhangi bir sıfat isim olarak kullanılıyorsa, **cinssiz** (**neutro**) tanım edatı **lo** ile belirlenir: **malo** (kötü), **lo malo** (kötülük, kötü şey).

Belirli tanımlıklar			
	eril	dişil	cinssiz
tekil	**el**	**la**	**lo**
çoğul	**los**	**las**	

Belirli tanım edatlarının kullanıldığı yerler:

Dünyada sadece bir tane olan isimlerin önünde:

el mundo	dünya
el cielo	gökyüzü
la luna	ay
el sol	güneş
el aire	hava

Bulunduğu yer bilinen isimlerin önünde:

Están en el jardín.	Bahçededirler.
Mi tienda está al lado de la escuela.	Dükkânım okulun yanındadır.

En, sobre, debajo gibi edatlarla yapılmış cümlelerin çoğunda bu edatlar isimler hakkında bilgi verip onları açıkladıkları için bu cümlelerde isimler önünde belirli tanım edatları kullanılır:

La mesa está en la cocina.	Masa mutfaktadır.
La barca está debajo del puente.	Kayık köprünün altındadır.
La pizarra está en la pared.	Tahta duvardadır.
¿Están las naranjas en la nevera?	Portakallar buzdolabında mı?

Los zapatos están debajo de la cama.	Ayakkabılar yatağın altındadır.

En üstünlük derecesindeki sıfatlar ve **primero**, **segundo** gibi sıralama sıfatları önünde bulunurlar:

La segunda casa es mía.	İkinci ev benimdir.
¿Cuál es el cuarto día de la semana?	Haftanın dördüncü günü nedir?
El tercer coche es de mi padre.	Üçüncü araba babamındır.

Özel isimli deniz, nehir, takım adaları, sıradağlar, çoğul isimli ülkeler, çöller önünde kullanılırlar:

Los Alpes	Alpler
El Danubio	Tuna Nehri
Las Canarias	Kanarya Adaları
El Mediterráneo	Akdeniz
El Mar Negro	Karadeniz
Los Estados Unidos de América	Amerika Birleşik Devletleri

Los ve **las** ile kullanılan sıfatlar bir grubu gösterir. Fiil çoğul olur:

los ancianos	yaşlılar
Han hecho un hospital para los ancianos.	Yaşlılar için bir hastane yaptılar.
los jóvenes	gençler
Generalmente los jóvenes son impacientes.	Gençler genellikle sabırsızdır.
los ciegos	körler
Los ciegos necesitan vuestra ayuda.	Körlerin yardımınıza ihtiyacı var.

Müzik aletleri önünde kullanılırlar:

Ella toca la guitarra.	O gitar çalıyor.

Yemek öğünlerinin isimlerinin önünde kullanılırlar:

El desayuno está listo.	Kahvaltı hazırdır.
La cena no está listo.	Akşam yemeği hazır değildir.
¿Qué has cocinado para la cena?	Akşam yemeği için ne pişirdin?

"**Los**" soyadı önünde kullanılarak o soyadını taşıyan aileyi belirler:

Los Señores Pérez	Pérez'ler (Pérez ailesi)
Anoche visitamos a los Señores Pérez.	Dün akşam Pérez'leri ziyaret ettik.

Soyut isimler önünde kullanılırlar:

Tememos de la muerte.	Ölümden kokarız.
La vida es muy difícil para los pobres.	Yoksullar için hayat çok zordur.
La belleza no dura mucha.	Güzellik uzun sürmez.
Luchamos por la libertad.	Özgürlük için savaştık.
La muerte de su madre le hizo muy descontento.	Annesinin ölümü onu çok mutsuz etti.

SAYILABİLEN VE SAYILAMAYAN İSİMLER

İspanyolca'da sayılması mümkün olan "kitap, kurşunkalem, kedi, öğretmen" gibi hayvan, eşya va insanla ilgili isimlere sayılabilen isimler denir. Bu isimlerin önüne **el**, **la**, **un**, **una** gibi belirtili ve belirtisiz tanımlıklar getirilebilir, çoğul hale sokulabilir.

un libro	bir kitap
el libro	kitap
seis libros	altı kitap

tres sillas	üç sandalye
un perro	bir köpek
cinco perros	beş köpek
un lápiz	bir kurşunkalem
cuatro lápices	dört kurşunkalem
dos profesores	iki öğretmen

Örneklerden de anlaşılacağı gibi, **libro**, **silla**, **perro**, **lápiz**, **profesor** sözcüklerinin önlerine sayılar getirerek adetleri belirtilebilir.

Bazı varlıkların da sayılması mümkün değildir. Bunlara sayılması mümkün olmayan isimler denir. Bunlar genel olarak sıvı ya da toz halinde bulunurlar.

Burada tek tek saymakla herhangi bir ölçü birimiyle ölçmeyi birbirine karıştırmayınız.

el queso	peynir
el dinero	para
la mantequilla	tereyağı
la carne	et
la sal	tuz
la luz	ışık
el café	kahve

sözcükleri sayılamayan maddelerin isimleridir. Bunlar sayılamayan isimlerin bazılarıdır. Diğerlerini de sırası geldikçe öğreneceğiz.

Sayılamayan bir ismin tamamını anlatmak istiyorsak, o zaman ismin önüne **el**, **la** gibi tanımlıklar getirilir.

Traiga la sal.	Tuzu getiriniz.
Comes carne.	Et yiyorsun.
¿Dónde está la mantequilla?	Tereyağı nerededir?
El dinero está en mi bolsillo.	Para cebimdedir.
El queso está sobre la mesa.	Peynir masanın üstündedir.

Türkçede bu gibi isimlerin önünde, “dört kahve, iki tuz” sayı sözcükleri kullanıldığı görülür. Fakat buradaki “dört kahve”yle ve “iki tuz”la, “dört fincan kahve”, “iki paket tuz” anlatılmaktadır. Yani bu sözlerdeki sayılan şey aslında (söylenmediği halde anlaşılan) “fincan” ve “paket”tir.

un café (bir kahve) **una taza de café** (bir fincan kahve)

Aşağıdaki örneklerde de görüleceği gibi, sayılamayan isimlerin önünde sayı gösteren bir sözcük bulunmayabilir.

Esto es un libro.	Bu bir kitaptır.
Esto es carne.	Bu ettir.
Hay un lápiz en la caja.	Kutuda bir kitap var.
Hay tres lápices en la caja.	Kutuda üç kalem var.
Hay sal en la caja.	Kutuda tuz var.
Esto es una radio.	Bu bir radyodur.
Esto es mantequilla.	Bu tereyağıdır.
Esto es una regla.	Bu bir cetveldir.
Esto es café.	Bu kahvedir.
¿Es esto un cigarillo?	Bu bir sigara mıdır?
¿Es esto sal o café?	Bu tuz mudur yoksa kahve midir?
Como una manzana.	Elma yiyorum.
Ella come mantequilla.	O tereyağı yiyor.
Ponemos el queso sobre la mesa.	Masanın üstüne peyniri koyuyoruz.
Ponéis queso sobre la mesa.	Masanın üstüne peynir koyuyorsunuz.
La mujer pone tres navajas en la caja.	Kadın kutuya üç çakı koyuyor.
La mujer pone la sal en la caja.	Kadın tuzu kutuya koyuyor.

Olumsuz cümlelerde fiilin önüne **no** konur:

Como queso.	Peynir yiyorum.
No como queso.	Peynir yemiyorum.
Tienes dinero.	Sende para var. (Paran var.)
No tienes dinero.	Sende para yok. (Paran yok)
Hay luz en la habitación.	Odada ışık var.

No hay luz en esta habitación.	Bu odada ışık yok.
Ella come mantequilla.	O tereyağı yiyor.
Ella no come mantequilla.	O tereyağı yemiyor.

Sayılamayan isimlerin önünde **alguno /a, algún:**

Sayılabilen isimlerin önünde "birkaç" anlamını verdiğini öğrendiğimiz **alguno**, **alguna**, **algún** sözcükleri sayılamayan isimlerin önünde "bir miktar, biraz, hiç" anlamını verir.

¿Hay alguna manzana sobre la mesa?	Masanın üstünde hiç elma var mı?
No, no hay ninguna.	Hayır, hiç (elma) yok.
¿Tienes alguna regla larga?	Uzun cetveliniz var mı?
¿Tienes alguna amiga en Japón?	Hiç Japon arkadaşın var mı?
¿Hay alguna sal en casa?	Evde hiç tuz var mı?
No, no hay ninguna.	Hayır, hiç yok.

LOS PRONOMBRES – ZAMİRLER

Zamirin tanımı

Zamirler isimlerin yerine kullanılan sözcüklerdir. Bir cümlede bir ismi iki kere kullanmamak için çoğu kez onun ikinci kere geçeceği yerde onun yerine bir zamir kullanılır.

Miguel está enfermo, él está en su habitación ahora.	Miguel hasta, o şimdi odasında.

Cümlesinin ikinci bölümündeki **él** (o) bir zamirdir ve **Miguel** yerine kullanılmıştır. Bu şekilde **Miguel** ikinci defa kullanılmamıştır, onun yerine **él** denilerek **Miguel**'den bahsedildiği belirtilmiştir.

yo (ben)

tú (sen)

él (o)

mío, **mía** (benimki)

suyo, **suya** (onunki)

vuestro, **vuestra** (sizinki)

que (ki o, ki onlar)

cuyo, **cuya** (ki onun)

quien, **quienes** (ki o, ki onlar) (şahıslar için)

alguno (bazısı)

todos (hepsi)

muchos (bir çoğu)

cada uno (her biri)

ninguno (hiçbiri)

nadie (hiç kimse)

Yukarıdaki sözcükler, özelliklerini izleyen sayfalarda göreceğimiz çeşitli cins zamirlerdir.

Bir cümlede zamir kullanırken bu zamirin gösterdiği ismin de aynı cümlede bulunması şart değildir. Çoğu zaman sadece zamir yeterli olur. Bir konuşma sırasında geçen,

Ella es una chica guapa.	O güzel bir kızdır.

cümlesindeki **ella** (o) zamirinin kim için kullanıldığı bellidir.

Zamirin ne olduğu konusunda bilinmesi gereken önemli nokta, zamir denen sözcüğün her şeyi, ona ait ismi kullanmadan belirtmesidir.

Zamirlerin türleri

Los pronombres personales – şahıs zamirleri

İspanyolcadaki şahıs zamirleri şunlardır:

yo, **tú**, **él**, **ella**, **usted**, **nosotros**, **nosotras**, **vosotros**, **vosotras**, **ellos**, **ellas**, **ustedes**

yo	ben
tú	sen
él	o (eril)
ella	o (dişil)
usted	siz (kibar, tekil)
nosotros, nosotras	biz
vosotros, vosotras	siz
ellos	onlar (eril)
ellas	onlar (dişil)
ustedes	siz (kibar, çoğul)

Bunlar arasında (o) ve (onlar) anlamına gelen iki sözcük bulunduğu ve (siz) anlamına gelen üç sözcük bulunduğu görülmektedir.

İspanyolcada (o) sözcüğü ile bir kadın veya kızdan bahsediliyorsa **ella** kullanılır.

Ella tiene cinco años. O (kız) beş yaşındadır.

(O) sözcüğü bir erkeği gösteriyorsa bunun İspanyolca karşılığı **él**'dir.

Él va a la fábrica. O (erkek) fabrikaya gidiyor.

Usted sözcüğü "siz" anlamına gelir, tekildir ve kibar hitaplarda kullanılır. Bu sözcüğün çoğulu **ustedes**'tir.

Usted es médico. Siz doktorsunuz.

Ustedes son abogados. Siz avukatsınız.

Vosotros sözcüğü de "siz" anlamına gelir ve çoğuldur.

Vosotros sois estudiantes. Siz öğrencisiniz.

İspanyolcada (onlar) sözcüğü ile kadınlar veya kızlardan bahsediliyorsa **ellas**;erkeklerden bahsediliyorsa **ellos** sözcüğü kullanılır.

Ellos juegan fútbol. Onlar futbol oynuyorlar.

Ellas preparan la cena. Onlar akşam yemeğini hazırlıyorlar.

Yo soy estudiante. Ben öğrenciyim.

Ella no es profesora. O (kadın) öğretmen değildir.

Él ha ido al cine.	O (erkek) sinemaya gitti.
Quedamos en un hotel pequeño.	Küçük bir otelde kaldık.
Ellos son muy altos.	Onlar çok uzun boyludur.
Usted no ha entendido la pregunta.	Siz soruyu anlamadınız.
Tú eres abogado.	Sen avukatsın.

"sen" ve "siz" olarak hitap şekli: (**tú, usted y vosotros**)

İspanyolcada teklifsiz hitap şekli, Türkçede de olduğu gibi 2. tekil şahıs tú (sen) ve 2. ikinci çoğul şahıs vosotros (-as) (siz) şahıs zamirleri ve bu zamirlerin karşılığı olan 2. şahıs fiil çakimi şekilleriyle yapılır. "**Tuteo**" denilen bu durumun değişik halleri aşağıdaki tabloda gösterilmiştir:

	Nominativo (Yalın hal)	**Dativo y acusativo** (–e ve –i halleri)	**Ablativo** (Edatlı haller)
Singular (Tekil)	**tú ves** (sen görüyorsun)	**te digo** (sana söylüyorum)	**hablo contigo** (seninle konuşuyorum)
		te veo (seni görüyorum)	**estoy contra ti** (sana karşıyım)
Plural (Çoğul)	**vosotros veis** (siz görüyorsunuz)	**os digo** (size söylüyorum)	**hablo con vosotros** (sizinle konuşuyorum)
		os veo (sizi görüyorum)	**estoy contra vosotros** (size karşıyım)

Tú ve **vosotros** diye 2. tekil ve çoğul şahıs hitap şeklki İspanyolcanın başlangıcından beri vardır. Ancak İspanya'nın Endülüs bölgesiyle Kanarya Adalarında ve Latin Amerika ülkelerinde ikinci çoğul şahıs taklifsiz hitap şekli, aslında resmî hitap şekli olan "ustedes"e dönüşmüştür; bununla birlikte kullanılan fiil bazı yerlerde 2. çoğul şahıs, bazı yerlerde ise 3. çoğul şahıs şeklinde görülür (**ustedes tenéis / tienen la culpa** – kabahat sizin).

Modern konuşma dilinde resmî hitap şekli olan "siz" için, İspanyolcada tekil ve çoğul olarak **usted** ve **ustedes** zamirleri ve fiillerin 3. tekil ve çoğul şahıs şekilleri kullanılır. Bunun değişik halleri aşağıdaki tabloda gösterilmiştir:

	Nominativo (Yalın hal)	**Dativo** (-e hali)	**Acusativo** (-i hali)	**Ablativo** (edatlı haller)
Singular (Tekil)	**usted ve** (siz görüyorsunuz)	**le digo** (size söylüyorum)	**lo (le) amo** **la amo** (sizi seviyorum)	**voy con usted** (sizinle birlikte gidiyorum)
Plural (Çoğul)	**ustedes ven** (sizler görüyorsunuz)	**les digo** (sizlere söylüyorum)	**los (les) amo** **las amo** (sizleri seviyorum)	**voy con ustedes** (sizlerle birlikte gidiyorum)
		se lo digo (sizlere bunu söylüyorum)		

şahıs zamirlerinin **–i**, **–e** hali

Gördüğümüz şahıs zamirleri genel olarak cümle içinde özne durumunda bulunurlar. Verilen örneklerde durum görülmektedir.

Cümlenin tümleci olarak fiilden sonra yer alacak şahıs zamirleri **–i**, –**e** halinde şahıs zamirleridir. Bu zamirler ve Türkçe karşılıkları şunlardır:

me	beni, bana
te	seni, sana
le	onu, ona
le	sizi, size
nos	bizi, bize
os	sizi, size
les	onları, onlara
les	sizleri, sizlere

Bunların arasında bulunan **le** ve **les** biraz önce şahıs zamirlerinde açıklanan iki ayrı cins için kullanılır. **Le** hem erkek hem de dişiler için, ayrıca tekil, siz anlamına gelen **usted** için kullanılır. **Les** ise yine aynı şekilde hem erkek, hem dişi, hem de sizler anlamına gelen ve kibar hitap sözcüğü olan **ustedes** için kullanılır.

Şahıs zamirleri

Yalın hal		-i ve –e hali	
Yo	ben	**me**	beni, bana
Tú	sen	**te**	seni, sana
Él	o	**le**	onu, ona
Ella	o	**le**	onu, ona
Usted	siz	**le**	sizi, size
Nosotros	biz	**nos**	bizi, bize
Vosotros	siz	**os**	sizi, size
Ellos	onlar	**les**	onları, onlara
Ellas	onlar	**les**	onları, onlara
Ustedes	sizler	**les**	sizleri, sizlere

Yukarıda gördüğümüz şahıs zamirlerindeki önemli noktaları açıklayalım:

Birincisi; İspanyolcadaki **él, ella, ellos, ellas** sözcüklerinin Türkçedeki karşılıkları,

él, ella	O
ellos, ellas	ONLAR

sözcükleridir. Türkçede kendisinden söz edilen şey ya da kişi için "o" sözcüğü kullanılır. "o" sözcüğünün yerini tuttuğu ismin eril ya da dişil olması durumu değiştirmez. Başka bir deyişle sözcük hangi cinsten olursa olsun hep "o" kullanılır.

İspanyolcada durum değişiktir. Kendisinden söz edilen isim erilse, Türkçedeki "o" nun karşılığı olarak **él**; isim dişilse **ella** kullanılır. **Él** ve **ella** sözcüklerinin çoğulları da **ellos** ve **ellas**'dır.

İkincisi; Türkçedeki "sen" sözcüğünün karşılığı İspanyolcada **tú**'dur. İspanyolcada, "siz" şahıs zamirinin yerini tutan sözcük **vosotros**'tur. Fakat bu zamir Türkçedeki "siz" zamirinde olduğu gibi, tek bir kişiye hitap ederken kullanılmaz. Bunun yerine kibar hitap şekli olan **usted** ve çoğulu **ustedes** kullanılır.

Şahıs zamirleriyle kullanılan fiiller

"**SER**" FİİLİ

Ser fiili olmak, -imek, var olmak, bulunmak anlamlarına gelir.

soy	**yo soy**	ben......im

Soy sözcüğü "ben" anlamındaki **yo** ile birlikte kullanılır. Türkçedeki "–im, ım, -um, -üm" eklerinin karşılığıdır. Türkçe eklerdeki bu değişiklikler ses uyumundan kaynaklanır. Örneğin, "öğretmenim, avukatım, doktorum" sözcüklerindeki ekler ses uyumundan dolayı bu değişikliğe uğramıştır. İspanyolcada böyle bir değişiklik yoktur. **Soy** sözcüğü daima aynı kalır.

eres	**tú eres**	sen...... sin

Eres sözcüğü "sen" anlamındaki **tú** ile birlikte kullanılır. Türkçedeki "-sin, -sın, sun" eklerinin karşılığıdır. Ses uyumu nedeniyle Türkçede bu ekler değişime uğradığı halde, İspanyolcada **eres** sözcüğü hiç değişmez.

es	**él es, ella es**	o...... dur
es	**usted es**	siz ...... siniz (tekil)

Es sözcüğünün "-dır, -dir" anlamına gelir ve tekil isimlerle birlikte kullanılır. **Es** sözcüğü tekil şahıs zamirleri olan **él** (eril) ve **ella** (dişil) sözcükleriyle kullanılır. **Es** ayrıca yukarıda da gösterildiği gibi siz (tekil) anlamına gelen **usted** sözcüğüyle de kullanılır.

somos	**nosotros somos**	biz...... iz

Somos sözcüğü "biz" anlamına gelen **nosotros** ile birlikte kullanılır. Türkçedeki "-iz, ız, uz" eklerinin İspanyolcadaki karşılığıdır. Diğer sözcüklerde olduğu gibi ses uyumundan dolayı Türkçedeki bu ekler değişikliğe uğradığı halde, İspanylcadaki **somos** sözcüğü hiçbir değişikliğe uğramaz.

sois	**vosotros sois**	siz...... siniz

Sois sözcüğü, "siz" anlamındaki **vosotros** ile birlikte kullanılır. Bu sözcük de, Türkçedeki "-siniz, -sınız, sunuz" eklerinin İspanyolcadaki karşılığıdır. Diğerlerinde olduğu gibi **sois** sözcüğü de hiçbir zaman değişikliğe uğramaz.

son	**ellos son, ellas son**	onlar...... dır(lar)
son	**ustedes son**	siz(ler) ...... siniz (kibar hitap)

Son sözcüğü "onlar" anlamına gelen **ellos** (eril) ve **ellas** (dişil) sözcükleriyle birlikte kullanılır. Geçmiş derslerimizden de bildiğimiz gibi **son** sözcüğü hiç değişikliğe uğramaz.

* Kibar hitap söcüğü olan ve "siz" (tekil) anlamına gelen **usted** sözcüğü ise **es** ile birlikte kullanılır. Bunun çoğulu olan ve "sizler" anlamına gelen **ustedes** ise **son** sözcüğü ile beraber kullanılır.

Şimdi bu sözcükleri şahıs zamirleri ve okunuşları ile birlikte görelim.

Yo soy ...	ben ...im
Tú eres ...	sen ...sin
Él es ...	o ...dur (eril)
Ella es ...	o ...dur (dişil)
Usted es...	siz ...siniz (kibar hitap, tekil)
Nosotros somos ...	biz ...iz
Vosotros sois ...	siz ...siniz
Ellos son ...	onlar ...dırlar (eril)
Ellas son ...	onlar ...dırlar (dişil)
Ustedes son ...	sizler ...siniz (kibar hitap)

Şimdi de bunlarla nasıl cümle kurulduğunu görelim.

Yo soy......	ben...... im
Yo soy médico.	Ben doktorum.
Yo soy estudiante.	Ben öğrenciyim.
Yo soy dentista.	Ben dişçiyim.
Tú eres.....	sen...... sin
Tú eres abogado.	Sen avukatsın.
Tú eres enfermera.	Sen hemşiresin.
Tú eres estudiante.	Sen öğrencisin.
Él es.....	o...... dur (eril)
Él es un ingeniero.	O bir mühendistir.
Él es un médico.	O bir doktordur.
Él es un profesor nuevo.	O yeni bir öğretmendir.
Ella es.....	o...... dur (dişil)
Ella es una enfermera.	O bir hemşiredir.
Ella es una estudiante.	O bir öğrencidir.
Ella es una profesora.	O bir öğretmendir.

Nosotros somos.....	biz...... iz
Nosotros somos estudiantes.	Biz öğrenciyiz.
Nosotros somos abogados.	Biz avukatız.
Nosotras somos profesoras.	Biz öğretmeniz.
Vosotros sois.....	siz...... siniz
Vosotros sois ingenieros.	Siz mühendissiniz.
Vosotras sois dentistas.	Siz dişçisiniz.
Vosotros sois estudiantes.	Siz öğrencisiniz.
Ellos son.....	onlar...... dır
Ellos son abogados.	Onlar avukattır.
Ellos son profesores.	Onlar öğretmendir.
Ellos son ingenieros.	Onlar mühendistir.
Ellas son.....	onlar...... dır
Ellas son abogadas.	Onlar avukattır.
Ellas son enfermeras.	Onlar hemşiredir.
Ellas son profesoras.	Onlar öğretmendir.

Usted sözcüğünün nezaket, saygı ve resmiyet gereği tekil anlamda **tú** yerine kullanıldığını ve **ustedes** sözcüğünün de bunun çoğulu olduğunu ve "sizler" anlamında kullanıldığını biliyoruz.

Usted es un profesor bueno.	Siz iyi bir öğretmensiniz.
Ustedes son unos profesores buenos.	Sizler iyi öğretmen(ler)siniz.
Usted es un buen médico.	Siz iyi bir doktorsunuz.
Ustedes son unos médicos buenos.	Sizler iyi doktor(lar)sınız.
¿Es usted ingeniero?	Siz mühendis misiniz?
¿Son ustedes ingenieros?	Sizler mühendis misiniz?
¿Es usted abogado?	Siz avukat mısınız?
¿Son ustedes abogados?	Sizler avukat mısınız?

"Biz" anlamına gelen **nosotros** erildir. Kendilerinden bahsedenler kadınsa **nosotros** değişir ve **nosotras** olur. Anlamı yine "biz"dir.

Nosotros somos abogados. (eril)	Biz avukatız.

Nosotras somos abogadas. (dişil) Biz avukatız.

Aynı şekilde "siz" anlamına gelen **vosotros** da erildir. Bunun dişili de **vosotras**'dır.

Kibar hitap sözü olan ve "siz" anlamında kullanılan **usted** ve çoğulu **ustedes** hem eril hem de dişil isimlerle kullanılır.

Ustedes son ingenieras. (dişil)	Siz mühendis(ler)siniz.
Ustedes son ingenieros. (eril)	Siz mühendis(ler)siniz.

Yalnız kişilerin yerini tutan şahıs zamirleri şunlardır:

yo, tú, nosotros, vosotros, usted, ustedes

Bu şahıs zamirleri yalnız kişilerin yerini, başka bir deyişle kişi isimlerinin yerini tutarlar. Kullanılmaları şart olmamakla beraber cümlenin başında yer alırlar. Soru cümlelerinde eğer zamir kullanılıyorsa fiilden sonra yer alırlar.

(Yo) soy estudiante.	(Ben) öğrenciyim.
(Tú) eres un médico.	(Sen) bir doktorsun.
(Nosotros) somos ingenieros.	(Biz) mühendisiz.
(Vosotros) sois abogados.	(Siz) avukatsınız.

Yukarıdaki örneklerde de görüldüğü gibi, şahıs zamirleri parantez içinde verilmiştir çünkü bu zamirler kullanılmasalar bile cümlenin anlamında herhangi bir değişiklik olmaz.

Hem kişilerin, hem de canlı-cansız bütün varlıkların yerini tutan şahıs zamirleri şunlardır:

él, ella, ellos, ellas

Bu şahıs zamirleri hem kişilerin, hem bitkilerin, hem de hayvanların ve eşyaların yerini tutarlar. Başka bir deyişle onların yerine kullanılırlar.

El gato está debajo de la mesa.	Kedi masanın altındadır.
Él está debajo de la mesa.	O masanın altındadır.
Las flores están sobre la mesa.	Çiçekler masanın üstündedir.
Ellas están sobre la mesa.	Onlar masanın üstündedir.
Las naranjas están en el árbol.	Portakallar ağacın üstündedir.
Ellas están en el árbol.	Onlar ağacın üstündedir.
Las cajas están debajo de la silla.	Kutular sandalyenin altındadır.
Ellas están debajo de la silla.	Onlar sandalyenin altındadır.
El libro está al lado del cuaderno.	Kitap defterin yanındadır.
Él está al lado del cuaderno.	O defterin yanındadır.

Şahıs zamirli cümlelerin soru biçimi

"SER" FİİLİ

İçinde **soy, eres, es, somos, sois, son** bulunan cümlelerin soru biçimleri şu şekilde yapılır:

Şahıs zamirleriyle bunlardan sonra gelen **soy, eres, es, somos, sois, son** fiilleri yer değiştirir. Cümlenin başına (ters olarak) ve sonuna soru işareti konur.

Yo soy......	ben.......... im
¿Soy yo?	Ben.......... miyim?
Yo soy un médico.	Ben bir doktorum.
¿Soy yo un médico?	Ben bir doktor muyum?
Yo soy un abogado.	Ben bir avukatım.
¿Soy yo un abogado?	Ben bir avukat mıyım?
(Tú) eres.....	sen......... sin
¿Eres tú?	Sen.........misin?
¿Eres tú un estudiante?	Sen bir öğrenci misin?
¿Eres tú una enfermera?	Sen bir hemşire misin?
¿Eres tú un soldado?	Sen bir asker misin?
(Él) es.....	o......... dur.
¿Es (él)?	O.......... mudur?
¿Es (él) un médico?	O bir doktor mudur?
¿Es (él) ingeniero?	O mühendis midir?
¿Es (él) abogado?	O avukat mıdır?
(Ella) es.....	o........ dur.
¿Es (ella)?	O.......... mudur?
¿Es (ella) una enfermera?	O bir hemşire midir?
¿Es (ella) una abogada?	O bir avukat mıdır?
¿Es (ella) profesora?	O öğretmen midir?
Usted es.........	siz............siniz
¿Es usted?	Siz...........misiniz?
¿Es usted soldado?	Siz asker misiniz?
¿Es usted policía?	Siz polis misiniz?
¿Es usted Carlos?	Siz Carlos musunuz?

(Nosotros) somos......	biz..........iz
¿Somos....?	biz.......... miyiz?
¿Somos estudiantes?	Biz öğrenci miyiz?
¿Somos abogados?	Biz avukat mıyız?
¿Somos enfermeras?	Biz hemşire miyiz?
(Vosotros) sois........	siz............ siniz
¿Sois........?	siz............. misiniz?
¿Sois soldados?	Siz asker misiniz?
¿Sois ingenieros?	Siz mühendis misiniz?
¿Sois médicos?	Siz doktor musunuz?
(Ellos) son..........	onlar...........dırlar
¿Son (ellos)..........?	onlar............ mıdır?
¿Son (ellos) alumnos?	Onlar öğrenci midir?
¿Son (ellos) abogados?	Onlar avukat mıdır?
¿Son (ellos) los hombres altos?	Onlar uzun boylu adamlar mıdır?
(Ellas) son.........	onlar.......... dırlar
¿Son (ellas)......... ?	onlar........... mıdır?
¿Son (ellas) enfermeras?	Onlar hemşire midir?
¿Son (ellas) las mujeres bajas?	Onlar kısa boylu kadınlar mıdır?
¿Son (ellas) unas profesoras?	Onlar öğretmen midir?
Ustedes son............	siz............siniz
¿Son ustedes.......?	Siz............. misiniz?
¿Son ustedes abogadas?	Siz(ler) avukat mısınız?
¿Son ustedes médicos?	Siz(ler) doktor musunuz?
¿Son ustedes ingenieros?	Siz(ler) mühendis misiniz?

Yukarıdaki örneklerde de görüldüğü gibi, şahıs zamirli cümleleri soru haline getirirken, şahıs zamirini kullanmak mecburi değildir. Eğer zamir kullanılmıyorsa, böyle cümlelerde zamirin eril mi yoksa dişil mi olduğunu cümledeki isme bakarak anlayabiliriz.

Son abogados.

Yukarıdaki örnekte şahıs zamiri kullanılmamıştır ama görüldüğü gibi **abogados** sözcüğü çoğul ve erildir. Buna göre, cümlede açıkça yazılmadığı halde biz bu cümledeki zamirin **ellos** "onlar" veya kibar hitap şekliyle **ustedes** "sizler" anlayabiliriz.

(Ellos) son abogados.	Onlar avukattır.
(Ustedes) son abogados.	Siz(ler) avukatsınız.
1. **Somos profesores.**	Biz öğretmeniz.
2. **Somos profesoras.**	Biz öğretmeniz.

Bu cümlelerin Türkçe karşılıkları aynıdır fakat İspanyolcada konuşan kişilerin erkek ya da bayan olduğununu cümledeki ismin erilliği veya dişilliğinden anlarız. Buna göre 1. cümlenin zamiri **nosotros** ve 2. cümlenin zamiri ise **nosotras**'tır.

Şahıs zamirli cümlelerin olumsuz biçimi

"SER" FİİLİ

İçinde şahıs zamiri bulunan cümleleri olumsuz yapmak için, **soy, eres, es, somos, sois, son** sözcüklerinin önüne **no** getirmek yeterlidir.

(Yo) soy........	ben...........im
(Yo) no soy...........	ben................. değilim.
(Yo) no soy medico.	Ben doktor değilim.
(Yo) no soy profesor.	Ben öğretmen değilim.
(Yo) no soy alto.	Ben uzun boylu değilim.
(Tú) no eres ingeniero.	Sen mühendis değilsin.
(Tú) no eres abogado.	Sen avukat değilsin.
(Tú) no eres bajo.	Sen kısa boylu değilsin.
(Tú) no eres un hombre bueno.	Sen iyi bir adam değilsin.
(Él) no es un médico.	O bir doktor değildir.
(Él) no es alto.	O uzun boylu değildir.
(Él) no es ingeniero.	O mühendis değildir.
(Él) no es soldado.	O asker değildir.
(Ella) no es enfermera.	O hemşire değildir.
(Ella) no es una mujer baja.	O kısa boylu bir kadın değildir.
(Ella) no es buena.	O iyi değildir.
(Ella) no es abogada.	O avukat değildir.

(Nosotros) no somos estudiantes. Biz öğrenci değiliz.
No somos profesores. Biz öğretmen değiliz.
No somos altos. Biz uzun boylu değiliz.

(Vosotros) no sois soldados. Siz asker değilsiniz.
No sois malos. Siz kötü değilsiniz.
No sois dentistas. Siz dişçi değilsiniz.

(Ellos) no son ingenieros. Onlar mühendis değildir.
No son los hombres bajos. Onlar kısa boylu adamlar değildir.
No son soldados. Onlar asker değildir.

(Ellas) no son enfermeras. Onlar hemşire değildir.
No son altas. Onlar uzun boylu değildir.
No son buenas. Onlar iyi değildir.

Şahıs zamirlerinin ismin yerine kullanılması

Şahıs zamirlerinin ismin yerini tuttuğunu ve **yo, tú, nosotros, vosotros** şahıs zamirlerinin yalnız insanların yerine kullanıldıklarını, bunların dışında kalan; **él, ella, ellos, ellas** şahıs zamirlerinin ise hem insan isimlerinin, hem de eşya, hayvan ve bitki isimlerinin yerlerine kullanıldıklarını biliyoruz. Şimdi bu konuyu biraz daha ayrıntılı olarak görelim.

(Emre) es un estudiante. (Emre) bir öğrencidir.
(Él) es un estudiante. (O) bir öğrencidir.

(Aslı) es una enfermera. Aslı bir hemşiredir.
(Ella) es una enfermera. (O) bir hemşiredir.

(La casa) es pequeña. (Ev) küçüktür.
(Ella) es pequeña. (O) küçüktür.

(El gato) no está debajo de la mesa. (Kedi) masanın altında değildir.
(Él) no está debajo de la mesa. (O) masanın altında değildir.

Örneklerden de anlaşılacağı gibi, "Emre" ismi bir erkek ismi olduğu için, burada "o" sözcüğünün İspanyolca karşılığı olarak **él** kullanılmıştır. Öte yandan **el gato** sözcüğü eril ve dişil olduğundan aynı şekilde **el** kullanılmıştır. Bundan başka, "Aslı" ismi bir kadın ismi ve tekil, gene aynı şekilde **la casa** cansız varlık adı ve tekil olduğu için "o" sözcüğünün İspanyolcadaki karşılığı olarak **ella** kullanılmıştır. Görülüyor ki, buradaki **él** ve **ella** şahıs zamirleri hem insan isimlerinin hem de öteki varlıkların yerine kullanılmaktadır.

Yerine şahıs zamiri kullanılacak isim çoğul olursa, **él** sözcüğünün çoğulu **ellos, ella** sözcüğünün çoğulu **ellas** kullanılır.

(Los niños) están en el jardín.	(Çocuklar) bahçededir.
(Ellos) están en el jardín.	(Onlar) bahçededir.
(Carlos y Miguel) son estudiantes.	(Carlos ve Miguel) öğrencidir.
(Ellos) son estudiantes.	(Onlar) öğrencidir.
(La mujer y el hombre) están allí.	(Kadın ve adam) oradadır.
(Ellos) están allí.	(Onlar) oradadır.

Yukarıdaki son örnekte **la mujer** ve **el hombre** sözcüklerinin birisi eril, diğeri dişildir. Diğer cümlede bunların yerine "Onlar" sözcüğünün İspanyolcadaki eril çoğul karşılığı olan **ellos** konmuştur. Bu konuda şu kuralı söyleyebiliriz:
Bir cümle içinde özne durumunda iki isim birden varsa, (**la mujer** ve **el hombre** sözcüklerinde olduğu gibi) ve bunlar değişik cinsiyetteyse yerlerine şahıs zamirleri koyarken, bu sözcüklerin eril olanına göre şahıs zamiri konur.

(La chica y el chico) no están en casa.	(Kız ve çocuk) evde değildir.
(Ellos) no están en casa.	(Onlar) evde değildir.
(Las mesas) están en la habitación.	(Masalar) odadadır.
(Ellas) están en la habitación.	(Onlar) odadadır

Şahıs zamirleriyle kullanılan fiiller

"**ESTAR**" FİİLİ

Estar fiili, (bir yerde veya durumda) bulunmak, olmak, -imek anlamına gelir. İspanyolca gramerinin temelini oluşturan **ser** ve **estar** fiilleri aynı anlama gelmekle beraber kullanıldıkları yerler farklıdır. Bunları birbirinden ayıran başlıca özellik;**ser** fiilinin değişmeyen durumlarda, **estar** fiilinin ise değişebilen durumlarda kullanılmasıdır. Örneğin **ser** fiili Türk olmak, İspanyol olmak gibi tabiiyet bildiren durumlarda, mesleklerde, sempatik-antipatik olmak gibi karakter bildiren durumlarda, zayıf-şişman, uzun-kısa olmak gibi fiziksel özelliklerde kullanılır.

Estar fiili ise; hasta, yorgun, halsiz olmak gibi sağlık bildiren cümlelerde, evde, okulda, işte, bahçede olmak gibi yer bildiren cümlelerde, kırık, kirli olmak gibi durum bildiren cümlelerde kullanılır.

estoy	**yo estoy**	Ben ....im

Estoy sözcüğü "ben" anlamındaki **yo** ile kullanılır. Türkçedeki "-im, -ım, -um" eklerinin karşılığıdır. Türkçe eklerdeki bu değişiklikler ses uyumundan kaynaklanır. Örneğin, "hastayım, yorgunum, iyiyim" sözcüklerindeki ekler ses uyumundan dolayı bu değişikliğe uğramıştır. İspanyolcada böyle bir değişiklik yoktur. **Estoy** sözcüğü her zaman aynı kalır.

estás	**tú estás**	sen ....sin

Estás sözcüğü "sen" anlamına gelen **tú** ile kullanılır. Türkçedeki "-sin, -sın, -sun" eklerinin karşılığıdır. Türkçedeki ses uyumu nedeniyle bu sözcükler değiştiği halde İspanyolcada hiç değişmez.

está	**él, ella está**	o ....dur
está	**usted está**	siz ....siniz (tekil)

Está sözcüğünün "-dır, -dir" anlamına geldiğini ve tekil isimlerle birlikte kullanıldığını biliyoruz. **Está** sözcüğü tekil şahıs zamirleri olan **él** (eril) ve **ella** (dişil) sözcükleri ile kullanılır.

estamos	**nosotros estamos**	biz ...iz

Estamos sözcüğü "biz" anlamına gelen **nosotros** ile kullanılır. Türkçedeki "-iz, -ız, -uz" eklerinin İspanyolcadaki karşılığıdır. Bu sözcük de değişikliğe uğramaz.

estáis	**vosotros estáis**	siz ....siniz

Estáis sözcüğü "siz" anlamındaki **vosotros** ile kullanılır. Bu sözcük de, Türkçedeki "-siniz, -sınız, -sunuz" eklerinin İspanyolcadaki karşılığıdır. Diğerlerinde olduğu gibi **estáis** sözcüğü de hiçbir zaman değişikliğe uğramaz.

están	**ellos, ellas están**	onlar ....dır(lar)
están	**ustedes están**	sizler ....siniz (kibar hitap)

Están sözcüğü **ellos** (eril), **ellas** (dişil) sözcükleriyle kullanılır. **Están** hiç değişikliğe uğramaz.

Kibar hitap sözcüğü olan ve "siz" (tekil) anlamına gelen **usted** sözcüğü ise **está** ile kullanılır. Bunun çoğulu olan ve "sizler" anlamına gelen **ustedes** ise **están** sözcüğü ile kullanılır.

Yo estoy ...	ben ...im
Tú estás ...	sen ...sin
Él está ...	o ...dur (eril)
Ella está ...	o ...dur (dişil)
Usted está...	siz ...siniz (kibar hitap, tekil)
Nosotros estamos ...	biz ...iz
Vosotros estáis ...	siz ...siniz
Ellos están ...	onlar ...dırlar (eril)
Ellas están...	onlar ...dırlar (dişil)
Ustedes están ...	sizler ...siniz (kibar hitap)

Bu fiilin cümle içinde kullanımı **ser** fiilininkiyle aynıdır:

(**yo**) **estoy ...**	ben ...im
(**Yo**) **estoy en la tienda.**	Ben dükkandayım.
(**Yo**) **estoy bien.**	Ben iyiyim. (sağlık)
(**tú**) **estás ...**	sen ...sin
(**Tú**) **estás en casa.**	Sen evdesin.
(**Tú**) **estás mal.**	Sen kötüsün. (sağlık)
(**él, ella**) **está ...**	o ...dur
(**Él**) **está en la calle.**	O (eril) sokaktadır.
(**Ella**) **está en el jardín.**	O (dişil) bahçededir.
(**nosotros**) **estamos ...**	biz ...iz
(**Nosotros**) **estamos bien.**	Biz iyiyiz.
(**Nosotros**) **estamos en la escuela.**	Biz okuldayız.
(**vosotros**) **estáis ...**	siz ...siniz
(**Vosotros**) **estáis en el autobús.**	Siz otobüstesiniz.
(**Vosotros**) **estáis en clase.**	Siz sınıftasınız.

(ellos, ellas) están ...	onlar ...dır(lar)
Ellos están en el barco. **Ellas están bien.**	Onlar (eril) gemidedir(ler). Onlar (dişil) iyidir.
(usted) está...	siz ...siniz (kibar hitap)
(Usted) está en el coche.	Siz arabadasınız.
(ustedes) están ...	sizler ...siniz (kibar hitap)
(Ustedes) están en casa.	Sizler evdesiniz.

Şahıs zamirli cümlelerin soru biçimi

"**ESTAR**" FİİLİ

İçinde **estoy**, **estás**, **está**, **estamos**, **estáis**, **están** bulunan cümlelerin soru biçimleri tıpkı **ser** fiilinde olduğu gibi yapılır:

Şahıs zamirleriyle bundan sonra gelen **estoy**, **estás**, **está**, **estamos**, **estáis**, **están** sözcükleri yer değiştirir, cümlenin başına (ters) ve sonuna soru işareti konur. Ayrıca şahıs zamirleri hiç kullanılmadan, sadece onlarla kullanılan fiilleri kullanarak da soru yapılabilir.

(Yo) estoy ... **¿Estoy (yo) ...?**	Ben ....im Ben ....miyim?
¿Estoy (yo) en casa? **¿Estoy (yo) bien?**	Ben evde miyim? Ben iyi miyim?
(Tú) estás .... **¿Estás (tú) ....?**	Sen ....sin Sen ....misin?
¿Estás (tú) en la escuela? **¿Estás (tú) bien?**	Sen okulda mısın? Sen iyi misin?
(él, ella, usted) está.... **¿Está (él, ella, usted) ....?**	O(eril-dişil) ....dur / siz ....siniz O (eril-dişil) ....mudur? / siz ....misiniz?
¿Está (él, ella) en casa? **¿Está (usted) bien?**	O (eril-dişil) evde midir? Siz iyi misiniz?

(Nosotros) estamos	Biz ....iz.
Estamos (nosotros) ....?	Biz ....miyiz?
¿Estamos en el autobús?	Biz otobüste miyiz?
¿Estamos en la tienda?	Biz dükkanda mıyız?
(Vosotros) estáis	Siz ....siniz.
¿Estáis (vosotros) ....?	Siz ....misiniz?
¿Estáis (vosotros) bien?	Siz iyi misiniz?
¿Estáis en casa?	Evde misiniz?
(ellos, ellas, / ustedes) están	Onlar (eril-dişil) ....dırlar / Sizler ....siniz
Están (ellos, ellas, / ustedes) ....?	Onlar .... mıdır? Sizler ...misiniz?
¿Están (ellos, ellas) en casa?	Onlar evde midir(ler)?
¿Están (ustedes) en el coche?	Sizler arabada mısınız?

Şahıs zamirli cümlelerin olumsuz biçimi

"**ESTAR**" FİİLİ

İçinde şahıs zamiri bulunan cümleleri olumsuz yapmak için, **estoy**, **estás**, **está**, **estamos**, **estáis**, **están** sözcüklerinin önüne **no** getirmek yeterlidir.

(Yo) estoy	Ben ....im.
(Yo) no estoy	Ben ....değilim.
(Yo) no estoy bien.	Ben iyi değilim.
(Yo) no estoy en casa.	Ben evde değilim.
(Tú) estás	Sen ....sin.
(Tú) no estás	sen ....değilsin.
(Tú) no estás en la escuela.	Sen okulda değilsin.
(Tú) no estás bien.	Sen iyi değilsin.
(Él, ella, / usted) está	O (eril, dişil) ....dur. / siz .... siniz.
(Él, ella, / usted) no está	O (eril, dişil)....değildir. /siz .... değilsiniz.
(Él, ella) no está en clase.	O (eril, dişil) sınıfta değildir.
(Usted) no está bien.	Siz (tekil) iyi değilsiniz.
(Nosotros) estamos	Biz ....iz.
(Nosotros) no estamos	Biz ....değiliz.

(Nosotros) no estamos en el jardín.	Biz bahçede değiliz.
(Nosotros) no estamos en clase.	Biz sınıfta değiliz.
(Vosotros) estáis	Siz ....siniz.
(Vosotros) no estáis	Siz .... değilsiniz.
(Vosotros) no estáis en el coche.	Siz arabada değilsiniz.
(Vosotros) no estáis bien.	Siz iyi değilsiniz.
(Ellos, ellas, / ustedes) están	Onlar (eril, dişil) ....dır. / Sizler ....siniz.
(Ellos, ellas, / ustedes) no están	Onlar .... değildir. / Sizler .... değilsiniz.
(Ellos, ellas) no están en casa.	Onlar evde değildir.
(Ustedes) no están en el barco.	Sizler (kibar hitap) gemide değilsiniz.

Mülkiyet zamirleri

İyelik zamirleri söz edilen şahısların, hayvanların veya eşyaların (şeylerin) kime ait olduklarını bildirerek ismin yerini tutan zamirlerdir. Bu zamirler yerini tuttukları ismin eril veya dişil oluşuna göre eril ya da dişil cins şeklinde kullanılmaktadır. Çoğul halde isimler gibi sonlarına **s** alırlar. Şimdi bu iyelik zamirlerini tablo halinde verelim:

TEKİL	
eril	dişil
el mío	**la mía**
el tuyo	**la tuya**
el suyo	**la suya**
el nuestro	**la nuestra**
el vuestro	**la vuestra**
el suyo	**la suya**

ÇOĞUL	
eril	dişil
los míos	**las mías**
los tuyos	**las tuyas**
los suyos	**las suyas**
los nuestros	**las nuestras**
los vuestros	**las vuestras**
los suyos	**las suyas**

tekil

el mío, la mía	benimki
el tuyo, la tuya	seninki
el suyo, la suya	onunki
el nuestro, la nuestra	bizimki
el vuestro, la vuestra	sizinki
el suyo, la suya	onlarınki

çoğul

los míos, las mías	benimkiler
los tuyos, las tuyas	seninkiler
los suyos, las suyas	onunkiler
los nuestros, las nuestras	bizimkiler
los vuestros, las vuestras	sizinkiler
los suyos, las suyas	onlarınkiler

Mülkiyet zamirleriyle mülkiyet sıfatlarının anlam farklarının görülmesi için bunları topluca verelim:

Mülkiyet sıfatlarının ve mülkiyet zamirlerinin tekil halleri

mülkiyet sıfatları		mülkiyet zamirleri		
Singular (tekil)		Singular (tekil)		
		eril	dişil	
mi	(benim)	**el mío**	**la mía**	(benimki)
tu	(senin)	**el tuyo**	**la tuya**	(seninki)
su	(onun)	**el suyo**	**la suya**	(onunki)
nuestro, nuestra	(bizim)	**el nuestro**	**la nuestra**	(bizimki)
vuestro, vuestra	(sizin)	**el vuestro**	**la vuestra**	(sizinki)
su	(onların)	**el suyo**	**la suya**	(onlarınki)

Mülkiyet sıfatlarının ve mülkiyet zamirlerinin çoğul halleri

mülkiyet sıfatları		mülkiyet zamirleri		
Plural (çoğul)		Plural (çoğul)		
		eril	dişil	
mis	(benim)	**los míos**	**las mías**	(benimkiler)
tus	(senin)	**los tuyos**	**las tuyas**	(seninkiler)
sus	(onun)	**los suyos**	**las suyas**	(onunkiler)
nuestros, nuestras	(bizim)	**los nuestros**	**las nuestras**	(bizimkiler)
vuestros, vuestras	(sizin)	**los vuestros**	**las vuestras**	(sizinkiler)
sus	(onların)	**los suyos**	**las suyas**	(onlarınkiler)

Mi coche es negro, el suyo es blanco.
Benim arabam siyahtır, seninki (senin araban) beyazdır.

Mi casa es grande, la tuya es pequeña.
Benim evim büyüktür, seninki (senin evin) küçüktür.

Mis lápices están sobre el pupitre, los suyos están sobre la silla.
Benim kalemlerim sıranın üstündedir, onunkiler sandalyenin üstündedir.

Tu sombrero es viejo. **El mío es nuevo.**	Senin şapkan eskidir. Benimki yenidir.
Nuestras manzanas son rojas. **Las vuestras son verdes.**	Bizim elmalarımız kırmızıdır. Sizinkiler yeşildir.
Mi abuela tiene ochenta años. **La tuya tiene setenta años.**	Benim büyükannem seksen yaşındadır. Seninki yeytmiş yaşındadır.
Su casa es alta. **La mía también es alta.**	Onun evi yüksektir. Benimki de yüksektir.
Vuestra radio es grande. **La nuestra es pequeña.**	Sizin radyonuz büyüktür. Bizimki küçüktür.
Sus libros son nuevos. **Los nuestros son viejos.**	Onların kitapları yenidir. Bizimkiler eskidir.
Su goma está sobre la mesa. **La mía está en la caja.**	Onun silgisi masanın üstündedir. Benimki kutudadır.
Tus amigos van al parque. **Los míos van al cine.**	Senin arkadaşların parka gidiyorlar. Benimkiler sinemaya gidiyorlar.
Mis manos son pequeñas. **Las tuyas también son pequeñas.**	Benim ellerim küçüktür. Seninkiler de küçüktür.
Vuestras calles son largas. **Las nuestras son cortás.**	Sizin caddeleriniz uzundur. Bizimkiler kısadır.
Mi cartera es nueva. **La tuya es vieja.**	Benim çantam yenidir. Seninki eskidir.
Tu cocina es grande. **La vuestra es pequeña.**	Senin mutfağın büyüktür. Bizimki küçüktür.
Mis manos están abiertas. **Las vuestras están cerradas.**	Benim ellerim açıktır. Sizinkiler kapalıdır.
Tu padre fuma mucho. **El mío también fuma mucho.**	Senin baban çok sigara içiyor. Benimki de çok içiyor.
Lees tu libro. **Yo leo el mío.**	Kitabını okuyorsun. Ben benimkini okuyorum.

Sus camisas son blancas. **Las nuestras son negras.**	Onların gömlekleri beyazdır. Bizimkiler siyahtır.
Vustros libros están sobre la mesa. **Los míos están en mi cartera.**	Sizin kitaplarınız masanın üzerindedir. Benimkiler çantamdadır.
Mi madre limpia la casa. **La tuya pone la mesa.**	Benim annem evi temizliyor. Seninki sofrayı kuruyor.
Tu padre es abogado. **El mío es ingeniero.**	Senin baban avukattır. Benimki mühendistir.
Tu hermana se llama Defne. **La suya también se llama Defne.**	Senin kız kardeşinin adı Defne'dir. Onunkinin de adı Defne'dir.
Vuestros libros están abiertas. **Los nuestros están cerrados.**	Sizin kitaplarınız açıktır. Bizimkiler kapalıdır.
Tus cartas son largas. **Las mías también son largas.**	Senin mektupların uzundur. Benimkiler de uzundur.

Uno / una de + mülkiyet zamiri

Bu yapıda kullanılan mülkiyet zamirinin mülkiyet sıfatıyla karşılığını ve her iki şeklin Türkçe anlamlarını aşağıdaki örneklerde görelim:

un amigo mío = uno de mis amigos	arkadaşlarımdan biri
Miguel es un amigo mío. **Miguel es uno de mis amigos.**	Miguel arkadaşlarımdan biridir.
Éste es un libro suyo. **Éste es uno de sus libros.**	Bu onun kitaplarından biridir.
He visto un caballo suyo. **He visto uno de sus caballos.**	Onların atlarından birini gördüm.
Un tío nuestro ha ganado un premio. **Uno de nuestros tíos ha ganado un premio.**	Amcalarımızdan biri bir ödül kazandı.

Mismo / misma

Bu sözcükler "aynı" anlamına gelir.

Mismo sözcüğü bir sıfattır . Sıfat olduğu zaman beraber bulunduğu isme uyar. İsim tekilse **mismo** da tekil, isim çoğulsa **mismo** da çoğul olur.

el día	gün
el mismo día	aynı gün
la camisa	gömlek
la misma camisa	aynı gömlek
los días	günler
los mismos días	aynı günler
los hombres	adamlar
los mismos hombres	aynı adamlar
las mujeres	kadınlar
las mismas mujeres	aynı kadınlar
la aldea	köy
la misma aldea	aynı köy

Esta es la misma chica.	Bu aynı kız.
Este es el mismo bebé.	Bu aynı bebek.
Mi abuela siempre nos lee las mismas historias.	Büyükannem bize daima aynı hikayeleri okur.
Mi padre siempre se viste la misma chaqueta.	Babam daima aynı ceketi giyer.
Ella siempre se pone el mismo abrigo.	O her zaman aynı paltoyu giyer.

Mismo sözcüğü şahıs zamirlerinden sonra gelerek "bizzat kendim, kendisi ..." anlamını verir.

yo mismo	bizzat kendim
tú mismo	kendin
él mismo	kendisi (erkek)
ella misma	kendisi (dişi)
nosotros mismos	kendimiz
vosotros mismos	kendiniz (çoğul)
ellos mismos	kendileri (erkek)
ellas mismas	kendileri (dişi)

Yo mismo haré estos deberes.	Bu ödevleri bizzat kendim yapacağım.
Tú mismo telefonearás a su amigo.	Arkadaşını bizzat kendin arayacaksın.
Ellos mismos deben escribirle.	Size bizzat yazmalıdırlar.

İşaret zamirleri

İşaret zamirleri söz edilen şahısları, hayvanları veya eşyaları (şeyleri) işaret ederek ismin yerini tutan zamirlerdir. Bu zamirler yerini tuttukları ismin cinsine, niceliğine (azlık, çokluk), yakında veya uzakta bulunuşuna göre değişik şekildedirler. Başlıca işaret zamrleri şunlardır:

eril-tekil	dişil-tekil
éste bu	**ésta** bu
ése şu	**ésa** şu
aquél o	**aquélla** o

eril-çoğul	dişil-çoğul
éstos bunlar	**éstas** bunlar
ésos şunlar	**ésas** şunlar
aquéllos onlar	**aquéllas** onlar

Éste, **ésta** "bu, bu beriki" anlamına; **ése**, **ésa** " şu, şu öteki" anlamına gelir. Çoğulları olan **éstos**, **éstas** "bunlar, bu berikiler", **ésos**, **ésas** "şunlar, şu ötekiler" anlamındadır.

Hiç değişmeyen ve cinssiz olan işaret zamirleri de vardır. Bunlar:

esto "bu"
eso "şu"
aquello "o"

mi estilográfica **ésa es la de mi amigo.**	benim dolmakalemim şu arkadaşımınki.
tu lápiz **ése es el de Emre**	senin kurşunkalemin şu Emre'ninki.
mi habitación **ésa es la de mi hermana**	benim odam şu kız kardeşiminki
mis cuadernos **ésos son los de mis amigos**	benim defterlerim şunlar arkadaşlarımınki
tus camisas **ésas son las de Julia**	senin gömleklerin şunlar Julia'nınkiler

mis casas	benim evlerim
ésas son las de mi padre	şunlar babamınkiler
tus sombreros	senin şapkaların
aquéllos son los de tu padre	onlar babanınkiler

Yukarıdaki örneklerde görüldüğü gibi işaret zamiri bulunan cümlelerde birinci cümledeki sözcük tekrarlanmamaktadır ve bunun yerine uygun işaret zamiri kullanılmaktadır. Ayrıca daha önceki derslerimizde gördüğümüz gibi tekrarlanmayan sözcüğün yerine bu sözcüğe uygun olan tanımlık kullanılır.

Esta casa es de Miguel.	Bu ev Miguel'indir.
Ésa es la de Julia.	Şu öteki Julia'nınkidir.
Aquélla es la mía.	O benimkidir.
Este coche es azul.	Bu araba mavidir.
Ése es negro.	Şu öteki siyahtır.
Aquél es blanco.	O beyazdır.
Aquella mesa es larga.	O masa uzundur.
Ésta es corta.	Bu kısadır.
Esas chicas son buenas.	Şu kızlar iyidir.
Aquéllas son malas.	Onlar kötüdür.
Este sombrero es nuevo.	Bu şapka yenidir.
Aquél es viejo.	O eskidir.
Estos hombres son altos.	Bu adamlar uzundur.
Ésos son bajos.	Şu ötekiler kısadır.
Estas tiendas son pequeñas.	Bu dükkanlar küçüktür.
Aquéllas son grandes.	Onlar büyüktür.
Aquí hay dos lápices; éste es azul, ése es negro.	İşte iki kurşunkalem; bu mavidir, şu siyahtır.
Aquí hay una amapola y una rosa; ésta es roja, ésa es blanca.	İşte bir gül ve bir gelincik: bu beriki kırmızıdır, şu öteki beyazdır.

Soru zamirleri

Soru zamirleri şu sözcüklerdir:

quién	kim
a quién	kimi, kime
de quién	kiminki
cuál	hangisi
qué	ne

quién — kim

¿Quién es usted?	Siz kimsiniz?
¿Quién eres (tú)?	Sen kimsin?
¿Quién es él?	O kimdir?
¿Quién vino ayer?	Dün kim geldi?
¿Quién ha tomado mi lápiz?	Kalemimi kim aldı?
¿Quién está en el taxi?	Kim taksidedir?
¿Quién es aquel hombre?	O adam kimdir?
¿Quiénes son esos hombres?	Şu adamlar kimdir?
¿Quién ha roto el florero?	Vazoyu kim kırdı?
¿Quién puede responderme?	Bana kim cevap verebilir?
¿Quién es usted?	Siz kimsiniz?
¿Quién es aquel joven?	O genç kim?
¿Quién ha comprado una casa nueva?	Kim yeni bir ev aldı?
¿Quién os ha visitado?	Sizi kim ziyaret etti?
¿Quién ha llegado?	Kim geldi?
¿Quién es aquel señor?	O bey kimdir?

a quién

kimi, kime

¿A quién has visto?	Kimi gördün?
¿A quién han visto?	Kimi gördüler?
¿A quién ha dado la manzana?	Elmayı kime verdi?
¿A quién escribe Luis?	Luis kime yazıyor?
¿A quién has saludado?	Kimi selamladın?
¿A quién has vendido tu coche?	Arabanı kime sattın?
¿A quién escribes la carta?	Mektubu kime yazıyorsun?

de quién

kimin

¿De quién es este sombrero?	Bu şemsiye kimindir?
¿De quién estos zapatos?	Bu ayakkabılar kimindir?

cuál

hangi, hangisi

"Hangi" anlamına gelen **¿cuál?** sözcüğü bir soru sıfatıdır. Türkçe'de "Hangi kitap?" "Hangi çocuk?" "Hangi kalem?" diye söylenirken, "kitap"ın, "çocuk"un ve "kalem"in nitelikleri sorulmaktadır. Bu nitelikler büyüklük - küçüklük, biçim ve renk vb. nitelikler olabilir.

İspanyolca'da da "hangi" sözcüğünün karşılığı olan **¿cuál?** sözcüğü isimlerin önünde yer alır. Yalnız Türkçe'de, "hangi" sözcüğü kendisinden sonra gelen isim gerek tekil gerekse çoğul olsun hiçbir değişikliğe uğramaz. İspanyolca'da ise, **¿cuál?** sözcüğü nitelediği ismin tekil - çoğul oluşuna göre değişikliğe uğrar.

Şimdi örneklerle daha iyi anlamaya çalışalım.

¿Cuál.......?	hangi.......?
el libro	kitap
¿Cuál libro?	Hangi kitap?
la casa	ev
¿Cuál casa?	Hangi ev?

los libros	kitaplar
¿Cuáles libros?	Hangi kitaplar?

Bu konuda önemli olan başlıca iki noktayı açıklayalım:

Birincisi; **¿Cuál?** soru sıfatı, eril-tekil ve dişil-tekil isimlerle birlikte kullanılır. Çoğul ismin önünde ise **–es** eki alır.

los lápices	kalemler
¿Cuáles lápices?	Hangi kalemler?
los niños	çocuklar
¿Cuáles niños?	Hangi çocuklar?
las casas	evler
¿Cuáles casas?	Hangi evler?
las sillas	sandalyeler
¿Cuáles sillas?	Hangi sandalyeler?

İkincisi; **¿Cuál?** sözcüğünden sonra gelen ismin tanımlığı, ister eril tekil ya da çoğul, ister dişil tekil-çoğul olsun kaldırılır. Bunların yerine isme uyan **¿cuál?,** ya da çoğulu olan **¿cuáles?** sözcüğü getirilir.

Aşağıdaki örneklerde **cuál** bir soru zamiri olarak kullanılmaktadır.

¿Cuál es suyo?	Hangisi sizinkidir?
¿Cuál te gusta más?	En çok hangisini seversin?
¿Cuál de ellos es más largo?	Onların hangisi daha uzundur?
¿Cuál de ellos ha venido primero?	Onların hangisi ilk önce geldi?

qué — ne

Qué zamir olarak aşağıdaki örneklerde görüldüğü gibi kullanılır.

¿Qué ha pasado?	Ne oldu?
¿Qué ha parado el motor?	Motoru ne durdurdu?
¿Qué ha bebido?	Ne içti?
¿Qué has pedido?	Ne istedin?

Que edatlarla kullanıldığında edat cümlenin başında yer alır.

¿Con qué escribe?	Ne ile yazarsınız?
¿Con qué lo ha abierto?	Onu ne ile açtı?

Que soru zamiri para edatı ile kullanıldığında "niçin" anlamını verir.

¿Para qué ha traido la carta?	Mektubu ne için getirdi?
¿Para qué queman las plantas?	Bitkileri ne için yakarlar?

LOS VERBOS – FİİLLER

Fiilin tanımı

Fiiller bir şahıs veya şeyin ne yaptığını, ne durumda olduğunu veya kendisine ne yapıldığını bildiren sözcüklerdir. Başka bir deyişle, fiiller , bir hareket, oluş ve durum bildirirler.

Fiiller eylem veya durumları gösterirken onların zamanını, süresini, tamamlanma hallerini de belirtirler.

Örneğin, "olmak, sahip olmak, gitmek, gelmek, çalışmak, yazmak" sözcükleri birer fiildir.

Fiillerin sonundaki "-mek, -mak" eklerine mastar ekleri denir.

Fiil hem söz konusu eylemi kimin yaptığını, hem de eylemin ne zaman yapıldığını ve tamamlanmış olup olmadığını bildirir.

ir	gitmek
¡Vete!	Git!
Él va.	O gidiyor.
Ellos duermen aquí.	Onlar burada uyurlar.
Hemos bebido agua.	Su içtik.
Va a cantar.	Şarkı söyleyecek.
Comimos los pasteles.	Pastaları yedik.
Ella tiene que venir.	O gelmeli.
Carmen puede llevarlo.	Carmen onu taşıyabilir.
Puede vender el anillo.	Yüzüğü satabilir.
Tenemos que arreglar su coche.	Otomobilini tamir etmeliyiz.
Nos visitaban.	Bizi ziyaret ederlerdi.
El hombre está cansado.	Adam yorgundur.

Örneklerde görülen fiiller, yukarıda tanımladığımız anlamlarda kullanılmış birer sözcüktür.

İspanyolcada, bir hareketi, bir olayı, bir durumu ya da bir duyguyu zaman ve kişiye bağlayarak anlatan kelimelere **el verbo** (fiil ya da eylem) denir. Fiil, hem söz konusu eylemi kimin yaptığını, hem de eylemin ne zaman yapıldığını ve tamamlanmış olup olmadığını bildirir. Bu özelliğinden dolayı fiil, öteki kelime sınıflarının aksin, hem cümlenin vazgeçilmez bir öğesidir, hem de kendi başına bir cümle oluşturabilir. Bu yüzden de cümlenin en fazla değişiklik gösteren unsurudur.

Clases de verbos – Fiillerin türleri

İspanyolcada fiilleri, anlamları ve kullanılış biçimleri açısından şu türlere ayrılır:

verbo
- A) **copulativo**
- B) **predicativo**
  - 1) **transitivo**
    - a) **nominal**
    - b) **pronominal**
      - i) **reflexivo**
      - ii) **recíproco**
  - 2) **intransitivo**

A) **Verbo copulativo** (Bağlaç fiil): Özneyle isim – birleştirerek bir bağlaç görevi yapan fiildir.

Carlos es argentino. Carlos Arjantinlidir.

B) **Verbo predicativo** (Yüklem fiil): Bir hareketi, bir durumu ya da duyguyu anlatan bu fiiller iki türlüdür:

1) **Verbo transitivo** (Geçişli fiil): Anlatılan eylemin tamamlayıcı bir unsuru gerektirdiği ve eylemin özneden başka bir kişi veya şeye yöneldiği fiildir. Eylemle doğrudan ilişkili olan ve eylemin bitiş noktasını oluşturan bu unsura **complemento directo** (düz tümleç) denir.

Carlos dio una limosna. Carlos sadaka verdi.

2) **Verbo intransitivo** (Geçişsiz fiili): Yapılan eylemin herhangi bir düz tümlece gerek olmadan öznede kaldığı fiildir.

Carlos nació en Madrid. Carlos Madrit'te doğdu.

Bir fiilin geçişli olup olmadığı NE? veya NEYİ? sorusuna yanıt verebilmesinden anlaşılır. Örneğin **dar** (vermek) fiili, "neyi vermek?" sorusuna "sadaka vermek" biçiminde yanıtlandığı için geçişli bir fiildir. Bir fiilin geçişli ya da geçişsiz olması kullanım biçimine de bağlı olabilir. Örneğin, "**Carlos nada.**" (Carlos yüzüyor) cümlesindeki **nadar** (yüzmek) fiili geçeşsiz, "**Carlos nada cien metros.**" (Carlos tüz metre yüzüyor.) cümlesinde ise geçişlidir.

Bazı geçişsiz fiiller de bir tümleç alıp anlamını güçlendirerek geçişli bir fiil gibi kullanılabilir.

Carlos durmió un sueño tranquilo. Carlos sakin bir uyku uyudu.
Geçişli fiiller, düz tümlecin bir isim ya da bir şahıs zamiri olmasına göre a) **nominal** ya da b) **pronominal** olurlar.

Düz tümleci bir şahıs zamiri olan "pronominal" olan fiiller de iki türlüdür:

i) **Verbo reflexivo** (Dönüşlü fiil): Yapılan eylemin özneye geri döndüğü, yani eylemi yapanla eylemin yöneldiği kişinin aynı olduğu fiildir.

Carlos se lava. Carlos yıkanıyor.

İspanyolcada birçok fiil sadece dönüşlü olarak kullanılır: **atreverse** (cüret etmek), **arrepentirse** (pişman olmak), **quejarse** (şikâyet etmek) gibi. Birçok fiil de şahıs zamiri alıp almamasına göre anlam değiştirir: **lavar** (yıkamak), **lavarse** (yıkanmak); **despertar** (uyandırmak), **despertarse** (uyanmak) gibi.

ii) **Verbo recíproco** (İşteşlik fiili): Eylemin iki ya da daha fazla kişi tarafından karşılıklı yapıldığını gösteren fiildir.

Los amigos se saludaron. Arkadaşlar selamlaştılar.

Elementos del verbo – Fiili oluşturan unsurlar

İspanyolcada fiiller, Türkçede olduğu gibi, eylemin ne zaman ve kimin tarafından yapıldığını, sona eklenen takılarla gösterir. Bu bakımdan her fiil iki unsurdan oluşur:

a) Kök (**raíz**), mastar takısı ayrıldıktan sonra geriye kalan temel unsurdur ve tüm fiil çekimlerinde ya aynen, ya da fonetik kurallar nedeniyle bazı ses değişiklikleriyle kullanılır.

TOMar	ALmak
COMer	YEmek
VIVir	YAŞAmak

b) Takı (**desinencia**), eylemin zaman ve kişisini göstermek üzere kök'e eklenir:

i) **Desinencia temporal** (zaman takısı): Eylemin hangi zamanda yapıldığını gösterir, dolayısıyla her çekim zamanının belirli takıları vardır.

ii) **Desinencia personal** (şahıs takısı): Eylamin kimin taragından yapıldığını gösterir.

İspanyolxada bir fiilin mastar şeklinde kök ayrıldıktan sonra geriye kalan sesli harfe **característica verbal** (fiilin özelliği), kökten geriye kalan takıya da **desinencia de infinitivo** (mastar takısı) denir.
İspanyolcada fiiller, bu özellikleri açısından Türkçedekinden farklı olarak, mastar eklerine göre başlıca üç çekim grubuna ayrılmışlardır:

1. Birinci çekim (**primera conjugación**) : Mastar takısı –**AR** olan fiiller.
2. İkinci çekim (**segunda conjugación**) : Mastar takısı –**ER** olan fiiller.
3. Üçüncü çekim (**tercera conjugación**) : Mastar takısı –**IR** olan fiiller.

Conjugación – Fiil çekimleri

Bir fiilin girebileceği biçimlerin tümü, o fiilin çekimini oluşturur. Fiilin köküne eklenen zaman ve şahıs takıları, fiilin çatısına ve kipine, eylemin zamanına ve eylemi yapan kişiye göre değişir.

1. Eylemin özne tarafından mı yapıldığını, yoksa öznenin mi eylemden etkilendiğini gösteren duruma **la voz verbal** (fiilin çatısı) denir. Etken çatı (**la voz activa**), eylemin özne tarafından yapıldığını gösterir (**yo AMO** – ben SEVİYORUM), edilgen çatıda ise (**la voz pasiva**) özne eylemden etkilenir (**yo SOY AMADO** – ben SEVİLİYORUM).

Edilgen çatı çoğunlukla **SER**, bazen de **ESTAR** yardımcı fiilleri ve asıl fiilin ortaç şekli (**participio pasado**) ile oluşturulur. İspanyolcada edilgen çatı daha çok dönüşlü ve şahıssız (**refleja e impersonal**) olarak ve eylemin kimin tarafından yapıldığı belirtilmeyen hallerde kullanılır, bu durumda edilgen çatı **ser** fiili ve **participio** ile değil, dönüşlü şahıs zamiri **SE** ve asıl fiilin 3. tekil şahıs şekli ile yaplır ve fiil sayı bakımından özneye uyar (**SE PROHIBE fumar** – sigara içmek yasaktır; **SE VENDEN sellos** – pul satılır).

2. Fiilin kipi (**el modo verbal**), konuşan kimsenin yapılan eylem karşısındaki görüş açısını belirtir. Şöyle ki, **el modo indicativo** (haber kipi), eylemin gerçekten yapılmış, yapılıyor ya da yapılacak olduğunu gösterir (**LLUEVE** – yağmur yağıyor). **El modo subjuntivo** (dilek kipi), eylemin henüz yapılmamış olup bir isteğe, kuşkuya, olasılığa ya da tahmine bağlı olduğunu belirtir (**no creo que LLUEVA** – yağmur yağacağını sanmıyorum; **temo que LLUEVA** – korkarım yağmur yağacak).

El modo potencial (şart kipi), eylemin gerçekleşmesinin bir şarta bağlı olduğunu bildirir (**si vinieses, HABLARÍAMOS** – eğer gelseydin konuşurduk). **El modo imperativo** (emir kipi) ise, eylemin yapılması konusunda bir emir, istek, rica ya da öğüt bildirir (**VEN a las nueve** – saat dokuzda gel; **AMA a tu hermano** – kardeşini sev).

Fiil çekimlerinde yukarıda açıklanan bütün bu şekillerin dışında bir de şahıs ve sayı bildirmeyen **formas no personales** (şahıssız şekiller) vardır: **el infinitivo** (mastar), fiilin adı ve isim şeklidir (**AMAR a Dios** – Tanrıyı sevmek); **el participio** (-miş yapılı ortaç), fiilin sıfat şeklidir (**el libro ESCRITO en Bruselas** – Bürüksel'de yazılmış olan kitap); **el gerundio** (ulaç), bir zarf değerinde olup "nasıl?" sorusuna yanıt verir (**habló LLORANDO** – ağlayarak konuştu).

3. **El tiempo verbal** (fiilin zamanı), eylemin geçmiş, şimdiki ya da gelecek zamanlar içinde ne zaman yapldığını ve tamamlanmş olup olmadığını bildirir. Fiil zamanları yapısal olarak, tek kelimeden oluşan basit (**simple**) zamanlar ve yardımcı fiille birlikte iki ya da daha fazla kelimeden oluşan bileşik (**compuesto**) zamanlar olabilir).

İspanyolcadaki fiil kipleri ve zamanlar, aşağıdaki tabloda gösterilmiştir:

Formas no personales (Şahıssız şekiller)	**infinitivo** (mastar)	**simple** (basit)	**amar** (sevmek)
		compuesto (bileşik)	**haber amado** (sevmiş olmak)
	gerundio (ulaç)	**simple** (basit)	**amando** (severek)
		compuesto (bileşik)	**habiendo amado** (sevmiş olarak)
	participio (ortaç)		**amado** (sevmiş)

Indicativo (Haber kipi)	**tiempos simples** (basit zamanlar)	**presente** (şimdiki z.)	**amo** (seviyorum)
		pret. imperfecto (şimdiki zamanın hikâyesi)	**amaba** (seviyordum)
		pret. indefinido (-di'li geçmiş z.)	**amé** (sevdim)
		futuro (gelecek z.)	**amaré** (seveceğim)
	tiempos compuestos (bileşik zamanlar)	**pret. perfecto** (yakın geçmiş z.)	**he amado** (sevdim)
		pret. pluscuam-perfecto (-miş'li geçmişin hikâyesi)	**había amado** (sevmiştim)
		pret. anterior (-miş'li geçmişin hikâyesi)	**hube amado** (sevmiştim)
		futuro perfecto (gelecekte geçmiş z.)	**habré amado** (sevmiş olacağım)

Subjuntivo (Dilek kipi)	**tiempos simples** (basit zamanlar)	**presente** (şimdiki z.)	**ame** (sevsem, seveyim)
		pret. imperfecto (geçmiş z.)	**amara o amase** (sevseydim)
		futuro (gelecek z.)	**amare** (seveceksem)
	tiempos compuestos (bileşik zamanlar)	**pret. perfecto** (yakın geçmiş z.)	**haya amado** (sevmiş olsam, olayım)
		pret. pluscuam-perfecto (-miş'li geçmişin (hikâyesi)	**hubiera o hubiese amado** (sevmiş olsaydım)
		futuro perfecto (gelecek z.)	**hubiere amado** (sevmiş olacak-sam)

Condicional (Şart kipi)	**simple** (basit)	**amaría** (severdim)
	compuesto (bileşik)	**habría amado** (sevmiş olurdum)

Imperativo (Emir kipi)	**simple** (basit)	**ama, amad** (sev, seviniz)

4. Fiil çekimlerinin her bir zamanı, üçü tekil (**singular**), üçü de çoğul (**plural**) olmak üzere altı şahıs için altı değişik biçime girer: (**yo**, **tú**, **él**, **nosotros**, **vosotros**, **ellos** – ben, sen, o, biz, siz, onlar). Fiil çekimlerinin birinci şahıs şekilleri (**yo**, **nosotros**, **nosotras**), konuşmakta olan kimse veya kimseleri belirler, ikinci şahıs şekilleri (**tú**, **vosotros**, **vosotras**), birinci şahsın hitap ettiği kimse veya kimseleri gösterir, üçüncü şahıs şekilleri ise (**él**, **ellos**, **ellas**), söz konusu edilen kimse ya da kimseleri belirler.

İspanyolcada fiillerin sonuna eklenen şahıs ekleri, eylemin kimin tarafından yapıldığını zaten belirttiği için, anlamı güçlendirmek için öznenin özellikle belirtilmesi gerekmiyorsa, fiilin önüne ayrıca şahıs zamirinin getirilmesi çoğunlukla gereksizdir.

Fiilin sonuna eklenen şahıs takıları, **Pretérito Indefinido de Indicativo** dışında tüm zamanlar için şu şekildedir:

	Singular	Plural
1ª persona	- (**vocal**)	**-mos**
2ª persona	**-s**	**-is**
3ª persona	- (**vocal**)	**-n**

Pretérito Indefinido de Indicativo'nun şahıs takıları ise şunlardır:

	Singular	Plural
1ª persona	- (**vocal**)	**-mos**
2ª persona	**-ste**	**-steis**
3ª persona	- (**vocal**)	**-ron**

İspanyolcada fiiller, çekimlerine göre de şu türlere ayrılır:

1. **Verbos regulares** (kurallı ya da düzenli fiiller) : Tüm zaman ve şahıslar için kökleri aynı kalan ve ait oldukları çekimin normal zaman takılarını alan fiillerdir.

2. **Verbos irregulares** (kuralsız ya da düzensiz fiiller) : Kökleri herhangi bir değişikliğe uğrayan veya normal zaman takılarını almayan ya da hem kökü hem de takıları değişiklik gösteren fiillerdir.

3. **Verbos defectivos** (eksik fiiller) : Her şekli kullanılmayıp sadece bazı şekilleri kullanılan fiillerdir. Bu durum fiilin anlamından kaynaklanabileceği gibi fiilin çekimini zorlaştıran telaffuz zorluklarından da doğabilir.

4. **Verbos unipersonales** (tek şahıslı fiiller) : Tüm zamanlarda sadece 3. tekil şahıs şekli kullanılan fiillerdir. Doğa olaylarıyla ilgili **llover** (yağmur yağmak), **nevar** (kar yağmak) gibi fiiller bu gruba girer.

5. **Verbos auxiliares** (yardımcı fiiller) : Birleşik zaman ve edilgen çatı çekimlerinde kullanılan fiillerdir. En çok kullanılanlar **ser**, **estar** ve **haber** fiilleridir.

VERBOS AUXILIARES – YARDIMCI FİİLLER

Yardımcı fiillerin çeşitli görevleri vardır. Bunların başlıcaları, diğer fiillerle birlikte (**tiempos** – zamanlar)ın meydana getirilmesi, fiillerin (**negativo** – olumsuz) ve (**interrogativo** – soru) hallerinin yapılmasıdır.

En önemli yardımcı fiiller **ser**, **estar** ve **haber** fiilleridir.

Ser fiilinin olumlu çekimi:

Yo soy ...	ben ...im
Tú eres ...	sen ...sin
Él es ...	o ...dur (eril)
Ella es ...	o ...dur (dişil)
Usted es...	siz ...siniz (kibar hitap, tekil)
Nosotros somos ...	biz ...iz
Vosotros sois ...	siz ...siniz
Ellos son ...	onlar ...dırlar (eril)
Ellas son ...	onlar ...dırlar (dişil)
Ustedes son ...	sizler ...siniz (kibar hitap)

Ser fiilinin olumsuz çekimi:

¿Soy yo?	Ben.......... miyim?
¿Eres tú?	Sen.........misin?
¿Es (él)?	O.......... mudur?
¿Es (ella)?	O.......... mudur?
¿Es usted?	Siz...........misiniz?
¿Somos....?	biz.......... miyiz?
¿Sois........?	siz............ misiniz?
¿Son (ellos)..........?	onlar............ mıdır?
¿Son (ellas)......... ?	onlar........... mıdır?
¿Son ustedes.......?	Siz............ misiniz?

Ser fiilinin soru hali:

(Yo) no soy	ben................. değilim.
(Tú) no eres	Sen .... değilsin.
(Él) no es	O .... değildir.
(Ella) no es	O .... değildir.
(Usted) no es	Siz .... değilsiniz (tekil)
(Nosotros) no somos	Biz .... değiliz.
(Vosotros) no sois	Siz .... değilsiniz.
(Ellos) no son	Onlar .... değildir.
(Ellas) no son	Onlar .... değildir.
(Ustedes) no son	Sizler .... değilsiniz (kibar hitap)

Estar fiilinin olumlu çekimi:

Yo estoy ...	ben ...im
Tú estás ...	sen ...sin
Él está ...	o ...dur (eril)
Ella está ...	o ...dur (dişil)
Usted está ...	siz ...siniz (kibar hitap, tekil)
Nosotros estamos ...	biz ...iz
Vosotros estáis ...	siz ...siniz
Ellos están ...	onlar ...dırlar (eril)
Ellas están ...	onlar ...dırlar (dişil)
Ustedes están ...	sizler ...siniz (kibar hitap)

Estar fiilinin olumsuz çekimi:

¿Estoy yo?	Ben.......... miyim?
¿Estás tú?	Sen.........misin?
¿Está (él)?	O.......... mudur?
¿Está (ella)?	O.......... mudur?
¿Está usted?	Siz...........misiniz?
¿Estamos ....?	biz.......... miyiz?
¿Estáis ....?	siz............. misiniz?
¿Están (ellos)..........?	onlar............ mıdır?
¿Están (ellas)......... ?	onlar........... mıdır?
¿Están ustedes.......?	Siz............ misiniz?

Estar fiilinin soru hali:

(Yo) no estoy	ben................. değilim.
(Tú) no estás	Sen .... değilsin.
(Él) no está	O .... değildir.

(Ella) no está .... O .... değildir.
(Usted) no está .... Siz .... değilsiniz (tekil)
(Nosotros) no estamos .... Biz .... değiliz.
(Vosotros) no estáis .... Siz .... değilsiniz.
(Ellos) no están .... Onlar .... değildir.
(Ellas) no están .... Onlar .... değildir.
(Ustedes) no están .... Sizler .... değilsiniz (kibar hitap)

SER ve ESTAR arasındaki farklar

Ser ve **estar** fiillerinin olmak, -imek, bulunmak, varolmak anlamına gelirler ve bunları birbirinden ayıran başlıca özellik **ser** fiilinin değişmeyen durumlarda, örneğin mesleklerde, bağlı olunan milleti bildiren cümlelerde, karakteristik özellikleri anlatırken, uzun boylu-kısa boylu, şişman-zayıf gibi fiziki özellikleri anlatan cümlelerde, bir şeyin pahalı ya da ucuz, eski ya da yeni olduğunu söylerken kullanılması ve **estar**'ın ise yer bildiren cümlelerde, sağlık bildiren cümlelerde kısacası değişen durumları bildiren cümlelerde kullanılmasıdır.

Örneğin bir insanın sempatik olması **ser** fiili ile, yorgun veya hasta olması ise **estar** fiili ile anlatılır. Ya da bir masanın yuvarlak olması **ser,** temiz ya da kirli olması ise **estar** fiili ile söylenir. Veya bir kapının büyük olması **ser**, açık ya da kapalı olması **estar** fiili ile söylenir. Bir radyonun yeni ya da eski olması **ser**, kırık veya bozuk olması **estar** fiili ile söylenir.

Yukarıdaki örneklerde de görüldüğü gibi bu iki fiili birbirinden ayıran en büyük fark birinin değişmeyen, diğerinin ise değişen durumlarda kullanılmasıdır.

Cümle içindeki görevleri açısından aynı olan ve Türkçede "olmak, -imek" şeklinde tek bir karşılığı bulunan **SER** ve **ESTAR** fiillerinin kullanım yerleri farklıdır. Bu farklılıklar aşağıda maddeler halinde özetlenmiştir:

ESTAR

1. **¿dónde?** (nerede?) sorusuna yanıt olarak YER gösteren cümlelerde:

El libro está sobre la mesa.
(Kitap masanın üstündedir.)

SER

1.**¿cuándo?** (ne zaman?) sorusuna yanıt olarak ZAMAN gösteren cümlelerde:

Son las cuatro.
(Saat dört.)

Mañana es jueves.
(Yarın perşembedir.)

2. SIFATLARLA (**ADJETIVOS**) BİRLİKTE

GEÇİCİ durumları belirten cümlelerde:

Mi padre está enfermo.
(Babam hasta.)

El café está frío.
(Kahve soğuk.)

SÜREKLİ durumları belirten cümlelerde:

Mi padre es turco.
(Babam Türktür.)

El fuego es caliente.
(Ateş sıcaktır.)

(İstisnalar: Geçici durumları bildirdiği halde **ser** fiiliyle kullanılan sıfatlar: **feliz**, **rico**, **pobre**, **viejo**, **joven**.)

3. ORTAÇLARLA (**PARTICIPIO**) BİRLİKTE YARDIMCI FİİL (**VERBO AUXILIAR**) OLARAK

Hareket değil DURUM bildiren cümlelerde:

El dibujo está hecho con tinto chino.
(Resim çini mürekkebiyle yapılmış.)

Durum değil HAREKET bildiren cümlelerde:

El dibujo fue hecho por un hombre.
(Resim bir adam tarafından yapılmış.)

4. ULAÇLARLA (**GERUNDIO**) BİRLİKTE

Presente de indicativo
(Haber Kipi Şlimdiki Zamanı)
oluşturur:

Estoy cenando.
(Akşam yemeği yiyorum.)

Ulaçlarla birlikte kullanılmaz.

5. İSİMLERLE (**SUSTANTIVO**) BİRLİKTE

İsimlerle birlikte kullanılıp onu yüklem haline getirmez.

İsmi tamamlayıp onu cümlenin yüklemi yapar:

Soy estudiante.
(Ben öğrenciyim.)

6. NİTELEME SIFATLARIYLA (**ADJETIVOS CALIFICATIVOS**) BİRLİKTE

Sadece **claro** (aşikar) sıfatıyla birlikte kullanılır:

Está claro.
(Tabii.)

Tüm niteleme sıfatlarıyla birlikte kullanılır:

Es difícil.
(Bu zor.)

Es posible.
(Bu mümkün.)

7. ZARFLARLA (**ADVERBIOS**) BİRLİKTE

bien (iyi) zarfıyla birlikte kullanılır:

Está bien.
(Tamam, iyi, olur.)

Zarflarla birlikte kullanılmaz.

8. ŞAHIS ZAMİRLERİYLE (**PRONOMBRES PERSONALES**) BİRLİKTE

YER bildirir:

Estoy yo.
(Ben varım, ben buradayım.)

KİMLİK bildirir:

Soy yo.
(Benim.)

Şimdi bu fiillerin cümle içinde kullanılışlarını örneklerle tekrarlayalım:

(Yo) <u>soy</u> profesor. (ser-yo) **<u>Estoy</u> en la escuela. (estar-yo)**	(Ben) öğretmenim. Ben okuldayım.
(Tú) <u>eres</u> médico. (ser-tú) **¿<u>Estás</u> en casa? (estar- tú)**	(Sen) doktorsun. Evde misin?
Pedro <u>es</u> alto. (ser-él) **Pedro <u>está</u> delante de la tienda. (estar- él)**	Pedro uzun boyludur. Pedro dükkanın önündedir.
El libro <u>es</u> nuevo. (ser-él) **El libro <u>está</u> abierto. (estar- él)**	Kitap yenidir. Kitap açıktır.
El sombrero <u>es</u> viejo y amarillo. (ser-él) **El sombrero <u>está</u> sobre la mesa. (estar- él)**	Şapka eski ve sarıdır. Şapka masanın üstündedir.

Mi gato es pequeño. (ser-él) **Mi gato está en el jardín. (estar- él)**	Benim kedim küçüktür. Benim kedim bahçededir.
Miguel es bajo. (ser-él) **Miguel está en el autobús. (estar- él)**	Miguel kısa boyludur. Miguel otobüstedir.
Ellos son abogados. (ser-ellos) **Ellas están en la tienda. (estar-ellas)**	Onlar avukattır. Onlar dükkandadır.
Somos ingenieros. (ser-nosotros) **Estamos en la calle. (estar-nosotros)**	Mühendisiz. Sokaktayız.
Sois españoles. (ser-vosotros) **Estáis en Turquia. (estar-vosotros)**	İspanyolsunuz. Türkiye'desiniz.
Isabel es alta. (ser-ella) **Ella está en el coche. (estar-ella)**	Isabel uzun boyludur. O arabadadır.

Ser ve **estar** fiilleri çekim bakımından düzensiz fiillerdir. Bu fiillerin çekimlerini çok iyi öğrenmek gerekir. Yukarıdaki örneklerde de görüldüğü gibi, İspanyolcada fiillerin sonuna eklenen şahıs ekleri, eylemin kimin tarafından yapıldığını zaten belirttiği için, anlamı güçlendirmek için öznenin özellikle belirtilmesi gerekmiyorsa, fiilin önüne ayrıca şahıs zamiri getirilmesi çoğunlukla gereksizdir.

Significado de los tiempos verbales – Fiil zamanlarının anlamları

Fiik zamanları, fiilin gösterdiği eylemin geçmiş, şimdiki veya gelecek zamanlar içinde ne zaman yapıldığını ve eylemin tamamlanmış olup olmadığını belirler. İspanyolcadaki fiil zamanları şunlardır:

MODO INDICATIVO – Haber Kipi

1. **Presente** (Şimdiki zaman)
Presente habitual (Geniş zaman)
Presente histórico (tarihsel geniş zaman)
Presente con valor de futuro (gelecek zaman bildiren geniş zaman)
Presente de mandato (emir bildiren geniş zaman)

2. **Pretérito imperfecto** (Şimdiki zamanın hikâyesi)

3. **Pretérito indefinido y pretérito perfecto** (-di'li geçmiş ve yakın geçmiş zamanlar)

4. **Pretérito pluscuamperfecto** (-miş'li geçmişin hikâyesi)

5. **Preterito anterior** (-miş'li geçmişin hikâyesi)

6. **Futuro imperfecto** (Gelecek zaman)

7. **Futuro perfecto** (Gelecekte geçmiş zaman)

MODO SUBJUNTIVO – Dilek Kipi

1. **Presente** (Şimdiki zaman)

2. **Pretérito imperfecto** (Geçmiş zaman)

3. **Pretérito perfecto** (Yakın geçmiş zamanlar)

4. **Pretérito pluscuamperfecto** (-miş'li geçmişin hikâyesi)

5. **Futuro imperfecto** (Gelecek zaman)

6. **Futuro perfecto** (Gelecekte geçmiş zaman)

MODO CONDICIONAL – Şart Kipi

1. **Condicional simple** (Basit şart)

2. **Condicional compuesto o perfecto** (Bileşik şart)

MODO IMPERATIVO – Emir Kipi

Presente (Şimdiki zaman)

Yukarıda liste halinde verilen zamanları ayrıntılı olarak daha sonraki derslerimizde öğreneceğiz.

Conjugación regular – Düzenli çekim

İspanyolcadaki fiil çekimleri **–ar**, **–er** ve **–ir** mastar takılarıyla biten fiiller nedeniyle birinci, ikinci ve üçüncü çekim olmak üzere üçe ayrılır. İspanyolca fiillerin çoğu, sonu **–ar** ile biten birinci çekim düzenli fiillerdir. Dile yeni kazandırılan fiillerle **–ear**, **–ficar** ve **–ntar** ile biten isimden türeme fiiller de bu gruba girer. İkinci ve üçüncü çekim fiiller, birinciden daha az kesinlik göstererek bazı değişikliklere uğrar.

İspanyolca'da fonetik açıdan düzenli oldukları halde yazım açısından yazıda değişikliğe uğrayan fiiller vardır, ancak bunlar Düzensiz Fiil grubuna girmez, çünkü kökteki harf değişikliği mastardaki telaffuzu korumak amacıyla telaffuzda değil sadece yazıda yapılır ve fiil normal zaman takılarını alır. Bu tür değişiklikler aşağıdaki tabloda gösterilmiştir:

1. çekim	**-car**	e'den önce **c** → **qu** (**tocar – toque**)
	-gar	e'den önce **g** → **gu** (**pegar – pegue**)
	-zar	e'den önce **z** → **c** (**cazar – cace**)
2. çekim	**-cer**	**a** ve **o**'dan önce **c** → **z** (**vencer –venzo**)
	-ger	**a** ve **o**'dan önce **g** → **j** (**coger – cojo**)
	-aer	iki sesli arasında vurgusuz **i** → **y** (**caer – cayó**)
	-eer	iki sesli arasında vurgusuz **i** → **y** (**leer – leyó**)
	-oer	iki sesli arasında vurgusuz **i** → **y** (**roer – royó**)
3. çekim	**-cir**	**a** ve **o**'dan önce **c** → **z** (**resarcir – resarzo**)
	-gir	**a** ve **o**'dan önce **g** → **j** (**dirigir – dirijo**)
	-guir	**a** ve **o**'dan önce **u** düşer (**distinguir – distingo**)
	-quir	**a** ve **o**'dan önce **qu** → **c** (**delinquir – delinco**)

-**iar** ile biten fiillerde vurgu

Bu fiiller, Haber, Dilek ve Emir Kiplerinin Şimdiki Zamanlarındaki tekil şahıslar ve üçüncü çoğul şahıs şekillerinde bulunan "**i**" harfinin vurgu alıp almamasına göre ikiye ayrılır. Bu tür fiillerin çoğu vurgu almadan düzenli bir şekilde çekilir (**aliviar** – **alivio**).

-**uar** ile biten fiillerde vurgu

Bu fiiller de, tıpkı –**iar** ile bitenlerde olduğu gibi, "**u**" seslidsinin vurgulu yazılıp yazılmamasına göre ikiye ayrılır. Örneğin **averiguar** fiili vurgusuz yazılırken (**averiguo**), **actuar** fiili vurgu alır (**actúo**).

Düzenli fiil çekimlerinde kullanılan zaman ve şahıs takıları:

Primera conjugación (Birinci çekim)	**Segunda conjugación** (İkinci çekim)	**Tercera conjugación** (Üçüncü çekim)
-AR	**-ER**	**-IR**

INDICATIVO

Presente (**raíz + desinencia**) (kök + takı)
(Şimdiki / Geniş zaman)

-o	**-o**	**-o**
-as	**-es**	**-es**
-a	**-e**	**-e**
-amos	**-emos**	**-imos**
-áis	**-éis**	**-ís**
-an	**-en**	**-en**

Pretérito imperfecto (**raíz + desinencia**) (kök + takı)
(Şimdiki zamanın hikâyesi)

-aba	**-ía**	**-ía**
-abas	**-ías**	**-ías**
-aba	**-ía**	**-ía**
-ábamos	**-íamos**	**-íamos**
-abais	**-íais**	**-íais**
-aban	**-ían**	**-ían**

Pretérito indefinido (**raíz + desinencia**) (kök + takı)
(-di'li geçmiş zaman)

-é	**-í**	**-í**
-aste	**-iste**	**-iste**
-ó	**-ió**	**-ió**
-amos	**-imos**	**-imos**
-asteis	**-isteis**	**-isteis**
-aron	**-ieron**	**-ieron**

Futuro (**infinitivo + desinencia**) (fiilin mastar hali + takı)
(Gelecek zaman)

Her üç çekim için de:	**-é** **-ás** **-á** **-emos** **-éis** **-án**

Condicional (**infinitivo + desinencia**) (fiilin mastar hali + takı)
(Şart)

Her üç çekim için de:	**-ía** **-ías** **-ía** **-íamos** **-íais** **-ían**

SUBJUNTIVO

Presente (**raíz + desinencia**) (kök + takı)
(Şimdiki zaman)
(-**a** zaman takısı "**e**"ye, -**e** ve -**i** zaman takıları "**a**"ya dönüşür.)

-e	**-a**	**-a**
-es	**-as**	**-as**
-e	**-a**	**-a**
-emos	**-amos**	**-amos**
-éis	**-áis**	**-áis**
-en	**-an**	**-an**

Pretérito imperfecto (**raíz + desinencia**) (kök + takı)
(Geçmiş zaman)

-ra	**-se**	**-iera**	**-iese**	**-iera**	**-iese**
-ras	**-ses**	**-ieras**	**-ieses**	**-ieras**	**-ieses**
-ra	**-se**	**-iera**	**-iese**	**-iera**	**-iese**
-ramos	**-semos**	**-iéramos**	**-iésemos**	**-iéramos**	**-iésemos**
-rais	**-seis**	**-ierais**	**-ieseis**	**-ierais**	**-ieseis**
-ran	**-sen**	**-ieran**	**-iesen**	**-ieran**	**-iesen**

Futuro (**infinitivo + desinencia**) (fiilin mastar hali + takı)
(Gelecek zaman)

-re	**-iere**	**-iere**
-res	**-ieres**	**-ieres**
-re	**-iere**	**-iere**
-remos	**-iéremos**	**-iéremos**
-reis	**-iereis**	**-iereis**
-ren	**-ieren**	**-ieren**

Conjugación irregular – Düzensiz çekim

Çekim sırasında kökleri değişen veya çekimlerin bilinen zaman takılarını değil, farklı takılar alan fiiller kuralsız ya da düzensiz fiillerdir (**verbos irregulares**). Fiil çekimlerindeki aykırılıklar aslında **Presente**, **Pretérito Indefinido** ve **Futuro Imperfecto de Indicativo** zamanlarında meydana gelir ve buralardan başka zamanlara yansır. Bu üç zamandan etkilenen öteki zamanlar şunlardır: (Örnek olarak **decir** fiili kullanılmıştır)

1. **Presente de Indicativo**

(**digo**)

Presente de Subjuntivo

(**diga**)

Imperativo

(**di**)

2. **Pretérito Indefinido de Indicativo**

(**dije**)

Pretérito Imperfecto de Subjuntivo

(**dijera**)

Futuro Imperfecto de Subjuntivo

(**dijere**)

Gerundio

(**diciendo**)

3. **Futuro Imperfecto de Indicativo**

(**diré**)

Potencial simple

(**diría**)

Fiil çekimlerindeki düzensizliklerin büyük bir bölümü köklerde görülür. Bunlar ya çeşitli fonetik kurallardan kaynaklanır, ya da fiil özel bir karaktere sahip olup kuraldışı çekilir. İstisnai haller dışında fonetik düzensizliklerin başlıcalar şöyle özetlenebilir:

Irregularidad vocálica – Sesli değişikliği

Çift sesliye dönüşme (**Diptongación**)	**e, i → ie**	**acertar – acierto** **adquirir – adquiero**
	o, u → ue	**poder – puedo** **jugar – juego**
Zayıflatma (**Debilitación**)	**e → i**	**seguir – sigo**
	o → u	**morir – murió**
Sesli kaybetme (**Sustitución**)	**–er** ve **–ir** ile biten ve köklerinin sonunda **ch**, **ll** ve **ñ** olan fiillerdeki **–io** ve **–ie** seslilerinin **i**'si düşer.	**tañer – taño** **tañera** **tañere**

Irregularidad consonántica – Sessiz değişikliği

1. **Adición de consonante** – Sessiz ekleme

-acer, **-ecer**, **-ocer**, **-ucir** ile biten fiillerde **Presente de Indicativo** 1. tekil şahısta ve **Presente de Subjuntivo** tüm şahıslarda:

c → zc	**nacer – nazco** **agradecer – agradezco** **conocer – conozco** **conducir – conduzco**

	(Başlıca istisnalar: **hacer**, **mecer**, **cocer**)
-**er** ve -**ir** ile biten bazı fiillerde kökteki son sessize **g** eklenir:	**poner – pongo** **valer – valgo** **salir – salgo** **venir – vengo**
-**uir** ile biten fiillerde kuvvetli seslilerden önce **y** eklenir:	**huir – huyo** **atribuir – atribuyo** **concluir – concluyo**
	(İstisna: **inmiscuir**)

2. **Sustitución de consonante** – Sessizi değiştirme

hacer – haga
haber – haya
saber – sepa

Irregularidad mixta – Karma değişikliği

Sesli + sessiz değiştirme	**decir – digo** **caber – quepo**
Kökteki son sesliye **ig** ekleme	**oír – oigo** **caer – caigo**

İspanyolcada çeşitli zamanlarda kendine özgü düzensizlikleri bulunan fiiller şunlardır:

Infinitivo	**Presente de Indicativo**	**Presente de Subjuntivo**
dar	**doy**	**dé**
decir	**digo**	**diga**
caber	**quepo**	**quepa**
hacer	**hago**	**haga**

saber	**sé**	**sepa**
ir	**voy**	**vaya**

Infinitivo	**Pretérito Imperfecto de Indicativo**
ser	**era**
ir	**iba**
ver	**veía**

Infinitivo	**Pretérito Indefinido de Indicativo**	**Pretérito Imperfecto de Subjuntivo**	**Futuro Imperfecto de Subjuntivo**
andar	**anduve**	**anduviera**	**anduviere**
tener	**tuve**	**tuviera**	**tuviere**
estar	**estuve**	**estuviera**	**estuviere**
poder	**pude**	**pudiera**	**pudiere**
haber	**hube**	**hubiera**	**hubiere**
poner	**puse**	**pusiera**	**pusiere**
caber	**cupe**	**cupiera**	**cupiere**
saber	**supe**	**supiera**	**supiere**
venir	**vine**	**viniera**	**viniere**
querer	**quise**	**quisiera**	**quisiere**
traer	**traje**	**trajera**	**trajere**
decir	**dije**	**dijera**	**dijere**
hacer	**hice**	**hiciera**	**hiciere**
conducir	**conduje**	**condujera**	**condujere**

(Ayrıca –**ducir** ile biten öteki fiiller)

Infinitivo	Futuro	Condicional
haber	habré	habría
caber	cabré	cabría
saber	sabré	sabría
poder	podré	podría
querer	querré	querría
hacer	haré	haría
decir	diré	diría
poner	pondré	pondría
salir	saldré	saldría
tener	tendré	tendría
valer	valdré	valdría
venir	vendré	vendría

Infinitivo	Imperativo
salir	sal
poner	pon
valer	val
hacer	haz
venir	ven
tener	ten

İspanyolcada kökü üç ayrı biçime giren iki fiil şunlardır:

Infinitivo	Presente	Pretérito Imperfecto	Pretérito Indefinido
ser	soy	era	fui

ir	**voy**	**iba**	**fui**

İspanyolcada bazı düzenli fiillerin düzensiz ortaçları (**participio**) olduğu gibi, bazılarının da biri düzenli, diğeri düzensiz olmak üzere çift ortacı vardır. Düzensiz ortaçlarda sontakı **–do** yerine **–cho** (**hecho**), **–jo** (**fijo**) veya **–to** (**escrito**) olur.

Ortaçları düzensiz olan düzenli fiillerin listesi:

abrir	**abierto**	**manuscribir**	**manuscrito**
adscribir	**adscrito**	**prescribir**	**prescrito**
cubrir	**cubierto**	**proscribir**	**proscrito**
describir	**descrito**	**reabrir**	**reabierto**
descubrir	**descubierto**	**recubrir**	**recubierto**
encubrir	**encubierto**	**reescribir**	**reescrito**
entreabrir	**entreabierto**	**romper**	**roto**
escribir	**escrito**	**suscribir**	**suscrito**
inscribir	**inscrito**	**transcribir**	**transcrito**

Bazı fiillerdeki düzensizlikler ortaçlara da yansır. Bunlar şu fiillerdir:

absolver	**absuelto**	**pudrir**	**podrido**
decir	**dicho**	**rarefacer**	**rarefacto**
disolver	**disuelto**	**resolver**	**resuelto**
hacer	**hecho**	**satisfacer**	**satisfecho**
licuefacer	**licuefacto**	**tumefacer**	**tumefacto**
morir	**muerto**	**ver**	**visto**
poner	**puesto**	**volver**	**vuelto**

Bu fiillerden türeyen başka fiiller de (**anteponer**, **contradecir**, **desenvolver**, **deshacer**, **devolver**, **disponer**, **entrever**, **envolver**, **exponer**, **imponer**, **oponer**,

posponer, **prever**, **proponer**, **rehacer**, **reponer**, **revolver**, **superponer**, **suponer**, **yuxtaponer** gibi) aynı özellik görülür (**bendecir** ve **maldecir** dışında).

Düzenli ve düzensiz olmak üzere çift ortaçlı fiillerin listesi:

	Düzenli (**regular**)	Düzensiz (**irregular**)
absorber	**absorbido**	**absorto**
abstraer	**abstraído**	**abstracto**
afligir	**afligido**	**aflicto**
ahitar	**ahitado**	**ahíto**
atender	**atendido**	**atento**
bendecir	**bendecido**	**bendito**
bienquerer	**bienquerido**	**bienquisto**
circuncidar	**circuncidado**	**circunciso**
compeler	**compelido**	**compulso**
comprimir	**comprimido**	**compreso**
concluir	**concluido**	**concluso**
confesar	**confesado**	**confeso**
confundir	**confundido**	**confuso**
consumir	**consumido**	**consunto**
contundir	**contundido**	**contuso**
convencer	**convencido**	**convicto**
convertir	**convertido**	**converso**
corregir	**corregido**	**correcto**
corromper	**corrompido**	**corrupto**
despertar	**despertado**	**despierto**
desproveer	**desproveído**	**desprovisto**
difundir	**difundido**	**difuso**
dividir	**dividido**	**diviso**
elegir	**elegido**	**electo**
enjugar	**enjugado**	**enjuto**
excluir	**excluido**	**excluso**
eximir	**eximido**	**exento**
expeler	**expelido**	**expulso**
expresar	**expresado**	**expreso**
extender	**extendido**	**extenso**
extinguir	**extinguido**	**extinto**
fijar	**fijado**	**fijo**
freír	**freído**	**frito**
hartar	**hartado**	**harto**
imprimir	**imprimido**	**impreso**
incluir	**incluido**	**incluso**
incurrir	**incurrido**	**incurso**
infundir	**infundido**	**infuso**
injertar	**injertado**	**injerto**

insertar	**insertado**	**inserto**
invertir	**invertido**	**inverso**
juntar	**juntado**	**junto**
maldecir	**maldecido**	**maldito**
malquerer	**malquerido**	**malquisto**
manifestar	**manifestado**	**manifiesto**
manumitir	**manumitido**	**manumiso**
nacer	**nacido**	**nato**
oprimir	**oprimido**	**opreso**
poseer	**poseído**	**poseso**
prender	**prendido**	**preso**
presumir	**presumido**	**presunto**
pretender	**pretendido**	**pretenso**
propender	**propendido**	**propenso**
proveer	**proveído**	**provisto**
recluir	**recluido**	**recluso**
retorcer	**retorcido**	**retuerto**
salpresar	**salpresado**	**salpreso**
salvar	**salvado**	**salvo**
sepelir	**sepelido**	**sepulto**
sepultar	**sepultado**	**sepulto**
sofreír	**sofreído**	**sofrito**
soltar	**soltado**	**suelto**
substituir	**substituido**	**substituto**
sujetar	**sujetado**	**sujeto**
suspender	**suspendido**	**suspenso**
sustituir	**sustituido**	**sustituto**
teñir	**teñido**	**tinto**
torcer	**torcido**	**tuerto**
torrefactar	**torrefactado**	**torrefacto**

Çekimlerinin her şekli kullanılmayan Eksik Fiiller'in (**Verbos Defectivos**) listesi:

abarse	Sadece 2. tekil ve çoğul şahıs emir hali kullanılır.
abolir	Haber Kipi Şimdiki Zaman (**Presente de Indicativo**)'da sadece 1. ve 2. çoğul şahıs şekilleri (**abolimos**, **abolís**) kullanlır. Dilek Kipi Şimdiki Zaman (**Presente de Subjuntivo**) hiç kullanılmaz. Emir kipi (**Imperativo**)'nun sadece 2. çoğul şahıs şekli kullanılır.
acaecer	Sadece 3. şahıs şekilleri kullanılır.
acontecer	Sadece 3. şahıs şekilleri kullanılır.

adir Sadece şahıssız şekilleri (mastar, ulaç, ortaç) kullanılır.

agredir **abolir** gibi.

aguerrir **abolir** gibi.

aplacer Sadece Haber Kipi Şimdiki Zaman ve Şimdiki Zamanın Hikâyesi (**Presente y Pretérito Imperfecto de Indicativo**)'nun 3. tekil ve çoğul şahıs şekilleri (**aplace, aplacen; aplacía, aplacían**) kullanılır.

arrecirse **abolir** gibi.

atañer Haber Kipi ve Dilek Kipi (**Indicativo y Subjuntivo**) zamanlarının sadece 3. tekil ve çoğul şahıs şekilleri kullanılır. Emir Kipi (**Imperativo**) şekli yoktur.

aterirse **abolir** gibi.

balbucir Haber Kipi Şimdiki Zaman (**Presente de Indicativo**)'nun 1. tekil şahıs şekli ve Dilek Kipi Şimdiki Zaman (**Presente de Subjuntivo**) tümüyle kullanılmaz.

blandir **abolir** gibi.

colorir **abolir** gibi.

concernir Sadece 3. şahıs şekilleri kullanılır.

denegrir **abolir** gibi.

descolorir Sadece mastar ve ortaç (**infinitivo y participio**) kullanılır.

desguarnir **abolir** gibi.

despavorir Sadece "**i**" ile başlayan zaman takılarını alan şekilleri kullanılır.

embaír **abolir** gibi, ancak sadece "**i**" ile başlayan zaman takılarını alan şekilleri kullanılır.

empedernir **abolir** gibi.

garantir **abolir** gibi. (Amerika'da **defectivo** değildir.)

guarnir **abolir** gibi.

incoar **abolir**'deki şahıs ve zamanlarda **tomar** gibi çekilir.

incumbir	Sadece 3. şahıs şekilleri kullanılır.
manir	**abolir** gibi.
polir	**abolir** gibi.
preterir	**abolir** gibi.
soler	**mover** gibi çekilir, ancak sadece şu şekilleri kullanılır: Haber Kipi Şimdiki Zaman (**Presente de Indicativo**), Şimdiki Zamanın Hikâyesi (**Pretérito Imperfecto**), -di'li Geçmiş Zaman (**Pretérito Indefinido**) (**suelo**, **solía**, **solí**), Haber Kipi Yakın Geçmiş Zaman (**Pretérito Perfecto de Indicativo**) (**he solido**), Dilek Kipi Şimdiki Zaman (**Presente de Subjuntivo**) (**suela**).
transgredir	**abolir** gibi.
usucapir	Sadece şahıssız şekilleri (mastar, ulaç, ortaç) kullanılır.

Verbos Unipersonales – Tek şahıslı fiiller

alborear (gün ışımak)
amanecer (şafak sökmek)
anochecer (akşam lmak)
atardecer (akşam olmak)
atenebrarse (hava kararmak)
atronar (gök gürlemek)
cellisquear (sulusepken yağmak)
centellar (kıvılcımlar saçmak)
centellear (kıvılcımlar saçmak)
clarear (hava aydınlanmak)
clarecer (şafak sökmek)
coruscar (ışıldamak)
chaparrear (sağanak yağmak)
chispear (kıvılcımlar saçmak)
chubasquear (sağanak yağmak)
descampar (hava açmak)
deshelar (buz çözülmek)
diluviar (seller götürmek)
escampar (hava açmak)
escarchar (kırağı yağmak)
garuar (yağmur çiselemek)
granizar (dolu yağmak)
helar (don yapmak, dona çekmek)
lobreguecer (hava kararmak)

llover (yağmur yağmak)
lloviznar (yağmur çiselemek)
molliznar (yağmur çiselemek)
molliznear (yağmur çiselemek)
nevar (kar yağmak)
neviscar (kar serpiştirmek)
obscurecer (hava kararmak)
orvallar (yağmur çiselemek)
oscurecer (hava kararmak)
relampaguear (şimşek çakmak)
retronar (gök gürlemek)
rielar (ışıldamak)
rutilar (parıldamak)
tardecer (akşam olmak)
tempestear (fırtına çıkmak)
tonar (şimşek çakmak)
tronar (gök gürlemek)
ventar (rüzgâr esmek)
ventear (rüzgâr esmek)
ventiscar (tipi başlamak)
ventisquear (tipi başlamak)

Conjugación perifrástica – Dolaylı çekim

Yardımcı bir fiilin **que** bağlacı veya bir edat aracılığıyla bir mastar, bir ulaç ya da bir ortaçla birleşmesi bu tür çekimleri oluşturur. Bunlar, içerdikleri unsurlar bakımından üçe ayrılırlar.

1. **Verbo auxiliar + infinitivo**
   (Yardımcı fiil + mastar)

Eylemin "yakın gelecek" te yapılacağını gösterir:

Voy a estudiar. (Birazdan çalışacağım)

Bunlar içinde en önemlileri "gereklilik" (**obligación**) gösteren şu çekimlerdir:

a) **haber de + infinitivo**

He de dormir. (Uyumam gerek.)

b) **tener que + infinitivo**

Tengo que dormir. (Uyumam gerek.)

c) **haber que + infinitivo**

Hay que dormir. (Uyumak gerek.)

2. **Verbo auxiliar + gerundio**
   (Yardımcı fiil + ulaç)

Eylemin yapılmakta olduğunu, yani şimdiki zamanını gösterir:

Estoy estudiando. (Ders çalışıyorum, çalışmaktayım.)

3. **Verbo auxiliar + participio**
   (Yardımcı fiil + ortaç)

a) **haber + participio**, bileşik zaman çekimlerini (**conjugación compuesta**) oluşturur:

he invitado (davet ettim.)

b) **ser o estar + participio**, edilgen (**pasiva**) zaman çekimlerini oluşturur:

estoy invitado (davet edildim.)

La voz pasiva – Edilgen Çatı

Öznenin eylemden etkilendiği fiil çekimleri İspanyolcada iki sınıfa ayrılır:

1. **Pasiva perifrástica** – Dolaylı edilgen çekim

Özne, fiilin belirttiği eylemi yapmamakta, eylem öznede tamamlanmaktadır.

La deuda <u>fue pagada</u>. Borç ödendi.

Bu çekim **SER** veya **ESTAR** yardımcı fiili ve asıl fiilin ortaç şekli (**participio**) ile yapılır.

Bu çekimde kullanılan ortaç, tıpkı bir sıfat gibi, bağlı olduğu isme cins ve sayı bakımından uyar:

La casa fue vendida. Ev satıldı.

Los libros fueron vendidos. Kitaplar satıldı.

Bir fiil etken (**activa**) şekilde, edilgen (**pasiva**) şekilde veya zamirli (**pronominal**) şekilde olabilir. Özne bir işi yaptığı zaman bir fiil etken şekildedir:

Mi padre llama al perro. Babam köpeği çağırıyor.
El gato bebe la leche. Kedi sütü içiyor.

Özne işi yüklendiği zaman fiil edilgen şekilde olur:

El perro es llamado por mi padre. Köpek babam tarafından çağrılıyor.

La leche es bebida por el gato. Süt kedi tarafından içiliyor.

Aynı şahıstan iki zamirle çekildiği zaman fiil **pronominal** şekildedir:

Esta mañana me he despertado a las siete. Bu sabah saat yedide kalktım.
Mi padre se afeita. Babam tıraş oluyor.

Bundan önceki derslerimizde gördüğümüz cümlelerde fiilin gösterdiği iş özne tarafından yapılmakta idi:

Miguel abrió la ventana. Miguel pencereyi açtı.
Amamos a los perros. Köpekleri severiz.
He roto el vidrio. Camı kırdım.

Yukarıdaki örneklerde "açmak, sevmek, kırmak" fiilleri, özne olan **Bülent**, **nos**, **yo** tarafından yapılmıştır. Bu fiillerin her biri (**verbo activo**) etken fiildir.

La ventana fue abierta por Miguel. Pencere Miguel tarafından açıldı.
Los gatos son amados por nosotros. Köpekler bizim tarafımızdan sevilirler.
El vidrio fue roto por mí. Cam benim tarafımdan kırıldı.

Bu cümlelerde özne olan "pencere, köpekler, cam" sözcükleridir. "açılmak, sevilmek, kırılmak" fiillerini yapan ise özne değildir.
Bir cümlede fiilin gösterdiği iş özne tarafından yapılmıyorsa o fiile edilgen fiil denir.

Bir edilgen fiili çekebilmek için **ser** ve **estar** fiili ve o fiilin **participio**'sundan yararlanılır. **Ser** ve **estar** fiillerinin zamanları **participio** ile birlikte o fiilin edilgen zamanını teşkil eder.

etken fiilin yalın hali		edilgen fiilin yalın hali	
abrir	açmak	**ser abierto**	açılmak
romper	kırmak	**ser roto**	kırılmak
comer	yemek	**ser comido**	yenmek
amar	sevmek	**ser amado**	sevilmek
llamar	çağırmak	**ser llamado**	çağrılmak
hacer	yapmak	**ser hecho**	yapılmak

ser amado "sevilmek" fiilinin çekimini örnek olarak veriyoruz:

Şimdiki zaman (**presente**) çekimi:

(**Yo**) **soy amado.**	Seviliyorum, sevilirim.
(**Tú**) **eres amado.**	Seviliyorsun, sevilirsin.
(**Él**, **ella**) **es amado/a.**	Seviliyor, sevilir.
(**Usted**) **es amado/a.**	Seviliyorsunuz, sevilirsiniz.
(**Nosotros**) **somos amados.**	Seviliyoruz, seviliriz.
(**Vosotros**) **sois amados.**	Seviliyorsunuz, sevilirsiniz.
(**Ellos**, **ellas**) **son amados/as.**	Seviliyorlar, sevilirler.
(**Ustedes**) **son amados/as.**	Seviliyorsunuz, sevilirsiniz.

Şimdiki zamanın hikayesi (**pretérito imperfecto**):

(**Yo**) **era amado.**	Seviliyordum.
(**Tú**) **eras amado.**	Seviliyordun.
(**Él**, **ella**) **era amado/a.**	Seviliyordu.
(**Usted**) **era amado/a.**	Seviliyordunuz.
(**Nosotros**) **éramos amados.**	Seviliyorduk.
(**Vosotros**) **erais amados.**	Seviliyordunuz.
(**Ellos**, **ellas**) **eran amados/as.**	Seviliyorlardı.
(**Ustedes**) **eran amados/as.**	Seviliyordunuz.

yakın geçmiş zaman (**pretérito perfecto**):

(**Yo**) **he sido amado.**	Sevildim.
(**Tú**) **has sido amado.**	Sevildin.
(**Él**, **ella**) **ha sido amado/a.**	Sevildi.
(**Usted**) **ha sido amado/a.**	Sevildiniz.
(**Nosotros**) **hemos sido amados.**	Sevildik.
(**Vosotros**) **habéis sido amados.**	Sevildiniz.
(**Ellos**, **ellas**) **han sido amados/as.**	Sevildiler.
(**Ustedes**) **han sido amados/as.**	Sevildiniz.

-di'li geçmiş zaman (**pretérito indefinido**):

(**Yo**) **fui amado.**	Sevildim.
(**Tú**) **fuiste amado.**	Sevildin.
(**Él, ella**) **fue amado/a.**	Sevildi.
(**Usted**) **fue amado.**	Sevildiniz.
(**Nosotros**) **fuimos amados.**	Sevildik.
(**Vosotros**) **fuisteis amados.**	Sevildiniz.
(**Ellos, ellas**) **fueron amados/as.**	Sevildiler.
(**Ustedes**) **fueron amados.**	Sevildiniz.

gelecek zaman (**futuro**):

(**Yo**) **seré amado.**	Sevileceğim.
(**Tú**) **serás amado.**	Sevileceksin.
(**Él, ella**) **será amado/a.**	Sevilecek.
(**Usted**) **será amado.**	Sevileceksiniz.
(**Nosotros**) **seremos amados.**	Sevileceğiz.
(**Vosotros**) **seréis amados.**	Sevileceksiniz.
(**Ellos, ellas**) **serán amados/as.**	Sevilecekler.
(**Ustedes**) **serán amados.**	Sevileceksiniz.

miş'li (bileşik) geçmişin hikayesi (**pretérito pluscuamperfecto**):

(**Yo**) **había sido amado.**	Sevilmiştim.
(**Tú**) **habías sido amado.**	Sevilmiştin.
(**Él, ella**) **había sido amado/a.**	Sevilmişti.
(**Usted**) **había sido amado.**	Sevilmiştiniz.
(**Nosotros**) **habíamos sido amados.**	Sevilmiştik.
(**Vosotros**) **habíais sido amados.**	Sevilmiştiniz.
(**Ellos, ellas**) **habían sido amados/as.**	Sevilmişlerdi.
(**Ustedes**) **habían sido amados.**	Sevilmiştiniz.

miş'li geçmişin hikayesi (**pretérito anterior**):

(**Yo**) **hube sido amado**	sevilmiştim ki, sevilmiş oldum
(**Tú**) **hubiste sido amado**	sevilmiştin ki, sevilmiş oldun
(**Él, ella**) **hubo sido amado/a**	sevilmişti ki, sevilmiş oldu
(**Usted**) **hubo sido amado**	sevilmiştiniz ki, sevilmiş oldunuz
(**Nosotros**) **hubimos sido amados**	sevilmiştik ki, sevilmiş olduk
(**Vosotros**) **hubisteis sido amados**	sevilmiştiniz ki, sevilmiş oldunuz
(**Ellos, ellas**) **hubieron sido amados/as**	sevilmişlerdi ki, sevilmiş oldular
(**Ustedes**) **hubieron sido amados**	sevilmiştiniz ki, sevilmiş oldunuz

gelecekte geçmiş zaman (**futuro compuesto**):

(Yo) habré sido amado	sevilmiş olacağım
(Tú) habrás sido amado	sevilmiş olacaksın
(Él, ella) habrá sido amado/a	sevilmiş olacak
(Usted) habrá sido amado	sevilmiş olacaksınız
(Nosotros) habremos sido amados	sevilmiş olacağız
(Vosotros) habréis sido amados	sevilmiş olacaksınız
(Ellos, ellas) habrán sido amados/as	sevilmiş olacaklar
(Ustedes) habrán sido amados	sevilmiş olacaksınız

dilek kipinin şimdiki zamanı (**presente de subjuntivo**):

(Yo) sea amado	sevileyim, sevilsem
(Tú) seas amado	sevilesin, sevilsen
(Él, ella) sea amado/a	sevilse
(Usted) sea amado	sevilseniz
(Nosotros) seamos amados	sevilelim, sevilsek
(Vosotros) seáis amados	sevilseniz
(Ellos, ellas) sean amados/as	sevilseler
(Ustedes) sean amados	sevilseniz

Cümleler:

Julia me invita.	Julia beni davet ediyor.
Estoy invitado por Julia.	Julia tarafından davet ediliyorum.
El jardinero riega las flores.	Bahçıvan çiçekleri suluyor.
Las flores están regadas por el jardinero.	Çiçekler bahçıvan tarafından sulanıyor.
Mi madre cierra las persianas.	Annem panjurları kapatıyor.
Las persianas son cerradas por mi madre.	Panjurlar annem tarafından kapatılıyor.
El médico examina al chico.	Doktor çocuğu muayene ediyor.
El chico es examinado por el médico.	Çocuk doktor tarafından muayene ediliyor.
Miguel acaricia a su perro.	Miguel köpeğini okşuyor.
El perro es acariciado por Miguel.	Köpek Miguel tarafından okşanıyor.
Como esta manzana.	Bu elmayı yiyorum.
La manzana es comida por mí.	Elma benim tarafımdan yeniyor.

José escribe una carta. José bir mektup yazıyor.
La carta es escrita por José. Mektup José tarafından yazılıyor.

Etken bir cümlenin edilgen hale getirilmesinde, her iki cümlenin fiilleri zaman bakımından birbirine uyar.

2. **Pasiva reflexiva** – Dönüşlü edilgen çekim

İspanyolcada çok kullanılan bu şekil, öznenin isim olduğu hallerde fiilin etken (**activo**) hali ve dönüşlü şahıs zamiri **se** ile yapılır.

“**La carta fue recibida.**” yerine “**La carta se recibió.**”

“Mektup alındı.” demek mümkündür.

Fiilin üçüncü şahıs şekliyle eylemin kimin tarafından yapıldığı belirtilmeyen bu tür edilgen cümleler İspanyolcada çok geniş olarak kullanılır:

Desde aquí se ve la torre. Buradan kule görünüyor.

Aquí se alquilan coches. Burada araba kiralanır.

MODO INDICATIVO – Haber Kipi

Fiil zamanları, fiilin gösterdiği eylemin geçmiş, şimdiki veya gelecek zamanlar içinde ne zaman yapıldığını ve eylemin tamamlanmış olup olmadığını belirler. Örneğin, “Okulda bulundum. Okulda bulunuyorum. Okulda bulunacağım.” cümlelerinde geçen oluş, birincisi geçmişte, ikincisi şimdiki zamanda, üçüncüsü de gelecekte tasarlanan zamandadır. Şimdi biz öğrendiğimiz fiillerin şimdiki zamanlarını göreceğiz.

Presente (de Indicativo) – Şimdiki zaman

Konuşulduğu an yapılmakta olan eylemi ifade eder.

Leo el periódico. Gazeteyi okuyorum.

Ancak bu esas kullanımının dışında farklı hallerde de kullanılır:

Presente habitual – geniş zaman

Her zaman yapılan eylemi belirtir.

En la oficina leo los periódicos.	Ofiste gazeteleri okurum.

Presente histórico – tarihsel geniş zaman

Tarihteki layların anlatımında kullanılır.

El Impreio Romano desaparece en el año 395.	Roma İmparatorluğu 395 yılında yok olur.

Presente con valor de futuro – gelecek zaman bildiren geniş zaman

Gelecekte yapılması kesin olan veya yapılmak istenen eylemi bildirir.

Mañana te llamo a las diez.	Yarın saat onda seni ararım.

Presente de mandado – emir bildiren geniş zaman

Emir kipi gibi kullanılır.

Mañana hablas con el profesor.	Yarın öğretmenle konuşursun.

Presente de Indicativo, ayrıca kesin bilgileri veya kavramları ifade etmekte de kulanılır.

El octágono es un polígono de ocho lados.	Sekizgen, sekiz kenarlı bir çokgendir.

Birinci grup fiillerde şimdiki zaman:

Fiillerin bir eylem, bir oluş ve bir hareket bildiren sözcükler olduklarını biliyoruz. Bu eylemi, oluşu ve hareketi bazı ekler yardımıyla belli bir zaman dilimi içinde belirttiklerini öğrendik. Ayrıca fiillerin "-mek, -mak" mastar eklerini kaldırınca geriye fiil kökü kalıyordu ve bu köke şahıslara uygun zaman ekleri gelerek, o fiillerin çekimli halleri elde ediliyordu.

İspanyolcada fiiller, bildiğimiz gibi mastar eklerine göre başlıca üç gruba ayrılırlar:

- **-AR** ile biten birinci grup fiiller
- **-ER** ile biten ikinci grup fiiller
- **-IR** ile biten üçüncü grup fiiller

Biz bu dersimizde **-ar** mastar ekiyle biten fiillerin şimdiki zaman çekimlerini öğreneceğiz.

Şimdi birinci gruptan bazı düzenli fiillerin şimdiki zamanlarını, şimdiki zaman çekim ekleriyle birlikte görelim.

MIRAR fiili - bakmak

Aşağıda **mirar** fiilinin şimdiki zaman çekim ekleri büyük harflerle gösterilmiştir.

mirar	
mir	(fiil kökü)
-ar	(mastar eki)

mirar	-e / -a bakmak, seyretmek, incelemek
(**Yo**) **mirO los dibujos.**	(Ben) resimlere bakıYORum.
(**Tú**) **mirAS los niños.**	(Sen) çocuklara bakıYORsun.
Él mirA los perros.	(O-erkek) köpeklere bakıYOR.
Ella mirA la casa.	(O-bayan) eve bakıYOR.
Leyla mirA el árbol.	Leyla ağaca bakıYOR.
Emre mirA los cuadernos.	Emre defterlere bakıYOR.
(**Nosotros**) **mirAMOS los hombres.**	(Biz) adamlara bakıYORuz.
(**Vosotros**) **mirÁIS los coches.**	(Siz) ağaçlara bakıYORsunuz.
Ellos mirAN los estudiantes.	Onlar (erkek) öğrencilere bakıYORlar.
Los estudiantes mirAN los libros de clase.	Öğrenciler ders kitaplarına bakıYORlar.

Yukarıdaki örneklerde dikkat etmeniz gereken noktalar şunlardır:

Birincisi; birinci tekil şahsın aldığı ek diğerlerinden farklıdır. Diğer eklerin hepsi **a** harfi ile başlarken bu şahıs ek olarak sadece **o** harfi alır.
İkincisi; Türkçede “Resimlere bakıyorum. Çocuklara bakıyorsun.” gibi cümlelerdeki “resimler, çocuklar” sözcükleri –e ve –a hal eklerini alır. İspanyolcada da, bir fiili öğrenirken, o fiilin kendisinden sonra –e ya da –a eklerinin karşılığı olabilecek eklerle –eğer bunlara benzer ek alıyorsa- birlikte öğrenmeniz gerekir.

Ayrıca yukarıdaki örneklerde de görüldüğü gibi şahıs zamirleri kullanılmadığı taktirde cümlenin anlamında herhangi bir değişiklik olmaz.

Şimdi **mirar** fiilinin şimdiki zamanını çekim ekleriyle birlikte tekrarlayalım:

mirar fiili

Şahıs zamiri	fiil kökü	çekim ekleri	diğer sözcükler
Yo	**mir**	**-o**	**los libros.**
Tú	**mir**	**-as**	**los niños.**
Él, ella, usted	**mir**	**-a**	**los perros.**
Nosotros	**mir**	**-amos**	**los hombres.**
Vosotros	**mir**	**-áis**	**las mujeres.**
Ellos, ellas, ustedes	**mir**	**-an**	**las habitaciones.**

Bazı istisnalar hariç, bütün birinci grup fiillerin şimdiki zamanları bu eklerle çekilir. Şimdi bir örnek daha görelim:

HABLAR fiili – konuşmak

hablar	konuşmak
con	... ile
hablar con	... ile konuşmak

(**Yo**) **hablO con Emre.**	(Ben) Emre'yle konuşuYORum.
(**Tú**) **hablas con Leyla.**	(Sen) Leyla'yla konuşuYORsun.
Él hablA con el profesor.	O (erkek) öğretmenle konuşuYOR.
Ella hablA con su madre.	O (bayan) annesiyle konuşuYOR.
(**Nosotros**) **hablAMOS con los hombres.**	(Biz) adamlarla konuşuYORuz.
(Vosotros) hablÁIS con su madre.	(Siz) onların annesiyle konuşuYORsunuz.
Ellos hablAN con los niños.	Onlar (erkek) çocuklarla konuşuYORlar.

Ellas hablAN con su padre.	Onlar (bayan) babalarıyla konuşuYORlar.
Los profesores hablAN con los estudiantes.	Öğretmenler öğrencileriyle konuşuYORlar.

Şimdiye kadar çekim eklerini büyük harflerle yazmamızın nedeni daha iyi anlaşılması içindir. Yoksa çekim eklerinin büyük harflerle yazılması gibi bir kural yoktur. Şimdi **hablar** fiilinin şimdiki zamanını çekim ekleriyle birlikte kalıp halinde gösterelim:

hablar fiili

Şahıs zamiri	fiil kökü	çekim ekleri	diğer sözcükler
Yo	**habl**	**-o**	**con mi madre.**
Tú	**habl**	**-as**	**con los niños.**
Él, ella, usted	**habl**	**-a**	**con el profesor.**
Nosotros	**habl**	**-amos**	**con los hombres.**
Vosotros	**habl**	**-áis**	**con las mujeres.**
Ellos, ellas, ustedes	**habl**	**-an**	**con el abogado.**

Birinci grup düzenli fiillerin şimdiki zaman çekimi yukarıdaki örneklerde gördüğümüz gibidir. Fakat bazı fiiller düzensizdir ve bu kurala uygun bir şekilde çekilmezler. Örneğin **cerrar** (kapatmak) fiili düzensiz bir fiildir ve şimdiki zaman çekimi aşağıdaki gibidir:

TOMAR fiili – almak, tutmak

tomar	(mastar)
tom	(fiil kökü)
-ar	(mastar eki)

Tomar birinci grup fiillerdendir. "Almak, tutmak, yakalamak" anlamına gelir. "kalemi almak, kitabı almak" bir yerden bir şeyi almak anlamında kullanıldığı gibi, yiyecek, içki, ilaç vb. almak anlamında da kullanılır.

Ahora tomo el libro.	Şimdi kitabı alıyorum.
Tomas el lápiz azul.	Kırmızı kurşunkalemi alıyorsun.

Emre toma el cuaderno de su amigo.	Emre arkadaşının defterini alıyor.
Tomamos esta radio.	Bu radyoyu alıyoruz.
Tomáis la silla.	Sandalyeyi alıyorsunuz.
Estas mujeres toman las flores.	Bu kadınlar çiçekleri alıyorlar.
¿Qué queréis tomar? **Quiero tomar un poco de leche.** **Yo, cerveza y un poco de queso.**	Ne almak istersiniz? Biraz süt almak istiyorum. Ben, bira ve biraz peynir.
Quiero tomar un café. **Juan y Carlos beben cerveza.** **Ellos toman cerveza.**	Bir (fincan) kahve almak istiyorum. Juan ve Carlos bira içiyorlar. Onlar bira alıyorlar.

tomar fiilinin şimdiki zamanı

Şahıs zamiri	fiil kökü	çekim ekleri	diğer sözcükler
Yo	**tom**	**-o**	**el libro.**
Tú	**tom**	**-as**	**la silla.**
Él, ella, usted	**tom**	**-a**	**la cartera.**
Nosotros	**tom**	**-amos**	**un poco de vino.**
Vosotros	**tom**	**-áis**	**un poco de queso.**
Ellos, ellas, ustedes	**tom**	**-an**	**un poco de cerveza.**

(**Yo**) **tomo.**	(Ben) alıyorum.
(**Tú**) **tomas.**	(Sen) alıyorsun.
Él toma.	O (erkek) alıyor.
Ella toma.	O (bayan) alıyor.
Usted toma.	Siz (tekil) alıyorsunuz.
(**Nosotros**) **tomamos.**	(Biz) alıyoruz.
(**Vosotros**) **tomáis.**	(Siz) alıyorsunuz.
Ellos toman.	Onlar (erkek) alıyorlar.
Ellas toman.	Onlar (bayan) alıyorlar.

DESAYUNAR fiili – kahvaltı etmek

desayunar	(mastar)
desayun	(fiil kökü)
-ar	(mastar eki)

Desayunar fiili" kahvaltı etmek anlamına gelir.Şimdi bu fiilin şimdiki zaman çekimini görelim:

(**Yo**) **desayuno.**	Kahvaltı ediyorum, kahvaltı ederim
(**Tú**) **desayunas.**	Kahvaltı ediyorsun, kahvaltı edersin
(**Él, ella**) **desayuna.**	Kahvaltı ediyor, kahvaltı eder
(**Usted**) **desayuna.**	Kahvaltı ediyorsunuz
(**Nosotros**) **desayunamos.**	Kahvaltı ediyoruz, kahvaltı ederiz
(**Vosotros**) **desayunáis.**	Kahvaltı ediyorsunuz, kahvaltı edersiniz
(**Ellos, ellas**) **desayunan.**	Kahvaltı ediyorlar, kahvaltı ederler
(**Ustedes**) **desayunan.**	Kahvaltı ediyorsunuz

VISITAR fiili – ziyaret etmek

Ziyaretetmek anlamına gelen **visitar** fiili birinci grup düzenli bir fiildir.

Şimdiki zaman olumlu çekimi:

(**Yo**) **visito.**	Ziyaret ediyorum, ziyaret ederim.
(**Tú**) **visitas.**	Ziyaret ediyorsun, ziyaret edersin.
(**Él, ella**) **visita.**	Ziyaret ediyor, ziyaret eder.
(**Usted**) **visita.**	Ziyaret ediyorsunuz, ziyaret edersiniz.
(**Nosotros**) **visitamos.**	Ziyaret ediyoruz, ziyaret ederiz.
(**Vosotros**) **visitáis.**	Ziyaret ediyorsunuz, ziyaret edersiniz.
(**Ellos, ellas**) **visitan.**	Ziyaret ediyorlar, ziyaret ederler.
(**Ustedes**) **visitan.**	Ziyaret ediyorsunuz, ziyaret edersiniz.

ESCUCHAR fiili – dinlemek

escuchar	(mastar)
escuch	(fiil kökü)
-ar	(mastar eki)

(**Yo**) **escucho.**	(Ben) dinliyorum.
(**Tú**) **escuchas.**	(Sen) dinliyorsun.
Él escucha.	O (erkek) dinliyor.
Ella escucha.	O (bayan) dinliyor.
Usted escucha.	Siz (tekil) dinliyorsunuz.
(**Nosotros**) **escuchamos.**	(Biz) dinliyoruz.
(Vosotros) escucháis.	(Siz) dinliyorsunuz.
Ellos escuchan.	Onlar (erkek) dinliyorlar.
Ellas escuchan.	Onlar (bayan) dinliyorlar.
Ustedes escuchan.	Siz (kibar hitap) dinliyorsunuz.

PAGAR fiili – ödemek

pagar	(mastar)
pag	(fiil kökü)
-ar	(mastar eki)

(**Yo**) **pago.**	(Ben) ödüyorum.
(**Tú**) **pagas.**	(Sen) ödüyorsun.
Él paga.	O (erkek) ödüyor.
Ella paga.	O (bayan) ödüyor.
Usted paga.	Siz (tekil) ödüyorsunuz.
(**Nosotros**) **pagamos.**	(Biz) ödüyoruz.
(**Vosotros**) **pagáis.**	(Siz) ödüyorsunuz.

Ellos pagan.	Onlar (erkek) ödüyorlar.
Ellas pagan.	Onlar (bayan) ödüyorlar.
Ustedes pagan.	Siz (kibar hitap) ödüyorsunuz.

PENSAR fiili – düşünmek

pensar	(mastar)
pens	(fiil kökü)
-ar	(mastar eki)

Bu fiil birinci grup düzensiz bir fiildir. Şimdiki zaman çekimi aşağıdaki gibidir:

(**Yo**) **pienso.**	(Ben) düşünüyorum.
(**Tú**) **piensas.**	(Sen) düşünüyorsun.
Él piensa.	O (erkek) düşünüyor.
Ella piensa.	O (bayan) düşünüyor.
Usted piensa.	Siz (tekil) düşünüyorsunuz.
(**Nosotros**) **pensamos.**	(Biz) düşünüyoruz.
(**Vosotros**) **pensáis.**	(Siz) düşünüyorsunuz.
Ellos piensan.	Onlar (erkek) düşünüyorlar.
Ellas piensan.	Onlar (bayan) düşünüyorlar.
Ustedes piensan.	Siz (kibar hitap) düşünüyorsunuz.

JUGAR fiili – oynamak

jugar	(mastar)
jug	(fiil kökü)
-ar	(mastar eki)

Bu fiil de birinci gruptan bir fiildir. Şimdiki zaman çekimi aşağıdaki gibidir:

(**Yo**) **juego.**	(Ben) oynuyorum.

(**Tú**) **juegas.**	(Sen) oynuyorsun.
Él juega.	O (erkek) oynuyor.
Ella juega.	O (bayan) oynuyor.
Usted juega.	Siz (tekil) oynuyorsunuz.
(**Nosotros**) **jugamos.**	(Biz) oynuyoruz.
(**Vosotros**) **jugáis.**	(Siz) oynuyorsunuz.
Ellos juegan.	Onlar (erkek) oynuyorlar.
Ellas juegan.	Onlar (bayan) oynuyorlar.
Ustedes juegan.	Siz (kibar hitap) oynuyorsunuz.

DAR fiili – vermek

dar	(mastar)
d	(fiil kökü)
-ar	(mastar eki)

Bu fiil de birinci gruptan bir fiildir. Şimdiki zaman çekimi aşağıdaki gibidir:

(**Yo**) **doy.**	(Ben) veriyorum.
(**Tú**) **das.**	(Sen) veriyorsun.
Él da.	O (erkek) veriyor.
Ella da.	O (bayan) veriyor.
Usted da.	Siz (tekil) veriyorsunuz.
(**Nosotros**) **damos.**	(Biz) veriyoruz.
(**Vosotros**) **dais.**	(Siz) veriyorsunuz.
Ellos dan.	Onlar (erkek) veriyorlar.
Ellas dan.	Onlar (bayan) veriyorlar.
Ustedes dan.	Siz (kibar hitap) veriyorsunuz.

BAJAR fiili – inmek

Bajar "inmek" fiili, mastar ekinden de anlaşılacağı gibi, birinci grup fiillerdendir. Düzenli bir fiildir. Tıpkı **hablar**, **mirar**, **escuchar** fiilleri gibi çekilir.

bajar	(mastar)
baj	(fiil kökü)
-ar	(mastar eki)

Bajo del autobús.	Otobüsten iniyorum.
Bajas del coche.	Arabadan iniyorsun.
Baja del taxi.	Taksiden iniyor.
Bajamos del tren.	Trenden iniyoruz.
Bajáis del autobús.	Otobüsten iniyorsunuz.
Los niños bajan del tren.	Çocuklar trenden iniyorlar.

CERRAR fiili - kapatmak

cerrar	(mastar)
cerr	(fiil kökü)
-ar	(mastar eki)

(**Yo**) **c*ie*rrO la puerta.**	(Ben) kapıyı kapatıYORum.
(**Tú**) **c*ie*rrAS la ventana.**	(Sen) pencereyi kapatıYORsun.
(**Él, ella**) **c*ie*rrA la puerta de la tienda.**	(O- erkek / bayan) dükkanın kapısını kapatıYOR.
(**Nosotros**) **cerrAMOS la puerta del autobús.**	(Biz) otobüsün kapısını kapatıYORuz.
(**Vosotros**) **cerrÁIS las puertas.**	(Siz) kapıları kapatıYORsunuz.
(**Ellos, ellas**) **c*ie*rrAN las ventanas.**	(Onlar –erkek / bayan) pencereleri kapatıYORlar.

Yukarıdaki örneklerde de görüldüğü gibi, **cerrar** (kapatmak) fiilinin şimdiki zaman çekimi diğer düzenli birinci grup fiillerin çekiminden biraz daha farklıdır. Bu farklılık birinci tekil, ikinci tekil, üçüncü tekil şahıslarda ve üçüncü çoğul şahısta görülür. Ayrıca dikkat edilmesi gereken bir başka nokta da, bu değişikliklerin **-o**, **-as**, **-a**,

-amos, **-áis**, **-an** olan birinci grup fiil çekim eklerinde değil, fiil kökünde olmasıdır.

Şimdi **cerrar** fiilinin şimdiki zamanını çekim ekleriyle birlikte kalıp halinde gösterelim:

cerrar fiili

Şahıs zamiri	fiil kökü	çekim ekleri	diğer sözcükler
Yo	**c*ie*rr**	**-o**	**la ventana.**
Tú	**c*ie*rr**	**-as**	**la puerta.**
Él, ella, usted	**c*ie*rr**	**-a**	**las ventanas de la tienda.**
Nosotros	**cerr**	**-amos**	**la puerta del coche.**
Vosotros	**cerr**	**-áis**	**la ventana del autobús.**
Ellos, ellas, ustedes	**c*ie*rr**	**-an**	**la puerta de la habitación.**

IR fiili - gitmek

"Gitmek" anlamına gelen **ir** fiili üçüncü grup fiilmiş gibi görünmesine rağmen, birinci tekil şahıs hariç, diğer bütün şahıslar birinci grup fiillerin çekim eklerini alır. Fakat bu fiilin çekimi başka hiçbir fiile benzemez. Bu sebeple, **ir** fiilinin çekimini olduğu gibi öğrenmelisiniz. Bu bakımdan düzensiz bir fiildir. Şimdi bu fiilin şimdiki zamanını inceleyelim:

VOY a la tienda de mi padre.	Babamın dükkanına gidiyorum.
VAS al cine esta semana.	Bu hafta sinemaya gidiyorsun.
Él VA a la escuela.	O okula gidiyor.
Ahora VAMOS al cine.	Şimdi sinemaya gidiyoruz.
¿VAIS a clase?	Sınıfa mı gidiyorsunuz?
Hoy, ellos VAN al jardín.	Bugün, onlar bahçeye gidiyorlar.
La chica y su madre VAN a casa.	Kız ve annesi eve gidiyorlar.

Yulkarıdaki örneklerden de anlaşıldığı gibi **ir** fiilinin şimdiki zamanı, mastar eki **–ir** olan üçüncü grup fiillere benzememektedir.

Bu fiille ilgili bir başka önemli nokta da "-ye, -ya" anlamına gelen **a** edatıyla birlikte kullanılmasıdır. İspanyolcada bir fiili öğrenirken, o fiili sonuna aldığı edatla ve hangi edatla ne anlama geldiği iyice öğrenilmelidir.

Ir fiilinin şimdiki zaman soru ve olumsuz biçimleri geçmiş derslerde öğrendiğimiz fiiller gibidir. Yalnız soru yaparken dikkat edilmesi gereken önemli bir nokta **a** edatını unutmamaktır. Aşağıdaki örneklerde bu fiilin şimdiki zaman soru biçimini dikkatlice inceleyiniz.

¿A dónde vais vosotros?	Siz nereye gidiyorsunuz?
¿A dónde va Juan?	Juan nereye gidiyor?
¿A dónde va usted?	Siz (tekil) nereye gidiyorsunuz?
¿A dónde van los profesores?	Öğretmenler nereye gidiyorlar?
¿A dónde van los niños?	Çocuklar nereye gidiyorlar?
¿A dónde vas?	Nereye gidiyorsun?

Şimdi bu fiilin şimdiki zamanını kalıp halinde tekrar görelim:

Şahıs zamiri	**ir** fiili	**a** edatı	diğer sözcükler
Yo	**voy**	**a**	**la tienda.**
Tú	**vas**	**a**	**la parada.**
Él, ella, usted	**va**	**al**	**jardín.**
Nosotros	**vamos**	**a**	**la escuela.**
Vosotros	**vais**	**a**	**la farmacia.**
Ellos, ellas, ustedes	**van**	**al**	**cine.**

EMPEZAR fiili - başlamak

"Başlamak" anlamına gelen **empezar** sonu **–ar** ile biten birinci grup bir fiildir. Düzensiz bir fiildir, ancak düzensizlik fiil köküne gelen çekim eklerinde değil, fiil kökündedir. Bu fiilin şahıslara göre şimdiki zaman çekim eklerini örneklerle görelim:

Emp*iez*O a escribir.	Yazmaya başlıyorum.
Emp*iez*AS a corrrer.	Koşmaya başlıyorsun.
Emp*iez*A la película.	Film başlıyor.
Emre emp*iez*A a correr.	Emre koşmaya başlıyor.
EmpezAMOS a comer.	Yemeğe başlıyoruz.

EmpezÁIS a hablar.	Konuşmaya başlıyorsunuz.
Emp*iez*AN a fumar.	Sigara içmeye başlıyorlar.

Yukarıdaki örneklerde dikkat edilmesi gereken noktalar şunlardır:

Birincisi; fiildeki düzensizlik, görüldüğü gibi, çekim eklerinde değil, fiil kökündedir.

İkincisi; Bu fiil genellikle **a** edatıyla birlikte kullanılır ve bu edattan sonra gelen fiil mastar halindedir.

Şimdi **empezar** fiilinin şimdiki zamanını kalıp halinde görelim:

Şahıs zamiri	fiil kökü	çekim ekleri	diğer sözcükler
Yo	**emp*iez***	**-o**	**a andar.**
Tú	**emp*iez***	**-as**	**a escribir.**
Él, ella, usted	**emp*iez***	**-a**	**a correr.**
Nosotros	**empez**	**-amos**	**a hablar.**
Vosotros	**empez**	**-áis**	**a comer.**
Ellos, ellas, ustedes	**emp*iez***	**-an**	**a escuchar.**

İkinci grup fiillerde şimdiki zaman:

Daha önceki derslerimizde öğrendiğimiz gibi sonu –**er** ile biten fiiller ikinci gruptandır. Birinci grup fiillerde olduğu gibi bunların da tekil ve çoğul şahıslara göre değişen şimdiki zaman çekim ekleri vardır. Bu ekler fiil köküne eklenerek o fiilin şimdiki zamanı elde edilir. Örneğin "yemek yemek" anlamına gelen **comer** fiilini alalım ve önce fiil kökünü ve mastar ekini ayıralım.

COMER fiili – yemek yemek

comer	mastar
com	fiil kökü
-er	mastar eki

comer	yemek
una manzana	bir elma
ComO una manzana.	Bir elma yiYORum.
Tú comES una naranja.	Sen bir portakal yiYORsun.

(Él/ ella) comE mucho.	O (erkek, bayan) çok yiYOR.
No comEMOS manzanas.	Biz elma yemiYORuz.
Vosotros no comÉIS.	Siz yemek yemiYORsunuz.
(Ellos/ ellas) comEN tres manzanas.	Onlar üç elma yiYORlar.

Şimdi bu çekim eklerini kalıp halinde bir daha tekrarlayalım.

Şahıs zamiri	fiil kökü	çekim ekleri	diğer sözcükler
Yo	**com**	**-o**	**mucho.**
Tú	**com**	**-es**	**una manzana.**
Él, ella, usted	**com**	**-e**	**tres naranjas.**
Nosotros	**com**	**-emos**	**huevos.**
Vosotros	**com**	**-éis**	**una naranja.**
Ellos, ellas, ustedes	**com**	**-en**	**mucho.**

CORRER fiili – koşmak

"Koşmak" anlamındaki **correr** fiili ikinci gruba dahil ve **–er** ile biten fiillerden biridir. Düzenli bir fiildir ve şimdiki zaman çekim ekleri yukarıda öğrendiğimiz, yine ikinci gruptan ve düzenli bir fiil olan **comer** fiili gibidir:

CorrO por la calle.	Caddede koşuYORum.
CorrES por el jardín.	Bahçede koşuYORsun.
El niño corrE delante de su casa.	Çocuk evinin önünde koşuYOR.
CorrEMOS en el parque.	Parkta koşuYORuz.
¿Correís por esta calle?	Bu caddede mi koşuYORsunuz?
Ellos no corrEN por esta calle.	Onlar bu caddede koşmuYORlar.

VENDER fiili -satmak

Mastar ekinden de anlaşılacağı gibi, "satmak" anlamına gelen **vender** fiili ikinci gruptan bir fiildir. Bu fiilin şimdiki zamanını kalıp halinde verelim.

Şahıs zamiri	fiil kökü	çekim ekleri	diğer sözcükler
Yo	**vend**	**-o**	**libros.**
Tú	**vend**	**-es**	**tu coche.**
Él, ella, usted	**vend**	**-e**	**su tienda.**
Nosotros	**vend**	**-emos**	**nuestra casa.**
Vosotros	**vend**	**-éis**	**vuestra alfombra.**
Ellos, ellas, ustedes	**vend**	**-en**	**revistas.**

Cümleler:

Los hombres venden revistas. — Adamlar dergiler satıyor.

Vendemos la casa. — Evi satıyoruz.

Vendéis el autobús. — Otobüsü satıyorsunuz.

No vendes carne. — Sen et satmıyorsun.
No venden mantequilla. — Tereyağı satmıyorlar.
No vendemos el perro. — Biz köpeği satmıyoruz.

¿Vende usted queso? — Peynir satıyor musunuz?
¿Venden las chicas café? — Kızlar kahve satıyorlar mı?

¿Vende él este coche? — O bu arabayı satıyor mu?

Vende estas cajas. — Bu kutuları sat.
No vendas estas casas. — Bu evleri satma.
Venda las sillas. — Sandalyeleri satınız.
No vendan las sillas. — Sandalyeleri satmayınz.
Vended la mesa. — Masayı satın.
No vendáis la mesa. — Masayı satmayın.

Vendo mi libro a su amigo. — Kalemimi onun arkadaşına satıyorum.
Vendemos la casa a este hombre. — Evi bu adama satıyoruz.
Ellos venden una pelota a los niños. — Onlar, çocuklara bir top satıyorlar.

RESPONDER fiili – cevap vermek

"Cevap vermek" anlamına gelen **responder** fiili de ikinci grup fiillerdendir. Şimdiki zamanı, şimdiki zamanın olumsuzu düzenli ikinci grup fiillerinki gibi çekilirfiili. **A**, **con** gibi edatlarla birlikte kullanılır. Her bir edatla farklı anlama gelir. Biz bu dersimizde **a** edatıyla kullanımını göreceğiz.

Cümleler:

Respondo a la pregunta del profesor.	Öğretmenin sorusuna cevap veriyorum.
¿(Tú) respondes a las cartas de Leyla?	(Sen) Leyla'nın mektuplarına cevap veriyor musun?
(Nosotros) respondemos a estas preguntas.	(Biz) bu sorulara cevap veriyoruz.
(Vosotros) responded a Miguel.	Miguel'e cevap verin.
No respondas a los niños.	Çocuklara cevap verme.
Un estudiante responde al profesor.	Bir öğrenci öğretmene cevap veriyor.
Las enfermeras responden a los médicos.	Hemşireler doktorlara cevap veriyorlar.
(Vosotros) no respondéis a esta carta.	(Siz) bu mektuba cevap vermiyorsunuz.
Este dentista no responde.	Bu dişçi cevap vermiyor.
Respondemos las cartas.	Mektupları cevaplıyoruz.

Şimdi bu fiilin şimdiki zamanını kalıp halinde verelim.

Şahıs zamiri	fiil kökü	çekim ekleri	diğer sözcükler
Yo	**respond**	**-o**	**las preguntas.**
Tú	**respond**	**-es**	**la carta.**
Él, ella, usted	**respond**	**-e**	**al abogado.**
Nosotros	**respond**	**-emos**	**a nuestro profesor.**
Vosotros	**respond**	**-éis**	**a vuestra madre.**
Ellos, ellas, ustedes	**respond**	**-en**	**a la pregunta del profesor.**
Tú	**respond**	**-es**	**a la carta de su hermana.**
Usted	**respond**	**-e**	**la pregunta.**
Ustedes	**respond**	**-en**	**las cartas.**

VER fiili – görmek

(**Yo**) **veo.**	(Ben) görüyorum.
(**Tú**) **ves.**	(Sen) görüyorsun.
Él ve.	O (erkek) görüyor.
Ella ve.	O (bayan) görüyor.
Usted ve.	Siz (tekil) görüyorsunuz.
(**Nosotros**) **vemos.**	(Biz) görüyoruz.
(**Vosotros**) **veis.**	(Siz) görüyorsunuz.
Ellos ven.	Onlar (erkek) görüyorlar.
Ellas ven.	Onlar (bayan) görüyorlar.
Ustedes ven.	Siz (kibar hitap) görüyorsunuz.

LEER fiili – okumak

leer	(mastar)
le	(fiil kökü)
-er	(mastar eki)

Bu fiil de ikinci gruptan bir fiildir. Şimdiki zaman çekimi aşağıdaki gibidir:

(**Yo**) **leo.**	(Ben) okuyorum.
(**Tú**) **lees.**	(Sen) okuyorsun.
Él lee.	O (erkek) okuyor.
Ella lee.	O (bayan) okuyor.
Usted lee.	Siz (tekil) okuyorsunuz.
(**Nosotros**) **leemos.**	(Biz) okuyoruz.
(**Vosotros**) **leéis.**	(Siz) okuyorsunuz.
Ellos leen.	Onlar (erkek) okuyorlar.

Ellas juegan.	Onlar (bayan) okuyorlar.
Ustedes leen.	Siz (kibar hitap) okuyorsunuz.

TRAER fiili – getirmek

(**Yo**) **traigo.**	(Ben) getiriyorum.
(**Tú**) **traes.**	(Sen) getiriyorsun.
Él trae.	O (erkek) getiriyor.
Ella trae.	O (bayan) gitiriyor.
Usted trae.	Siz (tekil) getiriyorsunuz.
(**Nosotros**) **traemos.**	(Biz) getiriyoruz.
(**Vosotros**) **traéis.**	(Siz) getiriyorsunuz.
Ellos traen.	Onlar (erkek) getiriyorlar.
Ellas traen.	Onlar (bayan) getiriyorlar.
Ustedes traen.	Siz (kibar hitap) getiriyorsunuz.

CAER fiili – düşmek, dökülmek

(**Yo**) **caigo.**	(Ben) düşüyorum.
(**Tú**) **caes.**	(Sen) düşüyorsun.
Él cae.	O (erkek) düşüyor.
Ella cae.	O (bayan) düşüyor.
Usted cae.	Siz (tekil) düşüyorsunuz.
(**Nosotros**) **caemos.**	(Biz) düşüyoruz.
(**Vosotros**) **caéis.**	(Siz) düşüyorsunuz.
Ellos caen.	Onlar (erkek) düşüyorlar.
Ellas caen.	Onlar (bayan) düşüyorlar.

Ustedes caen.	Siz (kibar hitap) düşüyorsunuz.

HACER fiili – yapmak

(**Yo**) **hago.**	(Ben) yapıyorum.
(**Tú**) **haces.**	(Sen) yapıyorsun.
Él hace.	O (erkek) yapıyor.
Ella hace.	O (bayan) yapıyor.
Usted hace.	Siz (tekil) yapıyorsunuz.
(**Nosotros**) **hacemos.**	(Biz) yapıyoruz.
(**Vosotros**) **hacéis.**	(Siz) yapıyorsunuz.
Ellos hacen.	Onlar (erkek) yapıyorlar.
Ellas hacen.	Onlar (bayan) yapıyorlar.
Ustedes hacen.	Siz (kibar hitap) yapıyorsunuz.

SABER fiili – bilmek

(**Yo**) **sé.**	(Ben) biliyorum.
(**Tú**) **sabes.**	(Sen) biliyorsun.
Él sabe.	O (erkek) biliyor.
Ella sabe.	O (bayan) biliyor.
Usted sabe.	Siz (tekil) biliyorsunuz.
(**Nosotros**) **sabemos.**	(Biz) biliyoruz.
(**Vosotros**) **sabéis.**	(Siz) biliyorsunuz.
Ellos saben.	Onlar (erkek) biliyorlar.
Ellas saben.	Onlar (bayan) biliyorlar.
Ustedes saben.	Siz (kibar hitap) biliyorsunuz.

PONER fiili – koymak

poner	mastar
pon	fiil kökü
-er	mastar eki

(Yo) ponGO mis libros en tu cartera.	Kitaplarımı senin çantana koyuYORum.
(Tú) ponES tu cuaderno sobre la mesa.	Defterini masanın üstüne koyuYORsun.
(Él, ella) ponE los huevos en la cesta.	Yumurtaları sepete koyuYOR.
(Nosotros) ponEMOS nuestros lápices en la caja.	Kalemlerimizi kutunun içine koyuYORuz.
(Vosotros) ponÉIS las cartas sobre la cama.	Mektupları yatağın üstüne koyuYORsunuz.
(Ellos, ellas) ponEN las flores sobre la silla.	Çiçekleri sandalyenin üstüne koyuYORlar.

Yukarıdaki örneklerde görüldüğü gibi **poner** fiilinin birinci tekil şahıs çekimi farklıdır (**pongo**), ama diğer şahıs çekimleri kurala uygundur. Aynı şekilde "görmek" anlamında olan **ver** fiilinin de birinci tekil şahıs çekimi **veo**'dur ve diğer şahısların çekim ekleri ikinci grup fiillerin çekim ekleriyle aynıdır. Bunu bu şekilde öğrenmek gerekir.

QUERER fiili -istemek

"İstemek" anlamına gelen **querer** fiili, çekimi düzensiz olan yardımcı bir fiildir. Asıl eylemi bildiren fiil mastar durumundadır. **Querer** fiili ise çekimli haldedir: Örneğin Türkçede "Yazmak istiyorum. Koşmak istiyorum. Satın almak istiyorsun." Cümlelerinde "yazmak, koşmak, satın almak" fiilleri mastar halindedir. Buradaki "istemek" fiili ise **querer**'in karşılığıdır. Bu bakımdan Türkçeye uyar. **Querer** fiili tek başına az kullanılır.

Cümleler:

Quiero escribir una carta.	Bir mektup yazmak istiyorum.
Quiero correr en el jardín.	Bahçede koşmak istiyorum.
Quieres comprar un sombrero.	Bir şapka satın almak istiyorsun.

Mi hermana quiere ir al cine.	Kız kardeşim sinemaya gitmek istiyor.
Él quiere salir por la ventana.	O pencereden çıkmak istiyor.
Queremos ver las películas.	Filmleri görmek istiyoruz.
Queréis escuchar la radio.	Radyo dinlemek istiyorsunuz.
Ellos quieren hablar con el profesor.	Onlar öğretmenle konuşmak istiyorlar.

Örneklerde de görüldüğü gibi asıl eylemi bildiren fiiller mastar halinde, yardımcı fiil **querer** ise çekimli haldedir.

Soru ve olumsuzluk hep **querer** fiili üzerinde yapılır. Öteki fiiller yine mastar halinde kalır.

¿Quieres comprar un libro a tu hermano?	Erkek kardeşine kitap satın almak istiyor musun?
¿Quiere Emre ir al cine? **Emre no quiere ir al cine.** **Él quiere ir al parque.**	Emre sinemaya gitmek istiyor mu? Emre sinemaya gitmek istemiyor. O parka gitmek istiyor.
¿Queremos beber vino? **No queremos beber vino.** **¿Qué queréis beber?**	Şarap içmek istiyor muyuz? Şarap içmek istemiyoruz. Ne içmek istiyorsunuz?
¿Queréis salir de la clase? **No queremos salir de la clase.**	Sınıftan çıkmak istiyor musunuz? Sınıftan çıkmak istemiyoruz.
¿Quiere usted beber té? **¿Quieren los niños terminar sus deberes?** **¿Quieren los médicos hablar con las enfermeras?**	Çay içmek istiyor musunuz? Öğrenciler ödevlerini bitirmek istiyorlar mı? Doktorlar hemşirelerle konuşmak istiyorlar mı?
¿Quieres ir al cine hoy?	Bugün sinemeya gitmek istiyor musun?
No quiero ir al cine hoy.	Bugün sinemaya gitmek istemiyorum.
No quieres ver esta película.	Bu filmi görmek istemiyorsun.
El bebé no quiere beber leche. **No queremos mirar por la ventana.** **No queréis comer estas manzanas.**	Bebek süt içmek istemiyor. Pencereden bakmak istemiyoruz. Bu elmaları yemek istemiyorsunuz.

Mi padre y mi madre no quieren responder a esta pregunta.	Babam ve annem bu soruya cevap vermek istemiyorlar.
¿Quieres una cerveza?	Bir (şişe) bira ister misin?

Şimdi bu fiilin şimdiki zaman çekimini kalıp halinde verelim.

querer fiilinin şimdiki zamanı

Şahıs zamiri	fiil kökü	çekim ekleri	diğer sözcükler
Yo	**qu*ie*r**	**-o**	**comprar este libro.**
Tú	**qu*ie*r**	**-es**	**comer las manzanas.**
Él, ella, usted	**qu*ie*r**	**-e**	**ir al cine.**
Nosotros	**quer**	**-emos**	**escuchar la radio.**
Vosotros	**quer**	**-éis**	**terminar los deberes..**
Ellos, ellas, ustedes	**qu*ie*r**	**-en**	**hablar con su profesor.**

PODER fiili - -e, -a bilmek

"-ebilmek, -abilmek" anlamına gelen **poder** fiili de düzensiz yardımcı bir fiildir. Bir insanın ya da bir hayvanın herhangi bir eylemi yapacak yeterlilikte olduğunu anlatmak için kullanılır. Örneğin, "Ödevimi bitirebilirim. Radyo dinleyebilirim. Hızlı koşabilirim." dediğimiz zaman, ödevi bitirebilecek bilgimiz ve zamanımız var demektir. Radyo dinleyecek kadar sağlıklı kulağımız ve zamanımız var demektir. Kısacası bütün bu eylemleri yerine getirebilmek için yeterli olduğumuzu anlatmak isteriz. İşte **poder** yardımcı fiili de bunu ifade etmek için kullanılır.

(**Yo**) **puedo.**	(Ben) yapabiliyorum, yapabilirim.
(**Tú**) **puedes.**	(Sen) yapabiliyorsun, yapabilirsin.
Él puede.	O (erkek) yapabiliyor, yapabilir.
Ella puede.	O (bayan) yapabiliyor, yapabilir.
Usted puede.	Siz (tekil) yapabiliyorsunuz, yapabilirsiniz.
(**Nosotros**) **podemos.**	(Biz) yapabiliyoruz, yapabiliriz.
(**Vosotros**) **podéis.**	(Siz) yapabiliyorsunuz, yapabilirsiniz.

Ellos pueden.	Onlar (erkek) yapabiliyorlar, yapabilirler.
Ellas pueden.	Onlar (bayan) yapabiliyorlar, yapabilirler.
Ustedes pueden.	Siz (kibar hitap) yapabiliyorsunuz, yapabilirsiniz.

Cümleler:

(Yo) puedo responder a estas preguntas.	(Ben) bu sorulara cevap verebiliyorum. (Bu sorulara cevap verebilirim.)
Puedes terminar tus deberes.	Ödevlerini bitirebilirsin.
Puede escuchar la radio.	Radyo dinleyebilir.
El profesor puede responder las preguntas.	Öğretmen sorulara cevap verebilir.
Podemos comprar estos libros.	Bu kitapları satın alabiliriz.
Podéis venir de la escuela.	Okuldan gelebilirsiniz.
Estos perros pueden correr rápido.	Bu köpekler hızlı koşabilir.
Ellos pueden ver esta película.	Onlar bu filmi izleyebilirler.

Querer fiilinde olduğu gibi soru ve olumsuzluk her zaman **poder** yardımcı fiili üzerinde yapılır. Dikkat edilmesi gereken bir başka nokta da **querer** ve **poder** yardımcı fiillerinin geçtiği cümleler genel olarak geniş zaman şeklinde Türkçeye çevrilir. Türkçeden İspanyolcaya çeviri yaparken buna dikkat edilmelidir. İspanyolcada şimdiki zamanla geniş zamanın aynı olduğu unutulmamalıdır.

¿Puedo abrir la ventana?	Pencereyi açabilir miyim?
¿Puedes hablar con mi madre?	Annemle konuşabilir misin?
¿Puede cerrar la puerta?	Kapıyı kapatabilir misin?
¿Podemos beber vino?	Şarap içebilir miyiz?
¿Podéis correr rápido?	Hızlı koşabilir misiniz?
¿Pueden terminar sus deberes?	Ödevlerini bitirebilirler mi?

No puedo terminar mis deberes.	Ödevlerimi bitiremiyorum.
No puedes abrir la puerta.	Pencereyi açamazsın.
Mi padre no puede correr rápido.	Babam hızlı koşamaz.
No puede escuchar la radio.	Radyo dinleyemez.
No podemos ir al cine.	Sinemaya gidemeyiz.
No podéis ver esta película.	Bu filmi izleyemezsiniz.
Ellos no pueden responder a estas preguntas.	Onlar bu sorulara cevap veremezler.

poder fiilinin şimdiki zamanı

Şahıs zamiri	fiil kökü	çekim ekleri	diğer sözcükler
Yo	**p*ue*d**	**-o**	**comprar este libro.**
Tú	**p*ue*d**	**-es**	**comer las manzanas.**
Él, ella, usted	**p*ue*d**	**-e**	**ir al cine.**
Nosotros	**pod**	**-emos**	**escuchar la radio.**
Vosotros	**pod**	**-éis**	**terminar los deberes.**
Ellos, ellas, ustedes	**p*ue*d**	**-en**	**hablar con su profesor.**

Üçüncü grup fiillerde şimdiki zaman:

Geçmiş derslerimizden fiillerin üç gruba ayrıldıklarını öğreniken mastar ekleri –**ir** ile biten fiillerin üçüncü gruptan olduğunu da öğrenmiştik. Şimdi üçüncü gruptan fiillerin şimdiki zaman çekim eklerini öğreneceğiz.

ESCRIBIR fiili – yazmak

"Yazmak" anlamına gelen **escribir** fiili üçüncü grup fiillerdendir ve düzenli bir fiildir.

escribir	mastar
escrib	fiil kökü
-ir	mastar eki

(**Yo**) **escribo.**	(Ben) yazıyorum, yazarım.
(**Tú**) **escribes.**	(Sen) yazıyorsun, yazarsın.
Él escribe.	O (erkek) yazıyor, yazar.
Ella escribe.	O (bayan) yazıyor, yazar.
Usted escribe.	Siz (tekil) yazıyorsunuz, yazarsınız.

(**Nosotros**) **escribimos.**	(Biz) yazıyoruz, yazarız.
(**Vosotros**) **escribís.**	(Siz) yazıyorsunuz, yazarsınız.
Ellos escriben.	Onlar (erkek) yazıyorlar, yazarlar.
Ellas escriben.	Onlar (bayan) yazıyorlar, yazarlar.
Ustedes escriben.	Siz (kibar hitap) yazıyorsunuz, yazarsınız.

Cümleler:

(Yo) escribO una carta a mi hermana.	(Ben) kız kardeşime bir mektup yazıYORum.
(Tú) escribES sobre la mesa.	(Sen) masanın üstüne yazıYORsun.
(Él, ella) escribE una carta a su amigo.	(O-erkek, bayan) arkadaşına mektup yazıYOR.
(Nosotros) escribIMOS una carta.	(Biz) bir mektup yazıYORuz.
(Vosotros) escribÍS una historia.	(Siz) bir hikaye yazıYORsunuz.
(Ellos, ellas) escribEN muchas cartas a sus amigas.	(Onlar) arkadaşlarına birçok mektup yazıYORlar.
Usted escribE una carta a mi hermano.	Siz (tekil) benim erkek kardeşime bir mektup yazıYORsunuz.
Los estudiantes escribEN muchas cartas a sus profesores.	Öğrenciler öğretmenlerine birçok mektup yazıYORlar.

escribir fiilinin şimdiki zamanı

Şahıs zamiri	fiil kökü	çekim ekleri	diğer sözcükler
Yo	**escrib**	**-o**	**mucho.**
Tú	**escrib**	**-es**	**una carta.**
Él, ella, usted	**escrib**	**-e**	**tres cartas.**
Nosotros	**escrib**	**-imos**	**sobre la pared.**
Vosotros	**escrib**	**-is**	**dos cartas.**
Ellos, ellas, ustedes	**escrib**	**-en**	**muchas cartas..**

ABRIR fiili - açmak

"Açmak" anlamındaki **abrir** fiil olarak mastar eki **–ir** ile biten üçüncü gruptan bir fiildir. Üçüncü grup fiillerin şimdiki zaman çekim eklerini olduğu gibi alır ve düzenli bir fiildir.

(**Yo**) **abro.**	(Ben) açıyorum, açarım.
(**Tú**) **abres.**	(Sen) açıyorsun, açarsın.
Él abre.	O (erkek) açıyor, açar.
Ella abre.	O (bayan) açıyor, açar.
Usted abre.	Siz (tekil) açıyorsunuz, açarsınız.
(**Nosotros**) **abrimos.**	(Biz) açıyoruz, açarız.
(**Vosotros**) **abrís.**	(Siz) açıyorsunuz, açarsınız.
Ellos abren.	Onlar (erkek) açıyorlar, açarlar.
Ellas abren.	Onlar (bayan) açıyorlar, açarlar.
Ustedes abren.	Siz (kibar hitap) açıyorsunuz, açarsınız.

Cümleler:

AbrO la puerta de la habitación.	Odanın kapısını açıYORum.
AbrES las ventanas.	Pencereleri açıYORsun.
AbrE la puerta de la escuela.	Okulun kapısını açıYOR.
AbrIMOS los libros y los cuadernos.	Defterleri ve kitapları açıYORuz.
AbrÍS las puertas de la tienda.	Dükkanın kapılarını açıYORsunuz.
AbrEN las ventanas del coche.	Arabanın pencerelerini açıYORlar.

Üçüncü grup düzenli fiillerin şimdiki zaman çekimi yukarıdaki örneklerde gördüğümüz gibidir. Fakat bazı fiiller düzensizdir ve bu kurala uygun bir şekilde çekilmezler. Örneğin **venir** (gelmek) fiili düzensiz bir fiildir ve şimdiki zaman çekimi aşağıdaki gibidir:

VENIR fiili – gelmek

"Gelmek" anlamına gelen **venir** fiili **a, de, en** gibi edatlarla birlikte kullanılır ve her birinin verdiği anlam farklıdır.

venir	gelmek
de	-den, -dan
venir de	-den, -dan gelmek

(**Yo**) **vengo.**	(Ben) geliyorum, gelirim.
(**Tú**) **vienes.**	(Sen) geliyorsun, gelirsin.
Él viene.	O (erkek) geliyor, gelir.
Ella viene.	O (bayan) geliyor, gelir.
Usted viene.	Siz (tekil) geliyorsunuz, gelirsiniz.
(**Nosotros**) **venimos.**	(Biz) geliyoruz, geliriz.
(**Vosotros**) **venís.**	(Siz) geliyorsunuz, gelirsiniz.
Ellos vienen.	Onlar (erkek) geliyorlar, gelirler.
Ellas vienen.	Onlar (bayan) geliyorlar, gelirler.
Ustedes vienen.	Siz (kibar hitap) geliyorsunuz, gelirsiniz.

Cümleler:

(Yo) venGO de la escuela.	(Ben) okuldan geliYORum.
(Tú) vienES de casa.	(Sen) evden geliYORsun.
Él vienE de la farmacia.	O (erkek) eczaneden geliYOR.
Leyla viene de la tienda.	Leyla dükkandan geliYOR.
(Nosotros) venIMOS de la carnicería.	(Biz) kasap dükkanından geliYORuz.
(Vosotros) venÍS del aula.	(Siz) sınıftan geliYORsunuz.
Ahora ellos vienEN de clase.	Şimdi onlar dersten geliYORlar.

Şimdi "gelmek" anlamına gelen **venir** fiilinin şimdiki zamanını ekleriyle birlikte kalıp halinde görelim:

venir fiilinin şimdiki zamanı

Şahıs zamiri	fiil kökü	çekim ekleri	**de** edatı	diğer sözcükler
Yo	**ven**	**-go**	**de**	**la tienda.**
Tú	**v*ie*n**	**-es**	**de**	**clase.**
Él, ella, usted	**v*ie*n**	**-e**	**de**	**casa.**
Nosotros	**ven**	**-imos**	**de**	**la escuela.**
Vosotros	**ven**	**-ís**	**de**	**la farmacia.**
Ellos, ellas, ustedes	**v*ie*n**	**-en**	**de**	**la carnicería.**

Yukarıdaki örneklerde de görüldüğü gibi, **venir** (gelmek) fiilinin şimdiki zaman çekimi diğer düzenli üçüncü grup fiillerin çekiminden biraz daha farklıdır. Bu farklılık birinci tekil, ikinci tekil, üçüncü tekil şahıslarda ve üçüncü çoğul şahısta görülür. Bu fiilin çekimini başka fiillerle karıştırmadan bu şekilde öğrenmek gerekir. Bu fiilin soru biçimi diğer fiiller gibidir fakat **de** edatını unutmamak gerekir:

¿De dónde vienes? Nereden geliyorsun?
¿De dónde viene usted? Siz (tekil) nereden geliyorsunuz?
¿De dónde vienen los niños? Çocuklar nereden geliyorlar?
¿De dónde venís? Siz (çoğul) nereden geliyorsunuz?
¿De dónde venimos? Nereden geliyoruz?
¿De dónde viene Juan? Juan nereden geliyor?

VIVIR fiili – yaşamak

vivir yaşamak
viv fiil kökü
-ir mastar eki

(Yo) vivo. (Ben) yaşıyorum, yaşarım.

(Tú) vives. (Sen) yaşıyorsun, yaşarsın.

Él vive. O (erkek) yaşıyor, yaşar.

Ella vive. O (bayan) yaşıyor, yaşar.

Usted vive. Siz (tekil) yaşıyorsunuz, yaşarsınız.

(Nosotros) vivimos. (Biz) yaşıyoruz, yaşarız.

(**Vosotros**) **vivís.**	(Siz) yaşıyorsunuz, yaşarsınız.
Ellos viven.	Onlar (erkek) yaşıyorlar, yaşarlar.
Ellas viven.	Onlar (bayan) yaşıyorlar, yaşarlar.
Ustedes viven.	Siz (kibar hitap) yaşıyorsunuz, yaşarsınız.

DORMIR fiili – uyumak

Bu fiilin şimdiki zaman çekimi düzensizdir.

dormir	uyumak
dorm	fiil kökü
-ir	mastar eki

(**Yo**) **duermo.**	(Ben) uyuyorum, uyurum.
(**Tú**) **duermes.**	(Sen) uyuyorsun, uyursun.
Él duerme.	O (erkek) uyuyor, uyur.
Ella duerme.	O (bayan) uyuyor, uyur.
Usted duerme.	Siz (tekil) uyuyorsunuz, uyursunuz.
(**Nosotros**) **dormimos.**	(Biz) uyuyoruz, uyuruz.
(**Vosotros**) **dormís.**	(Siz) uyuyorsunuz, uyursunuz.
Ellos duermen.	Onlar (erkek) uyuyorlar, uyurlar.
Ellas duermen.	Onlar (bayan) uyuyorlar, uyurlar.
Ustedes duermen.	Siz (kibar hitap) uyuyorsunuz, uyursunuz.

SEGUIR fiili – izlemek, takip etmek

Bu fiilin şimdiki zaman çekimi düzensizdir.

seguir	izlemek
segu	fiil kökü
-ir	mastar eki

(**Yo**) **sigo.**	(Ben) izliyorum, izlerim.

(Tú) sigues.	(Sen) izliyorsun, izlersin.
Él sigue.	O (erkek) izliyor, izler.
Ella sigue.	O (bayan) izliyor, izler.
Usted sigue.	Siz (tekil) izliyorsunuz, izlersiniz.
(Nosotros) seguimos.	(Biz) izliyoruz, izleriz.
(Vosotros) seguís.	(Siz) izliyorsunuz, izlersiniz.
Ellos siguen.	Onlar (erkek) izliyorlar, izlerler.
Ellas siguen.	Onlar (bayan) izliyorlar, izlerler.
Ustedes siguen.	Siz (kibar hitap) izliyorsunuz, izlersizniz.

MEDIR fiili – ölçmek, kıyaslamak

Bu fiilin şimdiki zaman çekimi düzensizdir.

medir	ölçmek
med	fiil kökü
-ir	mastar eki

(Yo) mido.	(Ben) ölçüyorum, ölçerim.
(Tú) mides.	(Sen) ölçüyorsun, ölçersin.
Él mide.	O (erkek) ölçüyor, ölçer.
Ella mide.	O (bayan) ölçüyor, ölçer.
Usted mide.	Siz (tekil) ölçüyorsunuz, ölçersiniz.
(Nosotros) medimos.	(Biz) ölçüyoruz, ölçeriz.
(Vosotros) medís.	(Siz) ölçüyorsunuz, ölçersiniz.
Ellos miden.	Onlar (erkek) ölçüyorlar, ölçerler.
Ellas miden.	Onlar (bayan) ölçüyorlar, ölçerler.
Ustedes miden.	Siz (kibar hitap) ölçüyorsunuz, ölçersiniz.

PRODUCIR fiili – üretmek, meydana getirmek, yapmak

producir	üretmek
produc	fiil kökü
-ir	mastar eki

(**Yo**) **produzco.**	(Ben) üretiyorum, üretirim.
(**Tú**) **produces.**	(Sen) üretiyorsun, üretirsin.
Él produce.	O (erkek) üretiyor, üretir.
Ella produce.	O (bayan) üretiyor, üretir.
Usted produce.	Siz (tekil) üretiyorsunuz, üretirsiniz.
(**Nosotros**) **producimos.**	(Biz) üretiyoruz, üretiriz.
(**Vosotros**) **producís.**	(Siz) üretiyorsunuz, üretirsiniz.
Ellos producen.	Onlar (erkek) üretiyorlar, üretirler.
Ellas producen.	Onlar (bayan) üretiyorlar, üretirler.
Ustedes producen.	Siz (kibar hitap) üretiyorsunuz, üretirsiniz.

OÍR fiili – duymak, işitmek

oír	duymak
o	fiil kökü
-ir	mastar eki

(**Yo**) **oigo.**	(Ben) duyuyorum, duyarım.
(**Tú**) **oyes.**	(Sen) duyuyorsun, duyarsın.
Él oye.	O (erkek) duyuyor, duyar.
Ella oye.	O (bayan) duyuyor, duyar.
Usted oye.	Siz (tekil) duyuyorsunuz, duyarsınız.
(**Nosotros**) **oímos.**	(Biz) duyuyoruz, duyarız.
(**Vosotros**) **oís.**	(Siz) duyuyorsunuz, duyarsınız.

Ellos oyen.	Onlar (erkek) duyuyorlar, duyarlar.
Ellas oyen.	Onlar (bayan) duyuyorlar, duyarlar.
Ustedes oyen.	Siz (kibar hitap) duyuyorsunuz, duyarsınız.

DECIR fiili – söylemek, demek

decir	söylemek
dec	fiil kökü
-ir	mastar eki

(Yo) **digo.**	(Ben) söylüyorum, söylerim.
(Tú) **dices.**	(Sen) söylüyorsun, söylersin.
Él dice.	O (erkek) söylüyor, söyler.
Ella dice.	O (bayan) söylüyor, söyler.
Usted dice.	Siz (tekil) söylüyorsunuz, söylersiniz.
(**Nosotros**) **decimos.**	(Biz) söylüyoruz, söyleriz.
(**Vosotros**) **decís.**	(Siz) söylüyorsunuz, söylersiniz.
Ellos dicen.	Onlar (erkek) söylüyorlar, söylerler.
Ellas dicen.	Onlar (bayan) söylüyorlar, söylerler.
Ustedes dicen.	Siz (kibar hitap) söylüyorsunuz, söylersiniz.

Birinci grup fiillerde soru ve olumsuzluk:

Birinci gruptan fiillerin soru biçimleri de geçmiş derslerimizde öğrendiğimiz **ser** ve **estar** yardımcı fiillerininki gibidir.

visitar fiilinin şimdiki zaman soru şekli:

¿Visito (yo)?	Ziyaret ediyor muyum, ziyaret eder miyim?
¿Visitas (tú)?	Ziyaret ediyor musun, ziyaret eder misin?
¿Visita (él,ella)?	Ziyaret ediyor mu, ziyaret eder mi?
¿Visita (usted)?	Ziyaret ediyor musunuz, ziyaret eder misiniz?
¿Visitamos (nosotros)?	Ziyaret ediyor muyuz, ziyaret eder miyiz?

¿Visitáis (vosotros)?	Ziyaret ediyor musunuz, ziyaret eder misiniz?
¿Visitan (ellos, ellas)?	Ziyaret ediyorlar mı, ziyaret ederler mi?
¿Visitan (ustedes)?	Ziyaret ediyor musunuz, ziyaret eder misiniz?

Olumsuz şimdiki zaman çekimi:

(Yo) no visito	Ziyaret etmiyorum, ziyaret etmem
(Tú) no visitas	Ziyaret etmiyorsun, ziyaret etmezsin
(Él, ella) no visita	Ziyaret etmiyor, ziyaret etmez
(Usted) no visita	Ziyaret etmiyorsunuz, ziyaret etmezsiniz
(Nosotros) no visitamos	Ziyaret etmiyoruz, ziyaret etmeyiz
(Vosotros) no visitáis	Ziyaret etmiyorsunuz, ziyaret etmezsiniz
(Ellos, ellas) no visitan	Ziyaret etmiyorlar, ziyaret etmezler
(Ustedes) no visitan	Ziyaret etmiyorsunuz, ziyaret etmezsiniz

escuchar fiilinin şimdiki zaman soru şekli:

¿Escucho (yo)?	Dinliyor muyum, dinler miyim?
¿Escuchas (tú)?	Dinliyor musun, dinler misin?
¿Escucha (él,ella)?	Dinliyor mu, dinler mi?
¿Escucha (usted)?	Dinliyor musunuz, dinler misiniz?
¿Escuchamos (nosotros)?	Dinliyor muyuz, dinler miyiz?
¿Escucháis (vosotros)?	Dinliyor musunuz, dinler misiniz?
¿Escuchan (ellos, ellas)?	Dinliyorlar mı, dinlerler mi?
¿Escuchan (ustedes)?	Dinliyor musunuz, dinler misiniz?

Olumsuz şimdiki zaman çekimi:

(Yo) no escucho	Dinlemiyorum, dinlemem
(Tú) no escuchas	Dinlemiyorsun, dinlemezsin
(Él, ella) no escucha	Dinlemiyor, dinlemez
(Usted) no escucha	Dinlemiyorsunuz, dinlemezsiniz
(Nosotros) no escuchamos	Dinlemiyoruz, dinlemeyiz
(Vosotros) no escucháis	Dinlemiyorsunuz, dinlemezsiniz
(Ellos, ellas) no escuchan	Dinlemiyorlar, dinlemezler
(Ustedes) no escuchan	Dinlemiyorsunuz, dinlemezsiniz

jugar fiilinin şimdiki zaman soru şekli:

¿Juego (yo)?	Oynuyor muyum, oynar mıyım?
¿Juegas (tú)?	Oynuyor musun, oymar mısın?
¿Juega (él,ella)?	Oynuyor mu, oynar mı?
¿Juega (usted)?	Oynuyor musunuz, oynar mısınız?
¿Jugamos (nosotros)?	Oynuyor muyuz, oynar mıyız?

¿Jugáis (vosotros)?	Oynuyor musunuz, oynar mısınız?
¿Juegan (ellos, ellas)?	Oynuyorlar mı, oynarlar mı?
¿Juegan (ustedes)?	Oynuyor musunuz, oynar mısınız?

Olumsuz şimdiki zaman çekimi:

(Yo) no juego	Oynamıyorum, oynamam
(Tú) no juegas	Oynamıyorsun, oynamazsın
(Él, ella) no juega	Oynamıyor, oynamaz
(Usted) no juega	Oynamıyorsunuz, oynamazsınız
(Nosotros) no jugamos	Oynamıyoruz oynamayız
(Vosotros) no jugáis	Oynamıyorsunuz, oynamazsınız
(Ellos, ellas) no juegan	Oynamıyorlar, oynamazlar
(Ustedes) no juegan	Oynamıyorsunuz, oynamazsınız

Cümleler:

(Yo) cierro la puerta de la tienda.	(Ben) dükkanın kapısını kapatıyorum.
¿Cierro la puerta de la tienda?	Dükkanın kapısını kapatıyor muyum?
(Tú) cierras las ventanas.	(Sen) pencereleri kapatıyorsun.
¿Cierras las ventanas?	Pencereleri kapatıyor musun?
(Ella) habla con su padre.	(O-bayan) babasıyla konuşuyor.
¿Habla (ella) con su padre?	(O) babasıyla konuşuyor mu?
(Nosotros) hablamos con tu madre.	(Biz) senin annenle konuşuyoruz
¿Hablamos con tu madre?	Annenle konuşuyor muyuz?
Vosotros fumáis.	Siz sigara içiyorsunuz.
¿Fumáis (vosotros)?	(Siz) sigara içiyor musunuz?
Ellos andan por la calle.	Onlar caddede yürüyorlar.
¿Andan (ellos) por la calle?	(Onlar) caddede yürüyorlar mı?
Los estudiantes saludan a sus profesores.	Öğrenciler öğretmenlerini selamlıyorlar.
¿Saludan los estudiantes a sus profesores?	Öğrenciler öğretmenlerini selamlıyorlar mı?
Las mujeres fuman cigarillos.	Kadınlar sigara içiyorlar.
¿Fuman las mujeres cigarillos?	Kadınlar sigara içiyorlar mı?

İkinci grup fiillerde soru ve olumsuzluk:

İkinci grup fiillerin gerek soru, gerekse olumsuz biçiminde, birinci grup fiillerden farkı yoktur. Önemli olan fiilin şimdiki zaman çekim eklerinin iyi öğrenilmesidir. Örnekleri inceleyiniz.

comer fiilinin şimdiki zaman soru şekli:

¿Como (yo)?	Yiyor muyum, yer miyim?
¿Comes (tú)?	Yiyor musun, yer misin?
¿Come (él,ella)?	Yiyor mu, yer mi?
¿Come (usted)?	Yiyor musunuz, yer misiniz?
¿Comemos (nosotros)?	Yiyor muyuz, yer miyiz?
¿Coméis (vosotros)?	Yiyor musunuz, yer misiniz?
¿Comen (ellos, ellas)?	Yiyorlar mı, yerler mi?
¿Comen (ustedes)?	Yiyor musunuz, yer misiniz?

Olumsuz şimdiki zaman çekimi:

(Yo) no como	Yemiyorum, yemem
(Tú) no comes	Yemiyorsun, yemezsin
(Él, ella) no come	Yemiyor, yemez
(Usted) no come	Yemiyorsunuz, yemezsiniz
(Nosotros) no comemos	Yemiyoruz, yemeyiz
(Vosotros) no coméis	Yemiyorsunuz, yemezsiniz
(Ellos, ellas) no comen	Yemiyorlar, yemezler
(Ustedes) no comen	Yemiyorsunuz, yemezsiniz

correr fiilinin şimdiki zaman soru şekli:

¿Corro (yo)?	Koşuyor muyum, koşar mıyım?
¿Corres (tú)?	Koşuyor musun, koşar mısın?
¿Corre (él,ella)?	Koşuyor mu, koşar mı?
¿Corre (usted)?	Koşuyor musunuz, koşar mısınız?
¿Corremos (nosotros)?	Koşuyor muyuz, koşar mıyız?
¿Corréis (vosotros)?	Koşuyor musunuz, koşar mısınız?
¿Corren (ellos, ellas)?	Koşuyorlar mı, koşarlar mı?
¿Corren (ustedes)?	Koşuyor musunuz, koşar mısınız?

Olumsuz şimdiki zaman çekimi:

(Yo) no corro	Koşmuyorum, koşmam
(Tú) no corres	Koşmuyorsun, koşmazsın
(Él, ella) no corre	Koşmuyor, koşmaz
(Usted) no corre	Koşmuyorsunuz, koşmazsınız
(Nosotros) no corremos	Koşmuyoruz, koşmayız
(Vosotros) no corréis	Koşmuyorsunuz, koşmazsınız

(Ellos, ellas) no corren	Koşmuyorlar, koşmazlar
(Ustedes) no corren	Koşmuyorsunuz, koşmazsınız

vender fiilinin şimdiki zaman soru şekli:

¿Vendo (yo)?	Satıyor muyum, satar mıyım?
¿Vendes (tú)?	Satıyor musun, satar mısın?
¿Vende (él,ella)?	Satıyor mu, satar mı?
¿Vende (usted)?	Satıyor musunuz, satar mısınız?
¿Vendemos (nosotros)?	Satıyor muyuz, satar mıyız?
¿Vendéis (vosotros)?	Satıyor musunuz, satar mısınız?
¿Venden (ellos, ellas)?	Satıyorlar mı, satarlar mı?
¿Venden (ustedes)?	Satıyor musunuz, satar mısınız?

Olumsuz şimdiki zaman çekimi:

(Yo) no vendo	Satmıyorum, satmam
(Tú) no vendes	Satmıyorsun, satmazsın
(Él, ella) no vende	Satmıyor, satmaz
(Usted) no vende	Satmıyorsunuz, satmazsınız
(Nosotros) no vendemos	Satmıyoruz, satmayız
(Vosotros) no vendéis	Satmıyorsunuz, satmazsınız
(Ellos, ellas) no venden	Satmıyorlar, satmazlar
(Ustedes) no venden	Satmıyorsunuz, satmazsınız

Cümleler:

Ella come una manzana.	O bir elma yiyor.
Ella no come una manzana.	O bir elma yemiyor.
¿Come ella una manzana?	O bir elma yiyor mu?
Tú comes dos huevos.	Sen iki yumurta yiyorsun.
Tú no comes dos huevos.	Sen iki yumurta yemiyorsun.
¿Comes tú dos huevos?	Sen iki yumurta yiyor musun?
Veo a mi madre en la calle.	Caddede annemi görüyorum.
No veo a mi madre en la calle.	Caddede annemi görmüyorum.
¿Veo a mi madre en la calle?	Caddede annemi görüyor muyum?
Ponen la carta sobre la mesa.	Mektubu masanın üstüne koyuyorlar.
No ponen la carta sobre la mesa.	Mektubu masanın üstüne koymuyorlar.
¿Ponen la carta sobre la mesa?	Mektubu masanın üstüne koyuyorlar mı?

Üçüncü grup fiillerde soru ve olumsuzluk:

Üçüncü grup fiillerin gerek soru, gerekse olumsuz biçiminde, birinci ve ikinci grup fiillerinki gibidir. Önemli olan fiilin şimdiki zaman çekim eklerinin iyi öğrenilmesidir.

vivir fiilinin şimdiki zaman soru şekli:

¿Vivo (yo)?	Yaşıyor muyum, yaşar mıyım?
¿Vives (tú)?	Yaşıyor musun, yaşar mısın?
¿Vive (él,ella)?	Yaşıyor mu, yaşar mı?
¿Vive (usted)?	Yaşıyor musunuz, yaşar mısınız?
¿Vivimos (nosotros)?	Yaşıyor muyuz, yaşar mıyız?
¿Vivís (vosotros)?	Yaşıyor musunuz, yaşar mısınız?
¿Viven (ellos, ellas)?	Yaşıyorlar mı, yaşarlar mı?
¿Viven (ustedes)?	Yaşıyor musunuz, yaşar mısınız?

Olumsuz şimdiki zaman çekimi:

(Yo) no vivo	Yaşamıyorum, yaşamam
(Tú) no vives	Yaşamıyorsun, yaşamazsın
(Él, ella) no vive	Yaşamıyor, yaşamaz
(Usted) no vive	Yaşamıyorsunuz, yaşamazsınız
(Nosotros) no vivimos	Yaşamıyoruz, yaşamayız
(Vosotros) no vivís	Yaşamıyorsunuz, yaşamazsınız
(Ellos, ellas) no viven	Yaşamıyorlar, yaşamazlar
(Ustedes) no viven	Yaşamıyorsunuz, yaşamazsınız

oír fiilinin şimdiki zaman soru şekli:

¿Oigo (yo)?	Duyuyor muyum, duyar mıyım?
¿Oyes (tú)?	Duyuyor musun, duyar mısın?
¿Oye (él,ella)?	Duyuyor mu, duyar mı?
¿Oye (usted)?	Duyuyor musunuz, duyar mısınız?
¿Oímos (nosotros)?	Duyuyor muyuz, duyar mıyız?
¿Oís (vosotros)?	Duyuyor musunuz, duyar mısınız?
¿Oyen (ellos, ellas)?	Duyuyorlar mı, duyarlar mı?
¿Oyen (ustedes)?	Duyuyor musunuz, duyar mısınız?

Olumsuz şimdiki zaman çekimi:

(Yo) no oigo	Duymuyorum, duymam
(Tú) no oyes	Duymuyorsun, duymazsın
(Él, ella) no oye	Duymuyor, duymaz
(Usted) no oye	Duymuyorsunuz, duymazsınız
(Nosotros) no oímos	Duymuyoruz, duymayız
(Vosotros) no oís	Duymuyorsunuz, duymazsınız

(Ellos, ellas) no oyen	Duymuyorlar, duymazlar
(Ustedes) no oyen	Duymuyorsunuz, duymazsınız

decir fiilinin şimdiki zaman soru şekli:

¿Digo (yo)?	Sölüyor muyum, söyler miyim?
¿Dices (tú)?	Söylüyor musun, söyler misin?
¿Dice (él,ella)?	Söylüyor mu, söyler mi?
¿Dice (usted)?	Söylüyor musunuz, söyler misiniz?
¿Decimos (nosotros)?	Söylüyor muyuz, söyler miyiz?
¿Decís (vosotros)?	Söylüyor musunuz, söyler misiniz?
¿Dicen (ellos, ellas)?	Söylüyorlar mı, söylerler mi?
¿Dicen (ustedes)?	Söylüyor musunuz, söyler misiniz?

Olumsuz şimdiki zaman çekimi:

(Yo) no digo	Söylemiyorum, söylemem
(Tú) no dices	Söylemiyorsun, söylemezsin
(Él, ella) no dice	Söylemiyor, söylemez
(Usted) no dice	Söylemiyorsunuz, söylemezsiniz
(Nosotros) no decimos	Söylemiyoruz, söylemeyiz
(Vosotros) no decís	Söylemiyorsunuz, söylemezsiniz
(Ellos, ellas) no dicen	Söylemiyorlar, söylemezler
(Ustedes) no dicen	Söylemiyorsunuz, söylemezsiniz

Cümleler:

Ella escribe una carta.	O bir mektup yazıyor.
Ella no escribe una carta.	O bir mektup yazmıyor.
¿Escribe ella una carta?	O bir mektup yazıyor mu?
Tú vienes de la escuela.	Sen okuldan geliyorsun.
Tú no vienes de la escuela.	Sen okuldan gelmiyorsun.
¿Vienes tú de la escuela?	Sen okuldan mı geliyorsun?
Mi madre recibe un regalo.	Annem bir hediye alıyor.
Mi madre no recibe un regalo.	Annem bir hediye almıyor.
¿Recibe mi madre un regalo?	Annem bir hediye alıyor mu?

Ser ve **estar** fiillerinin şimdiki zamanını kalıp halinde bir defa daha tekrarlayalım.

ser fiili

Yo	**soy**	**dentista.**
Tú	**eres**	**estudiante.**
Él	**es**	**ingeniero.**
Ella	**es**	**enfermera.**
Nosotros	**somos**	**abogados.**
Vosotros	**sois**	**altos.**
Ellos	**son**	**médicos.**
Ellas	**son**	**bajas.**

estar fiili

Yo	**estoy**	**en casa.**
Tú	**estás**	**en la escuela.**
Él	**está**	**en el coche.**
Ella	**está**	**en la tienda.**
Nosotros	**estamos**	**en la calle.**
Vosotros	**estáis**	**en el jardín.**
Ellos	**están**	**en la habitación.**
Ellas	**están**	**en el autobús.**

TENER fiili – sahip olmak

Tener fiili de **ser** ve **estar** fiili gibi düzensiz ve yardımcı bir fiilidir. Başka bir deyişle bu fiilin şimdiki zaman çekimi de hiçbir fiile benzemez

Tener fiilini de **ser** ve **estar** fiili gibi çok iyi öğrenmek gerekir.

Şimdi; "sahip olmak" anlamına gelen bu fiilin şimdiki zamanını öğrenelim.

tener	sahip olmak
yo	ben
tengo	...im, ...ım var
un lápiz	bir kurşunkalem
(**Yo**) **tengo un lápiz.**	(Benim) bir kurşunkalemim var.
tú	sen
tienes	...in, ...ın var
tú tienes	senin ...in, ...ın var
(Tú) tienes un libro.	Senin bir kitabın var.

él	o (erkek)
tiene	...ı, ...i var
él tiene	onun ...ı, ...i var
Él tiene una casa.	Onun bir evi var.
ella	o (bayan)
tiene	...ı, ...i var
ella tiene	onun ...ı, ...i var
Ella tiene un perro.	Onun bir köpeği var.
usted	siz (tekil, kibar hitap)
tiene	...ı, ...i var
usted tiene	sizin ...ı, ...i var
Usted tiene un coche.	Sizin bir arabanız var.

Buraya kadar örneklerden de anlaşılacağı gibi şahıs zamirleri hiçbir değişikliğe uğramamaktadır. Sadece fiillerin çekimi değişmektedir.

nosotros	biz
tenemos	...imiz, ...ımız var
nosotros tenemos	bizim ...imiz, ...ımız var
(Nosotros) tenemos unos coches.	Bizim arabalarımız var.
vosotros	siz
tenéis	... iniz, ...ınız var
vosotros tenéis	sizin ...iniz, ...ınız var
(Vosotros) tenéis un gato.	Sizin bir kediniz var.
ellos	onlar (erkek)
tienen	...ı, ...i var
ellos tienen	onların ...ı, ...i var
Ellos tienen un jardín grande.	Onların büyük bir bahçesi var.
ellas	onlar (bayan)
tienen	...ı, ...i var
ellas tienen	onların ...ı, ...i var
Ellas tienen un padre viejo.	Onların yaşlı bir babası var.
ustedes	sizin (çoğul, kibar hitap)
tienen	...ı, ...i var
ustedes tienen	sizlerin ...ı, ...i var
Ustedes tienen unos libros.	Sizin kitaplarınız var.

Tamamını öğrendiğimiz **tener** fiilinin bu çekimini, bundan sonra öğreneceğimiz fiillerin çekimlerine benzetmeden ve onlarla karıştırmadan çok iyi öğrenmek gerekir.

Şimdiye kadar verilen örneklerde önemli bir noktayı açıklayalım:

Mastar halindeki **tener** fiilinin Türkçe anlamı "sahip olmak" olarak verildiği halde, örnek cümlelerde "Benim bir kurşunkalemim var. Senin bir kitabın var. Onun bir evi var." vb. mastar anlamıyla cümledeki anlamı farklıymış gibi anlaşılabilir. Bu, anlam farkı değil, yalnızca bir biçim farkıdır. Türkçede "Ben bir kurşunkaleme sahibim. Sen bir kitaba sahipsin. O bir eve sahiptir." Biçiminde konuşulmaz, yukarıda verildiği gibi söylenir ve yazılır.

Türkçeden İspanyolcaya çeviri yaparken, bu biçimsel farkı gözönünde bulundurmak gerekir.

Vosotros ve **usted** şahıs zamirlerinin "siz" anlamına geldiğini ve **usted** sözcüğünün kibar hitap olarak kullanıldığını biliyoruz.

Vosotros sois enfermeras.	Siz(ler) hemşiresiniz.
Usted es enfermera.	Siz hemşiresiniz.
Vosotros tenéis un libro.	Sizin bir kitabınız var.
Usted tiene un libro.	Sizin bir kitabınız var.

Yukarıdaki örneklerde de görüldüğü gibi Türkçede "sizinlerin" değil, "sizin" ya da "sizlerin" olarak kullanılır. İspanyolcadan Türkçeye ve Türkçeden İspanyolcaya çeviri yaparken bu noktaya dikkat etmelisiniz.

Bu iki cümlenin Türkçe karşılıkları aynıdır fakat İspanyolca cümlelerde hem şahıs zamirleri, hem de bu zamirlerden sonra gelen fiillin çekimlerinden dolayı bu fark kolaylıkla anlaşılabilir.

tener fiilinin şimdiki zamanı

Şahıs zamiri	fiil kökü	çekim ekleri	diğer sözcükler
Yo	**ten**	**-go**	**un libro.**
Tú	**t*ie*n**	**-es**	**unas casas.**
Él	**t*ie*n**	**-e**	**un perro.**
Ella	**t*ie*n**	**-e**	**un gato.**
Usted	**t*ie*n**	**-e**	**una regla larga.**
Nosotros	**ten**	**-emos**	**unos coches.**
Vosotros	**ten**	**-éis**	**un autobús.**
Ellos	**t*ie*n**	**-en**	**un jardín.**
Ellas	**t*ie*n**	**-en**	**una pelota.**
Ustedes	**t*ie*n**	**-en**	**unas sillas pequeñas.**

él, **ella** ve üçüncü çoğul **ellos** ve **ellas** şahıs zamirlerinin yerine isimler de gelebilir.

Él tiene un gato.	Onun (erkek) bir kedisi var.
Miguel tiene una casa.	Miguel'in bir evi var.
Él tiene un coche grande.	Onun büyük bir arabası var.
Juan tiene una pelota azul.	Juan'ın mavi bir topu var.
Ella tiene una madre joven.	Onun (bayan) genç bir annesi var.
Rosa tiene una casa pequeña.	Rosa'nın küçük bir evi var.
Mi madre tiene un sombrero amarillo.	Annemin sarı bir şapkası var.
Emre tiene un autobús nuevo.	Emre'nin yeni bir otobüsü var.

Tener fiilinin soru ve olumsuz biçimleri:

soru şekli:

¿Tengo (yo)?	Sahip miyim?
¿Tienes (tú)?	Sahip misin?
¿Tiene (él,ella)?	Sahip mi?
¿Tiene (usted)?	Sahip misiniz?
¿Tenemos (nosotros)?	Sahip miyiz?
¿Tenéis (vosotros)?	Sahip misiniz?
¿Tienen (ellos, ellas)?	Sahipler mi?
¿Tienen (ustedes)?	Sahip misiniz?

şimdiki zaman olumsuz çekimi:

(Yo) no tengo	Sahip değilim
(Tú) no tienes	Sahip değilsin
(Él, ella) no tienen	Sahip değil
(Usted) no tiene	Sahip değilsiniz
(Nosotros) no tenemos	Sahip değiliz
(Vosotros) no tenéis	Sahip değilsiniz
(Ellos, ellas) no tienen	Sahip değiller
(Ustedes) no tienen	Sahip değilsiniz

Dönüşlü fiiller

Bu tür fiiller aynı şahıstan iki zamirle çekilir. Bu zamirlerden bir tanesi özne, ikincisi ise tümleç görevini gören ve aynı şahsı işaret eden bir zamirdir. Bu tür fiillerin sonunda **se** şahıs zamiri bulunur. Örneğin: **tardarse** (gecikmek),**despertarse** (uyanmak) çift zamirle çekilen fiillerdir.

Özne olan kişi zamiri	tümleç olan kişi zamiri

YO	→	**ME**
TÚ	→	**TE**
ÉL	→	**SE**
ELLA	→	**SE**
USTED	→	**SE**
NOSOTROS	→	**NOS**
VOSOTROS	→	**OS**
ELLOS	→	**SE**
ELLAS	→	**SE**
USTEDES	→	**SE**

DESPERTARSE fiili – kalkmak, uyanmak

Despertarse (uyanmak) fiilinin şimdiki zaman çekimi:

Despertarse	Kalkmak, uyanmak
(**Yo**) **me despierto**	Kalkıyorum, kalkarım
(**Tú**) **te despiertas**	Kalkıyorsun, kalkarsın
(**Él, ella**) **se despierta**	Kalkıyor, kalkar
(**Usted**) **se despierta**	Kalkıyorsunuz, kalkarsınız
(**Nosotros**) **nos despertamos**	Kalkıyoruz, kalkarız
(**Vosotros**) **os despertáis**	Kalkıyorsunuz, kalkarsınız
(**Ellos, ellas**) **se despiertan**	Kalkıyorlar, kalkarlar
(**Ustedes**) **se despiertan**	Kalkıyorsunuz, kalkarsınız

Olumsuz halde, özneden sonra ya da fiilden önce **no** getirilir.

(Yo) no me despierto	Kalkmıyorum, kalkmam
(Tú) no te despiertas	Kalkmıyorsun, kalkmazsın
(Él,ella) no se despierta	Kalkmıyor, kalkmaz
(Usted) no se despierta	Kalkmıyorsunuz, kalkmazsınız
(Nosotros) no os despertamos	Kalkmıyoruz, kalkmayız
(Vosotros) no os despertáis	Kalkmıyorsunuz, kalkmazsınız
(Ellos, ellas) no se despiertan	Kalkmıyorlar, kalkmazlar
(Ustedes) no se despiertan	Kalkmıyorsunuz, kalkmazsınız

Soru şeklinde ise herhangi bir değişiklik yapılmaz. Sadece tonlama ile soru olduğu billi edilir.

¿(Yo) me despierto?	Kalkıyor muyum?, kalkar mıyım?
¿(Tú) te despiertas?	Kalkıyor musun?, kalkar mısın?
¿(Él,ella) se despierta?	Kalkıyor mu?, kalkar mı?
¿(Usted) se despierta?	Kalkıyor musunuz?, kalkar mısınız?
¿(Nosotros) nos despertamos?	Kalkıyor muyuz?, kalkar mıyız?
¿(Vosotros) os despertáis?	Kalkıyor musunuz?, kalkar mısınız?
¿(Ellos, ellas) se despiertan?	Kalkıyorlar mı?, kalkarlar mı?
¿(Ustedes) se despiertan?	Kalkıyor musunuz?, kalkar mısınız??

VESTIRSE fiili – giyinmek

vestirse (giyinmek) fiilinin şimdiki zaman çekimi:

vestirse	giyinmek
(Yo) me visto	Giyiniyorum, giyinirim

(Tú) te vistes	Giyiniyorsun, giyinirsin
(Él, ella) se viste	Giyiniyor, giyinir
(Usted) se viste	Giyiniyorsunuz, giyinirsiniz
(Nosotros) nos vestimos	Giyiniyoruz, giyiniriz
(Vosotros) os vestís	Giyiniyorsunuz, giyinirsiniz
(Ellos, ellas) se visten	Giyiniyorlar, giyinirler
(Ustedes) se visten	Giyiniyorsunuz, giyinirsiniz

Olumsuz şekli:

(Yo) no me visto	Giyinmiyorum, giyinmem
(Tú) no te vistes	Giyinmiyorsun, giyinmezsin
(Él,ella) no se viste	Giyinmiyor, giyinmez
(Usted) no se viste	Giyinmiyorsunuz, giyinmezsiniz
(Nosotros) no nos vestimos	Giyinmiyoruz, giyinmeyiz
(Vosotros) no os vestís	Giyinmiyorsunuz, giyinmezsiniz
(Ellos, ellas) no se visten	Giyinmiyorlar, giyinmezler
(Ustedes) no se visten	Giyinmiyorsunuz, giyinmezsiniz

Soru şekli:

¿(Yo) me visto?	Giyiniyor muyum?, giyinir miyim?
¿(Tú) te vistes?	Giyiniyor musun?, giyinir misin?
¿(Él,ella) se viste?	Giyiniyor mu?, giyinir mi?
¿(Usted) se viste?	Giyiniyor musunuz?, giyinir misiniz?
¿(Nosotros) nos vestimos?	Giyiniyor muyuz?, giyinir miyiz?
¿(Vosotros) os vestís?	Giyiniyor musunuz?, giyinir misiniz?

¿(Ellos, ellas) se visten?	Giyiniyorlar mı?, giyinirler mi?
¿(Ustedes) se visten?	Giyiniyor musunuz?, giyinir misiniz?

AFEITARSE fiili – tıraş olmak

afeitarse (tıraş olmak) fiilinin şimdiki zaman çekimi:

afeitarse	tıraş olmak
(**Yo**) **me afeito**	Tıraş oluyorum, tıraş olurum
(**Tú**) **te afeitas**	Tıraş oluyorsun, tıraş olursun
(**Él, ella**) **se afeita**	Tıraş oluyor, tıraş olur
(**Usted**) **se afeita**	Tıraş oluyorsunuz, tıraş olursunuz
(**Nosotros**) **nos afeitamos**	Tıraş oluyoruz, tıraş oluruz
(**Vosotros**) **os afeitáis**	Tıraş oluyorsunuz, tıraş olursunuz
(**Ellos, ellas**) **se afeitan**	Tıraş oluyorlar, tıraş olurlar
(**Ustedes**) **se afeitan**	Tıraş oluyorsunuz, tıraş olursunuz

Olumsuz şekli:

(**Yo**) **no me afeito**	Tıraş olmuyorum, tıraş olmam
(**Tú**) **no te afeitas**	Tıraş olmuyorsun, tıraş olmazsın
(**Él,ella**) **no se afeita**	Tıraş olmuyor, tıraş olmaz
(**Usted**) **no se afeita**	Tıraş olmuyorsunuz, tıraş olmazsınız
(**Nosotros**) **no nos afeitamos**	Tıraş olmuyoruz, tıraş olmayız
(**Vosotros**) **no os afeitáis**	Tıraş olmuyorsunuz, tıraş olmazsınız
(**Ellos, ellas**) **no se afeitan**	Tıraş olmuyorlar, tıraş olmazlar
(**Ustedes**) **no se afeitan**	Tıraş olmuyorsunuz, tıraş olmazsınız

Soru şekli:

¿(Yo) me afeito?	Tıraş oluyor muyum?, tıraş olur muyum?
¿(Tú) te afeitas?	Tıraş oluyor musun?, tıraş olur musun?
¿(Él,ella) se afeita?	Tıraş oluyor mu?, tıraş olur mu?
¿(Usted) se afeita?	Tıraş oluyor musunuz?, tıraş olur musunuz?
¿(Nosotros) nos afeitamos?	Tıraş oluyor muyuz?, tıraş olur muyuz?
¿(Vosotros) os afeitáis?	Tıraş oluyor musunuz?, tıraş olur musunuz?
¿(Ellos, ellas) se afeitan?	Tıraş oluyorlar mı?, tıraş olurlar mı?
¿(Ustedes) se afeitan?	Tıraş oluyor musunuz?, tıraş olur musunuz?

ACOSTARSE fiili – yatmak

acostarse (yatmak) fiilinin şimdiki zaman çekimi:

acostarse	yatmak
(Yo) me acuesto	Yatıyorum, yatarım
(Tú) te acuestas	Yatıyorsun, yatarsın
(Él, ella) se acuesta	Yatıyor, yatar
(Usted) se acuesta	Yatıyorsunuz, yatarsınız
(Nosotros) nos acostamos	Yatıyoruz, yatarız
(Vosotros) os acostáis	Yatıyorsunuz, yatarsınız
(Ellos, ellas) se acuestan	Yatıyorlar, yatarlar
(Ustedes) se acuestan	Yatıyorsunuz, yatarsınız

Olumsuz şekli:

(Yo) no me acuesto	Yatmıyorum, yatmam
(Tú) no te acuestas	Yatmıyorsun, yatmazsın
(Él,ella) no se acuesta	Yatmıyor, yatmaz
(Usted) no se acuesta	Yatmıyorsunuz, yatmazsınız
(Nosotros) no nos acostamos	Yatmıyoruz, yatmayız
(Vosotros) no os acostáis	Yatmıyorsunuz, yatmazsınız
(Ellos, ellas) no se acuestan	Yatmıyorlar, yatmazlar
(Ustedes) no se acuestan	Yatmıyorsunuz, yatmazsınız

Soru şekli:

¿(Yo) me acuesto?	Yatıyor muyum?, yatar mıyım?
¿(Tú) te acuestas?	Yatıyor musun?, yatar mısın?
¿(Él,ella) se acuesta?	Yatıyor mu?, yatar mı?
¿(Usted) se acuesta?	Yatıyor musunuz?, yatar mısınız?
¿(Nosotros) nos acostamos?	Yatıyor muyuz?, yatar mıyız?
¿(Vosotros) os acostáis?	Yatıyor musunuz?, yatar mısınız?
¿(Ellos, ellas) se acuestan?	Yatıyorlar mı?, yatarlar mı?
¿(Ustedes) se acuestan?	Yatıyor musunuz?, yatar mısınız?

BAÑARSE fiili – yıkanmak, banyo yapmak

bañarse (yıkanmak) fiilinin şimdiki zaman çekimi:

bañarse	yıkanmak
(Yo) me baño	Yıkanıyorum, yıkanırım
(Tú) te bañas	Yıkanıyorsun, yıkanırsın

(Él, ella) se baña	Yıkanıyor, yıkanır
(Usted) se baña	Yıkanıyorsunuz, yıkanırsınız
(Nosotros) nos bañamos	Yıkanıyoruz, yıkanırız
(Vosotros) os bañáis	Yıkanıyorsunuz, yıkanırsınız
(Ellos, ellas) se bañan	Yıkanıyorlar, yıkanırlar
(Ustedes) se bañan	Yıkanıyorsunuz, yıkanırsınız

Olumsuz şekli:

(Yo) no me baño	Yıkanmıyorum, yıkanmam
(Tú) no te bañas	Yıkanmıyorsun, yıkanmazsın
(Él,ella) no se baña	Yıkanmıyor, yıkanmaz
(Usted) no se baña	Yıkanmıyorsunuz, yıkanmazsınız
(Nosotros) no nos bañamos	Yıkanmıyoruz, yıkanmayız
(Vosotros) no os bañáis	Yıkanmıyorsunuz, yıkanmazsınız
(Ellos, ellas) no se bañan	Yıkanmıyorlar, yıkanmazlar
(Ustedes) no se bañan	Yıkanmıyorsunuz, yıkanmazsınız

Soru şekli:

¿(Yo) me baño?	Yıkanıyor muyum?, yıkanır mıyım?
¿(Tú) te bañas?	Yıkanıyor musun?, yıkanır mısın?
¿(Él,ella) se baña?	Yıkanıyor mu?, yıkanır mı?
¿(Usted) se baña?	Yıkanıyor musunuz?, yıkanır mısınız?
¿(Nosotros) nos bañamos?	Yıkanıyor muyuz?, yıkanır mıyız?
¿(Vosotros) os bañáis?	Yıkanıyor musunuz?, yıkanır mısınız?
¿(Ellos, ellas) se bañan?	Yıkanıyorlar mı?, yıkanırlar mı?

¿(Ustedes) se bañan? Yıkanıyor musunuz?, yıkanır mısınız?

DUCHARSE fiili – duş yapmak

ducharse (duş yapmak) fiilinin şimdiki zaman çekimi:

ducharse	duş yapmak
(Yo) me ducho	Duş yapıyorum, duş yaparım
(Tú) te duchas	Duş yapıyorsun, duş yaparsın
(Él, ella) se ducha	Duş yapıyor, duş yapar
(Usted) se ducha	Duş yapıyorsunuz, duş yaparsınız
(Nosotros) nos duchamos	Duş yapıyoruz, duş yaparız
(Vosotros) os ducháis	Duş yapıyorsunuz, duş yaparsınız
(Ellos, ellas) se duchan	Duş yapıyorlar, duş yaparlar
(Ustedes) se duchan	Duş yapıyorsunuz, duş yaparsınız

Olumsuz şekli:

(Yo) no me ducho	Duş yapmıyorum, duş yapmam
(Tú) no te duchas	Duş yapmıyorsun, duş yapmazsın
(Él,ella) no se ducha	Duş yapmıyor, duş yapmaz
(Usted) no se ducha	Duş yapmıyorsunuz, duş yapmazsınız
(Nosotros) no nos duchamos	Duş yapmıyoruz, duş yapmayız
(Vosotros) no os ducháis	Duş yapmıyorsunuz, duş yapmazsınız
(Ellos, ellas) no se duchan	Duş yapmıyorlar, duş yapmazlar
(Ustedes) no se duchan	Duş yapmıyorsunuz, duş yapmazsınız

Soru şekli:

¿(Yo) me ducho?	Duş yapıyor muyum?, duş yapar mıyım?
¿(Tú) te duchas?	Duş yapıyor musun?, duş yapar mısın?
¿(Él,ella) se ducha?	Duş yapıyor mu?, duş yapar mı?
¿(Usted) se ducha?	Duş yapıyor musunuz?, duş yapar mısınız?
¿(Nosotros) nos duchamos?	Duş yapıyor muyuz?, duş yapar mıyız?
¿(Vosotros) os ducháis?	Duş yapıyor musunuz?, duş yapar mısınız?
¿(Ellos, ellas) se duchan?	Duş yapıyorlar mı?, duş yaparlar mı?
¿(Ustedes) se duchan?	Duş yapıyor musunuz?, duş yapar mısınız?

MAQUILLARSE fiili – makyaj yapmak

maquillarse (makyaj yapmak) fiilinin şimdiki zaman çekimi:

maquillarse	makyaj yapmak
(Yo) me maquillo	Makyaj yapıyorum, makyaj yaparım
(Tú) te maquillas	Makyaj yapıyorsun, makyaj yaparsın
(Él, ella) se maquilla	Makyaj yapıyor, makyaj yapar
(Usted) se maquilla	Makyaj yapıyorsunuz, makyaj yaparsınız
(Nosotros) nos maquillamos	Makyaj yapıyoruz, makyaj yaparız
(Vosotros) os maquilláis	Makyaj yapıyorsunuz, makyaj yaparsınız
(Ellos, ellas) se maquillan	Makyaj yapıyorlar, makyaj yaparlar
(Ustedes) se maquillan	Makyaj yapıyorsunuz, makyaj yaparsınız

Olumsuz şekli:

(Yo) no me maquillo	Makyaj yapmıyorum, makyaj yapmam
(Tú) no te maquillas	Makyaj yapmıyorsun, makyaj yapmazsın
(Él,ella) no se maquilla	Makyaj yapmıyor, makyaj yapmaz
(Usted) no se maquilla	Makyaj yapmıyorsunuz, makyaj yapmazsınız
(Nosotros) no nos maquillamos	Makyaj yapmıyoruz, makyaj yapmayız
(Vosotros) no os maquilláis	Makyaj yapmıyorsunuz, makyaj yapmazsınız
(Ellos, ellas) no se maquillan	Makyaj yapmıyorlar, makyaj yapmazlar
(Ustedes) no se maquillan	Makyaj yapmıyorsunuz, makyaj yapmazsınız

Soru şekli:

¿(Yo) me maquillo?	Makyaj yapıyor muyum?, makyaj yapar mıyım?
¿(Tú) te maquillas?	Makyaj yapıyor musun?, Makyaj yapar mısın?
¿(Él,ella) se maquilla?	Makyaj yapıyor mu?, makyaj yapar mı?
¿(Usted) se maquilla?	Makyaj yapıyor musunuz?, makyaj yapar mısınız?
¿(Nosotros) nos maquillamos?	Makyaj yapıyor muyuz?, makyaj yapar mıyız?
¿(Vosotros) os maquilláis?	Makyaj yapıyor musunuz?, makyaj yapar mısınız?
¿(Ellos, ellas) se maquillan?	Makyaj yapıyorlar mı?, makyaj yaparlar mı?
¿(Ustedes) se maquillan?	Makyaj yapıyor musunuz?, makyaj yapar mısınız?

PEINARSE fiili – (saç) taramak, taranmak

peinarse (taranmak) fiilinin şimdiki zaman çekimi:

peinarse	taranmak
(Yo) me peino	Taranıyorum, taranırım
(Tú) te peinas	Taranıyorsun, taranırsın
(Él, ella) se peina	Taranıyor, taranır
(Usted) se peina	Taranıyorsunuz, taranırsınız
(Nosotros) nos peinamos	Taranıyoruz, taranırız
(Vosotros) os peináis	Taranıyorsunuz, taranırsınız
(Ellos, ellas) se peinan	Taranıyorlar, taranırlar
(Ustedes) se peinan	Taranıyorsunuz, taranırsınız

Olumsuz şekli:

(Yo) no me peino	Taranmıyorum, taranmam
(Tú) no te peinas	Taranmıyorsun, taranmazsın
(Él,ella) no se peina	Taranmıyor, taranmaz
(Usted) no se peina	Taranmıyorsunuz, taranmazsınız
(Nosotros) no nos peinamos	Taranmıyoruz, taranmayız
(Vosotros) no os peináis	Taranmıyorsunuz, taranmazsınız
(Ellos, ellas) no se peinan	Taranmıyorlar, taranmazlar
(Ustedes) no se peinan	Taranmıyorsunuz, taranmazsınız

Soru şekli:

¿(Yo) me peino?	Taranıyor muyum?, taranıs mıyım?
¿(Tú) te peinas?	Taranıyor musun?, taranır mısın?

¿(Él,ella) se peina?	Taranıyor mu?, taranır mı?
¿(Usted) se peina?	Taranıyor musunuz?, taranır mısınız?
¿(Nosotros) nos peinamos?	Taranıyor muyuz?, taranır mıyız?
¿(Vosotros) os peináis?	Taranıyor musunuz?, taranır mısınız?
¿(Ellos, ellas) se peinan?	Taranıyorlar mı?, taranırlar mı?
¿(Ustedes) se peinan?	Taranıyor musunuz?, taranır mısınız?

GENİŞ ZAMAN

Geniş zaman, bir fiilin belirttiği eylemin her zaman ve sürekli olduğunu anlatmak için kullanılır. Örneğin, "Okula gider. Kitap okur. Bahçede yürür." Cümlelerindeki eylemlerin her zaman ve sürekli tekrar edildiği anlamına gelir.

İspanyolcadaki fiillerde öğrendiğimiz şimdiki zaman gibi başlı başına bir geniş zaman yoktur. Şimdiki zaman, anlatılan olayın gidişine göre geniş zaman anlamında da kullanılır.

Miramos los dibujos.	Çizgilere bakıyoruz. (Çizgilere bakarız.)
Ella va a la escuela.	O (bayan) okula gidiyor. (O okula gider.)
Escuchamos la radio.	Radyo dinliyoruz. (Radyo dinleriz.)
Los estudiantes vienen de la escuela.	Öğrenciler okuldan geliyorlar. (Öğrenciler okuldan gelirler.)

Türkçeden İspanyolcaya çeviri yaparken, geniş zaman olarak verilen bir fiilin, İspanyolcada şimdiki zamanla karşılanacağı unutulmamalıdır.

GEÇMİŞ ZAMAN

Geçmiş zaman geçmişte olmuş iş ve hareketleri anlatmak için kullanılır. "Konuştum. Bekledi. Çalıştılar." sözlerindeki fiiller Geçmiş zaman halindedirler. Zira bunların gösterdiği hareket ve işler geçmişte yapılmıştır.

İspanyolcada geçmiş zamanın dört şekli vardır:

1. **Pretérito perfecto.** Yakın geçmiş zaman.
2. **Pretérito indefinido.** –di'li geçmiş zaman.
3. **Pretérito imperfecto.** Şimdiki zamanın hikayesi.
4. **Pretérito pluscuamperfecto.** –miş'li geçmiş zamanın hikayesi

Pretérito perfecto ve **pretérito indefinido** (yakın geçmiş ve -di'li geçmiş zamanlar), geçmişte gerçekleşip tamamlanmış bir eylemi ifade etmekte kullanılır. Türkçede her ikisi de –di'li geçmişle anlatılan bu zamanlar farklı yerlerde ve farklıanlamlarda kullanılır.

Bu iki –di'li geçmişin arasındaki fark, birinin ötekinden daha eski zamanda olup bitmiş olmasından çok, eylemin şimdiki zamanla olan ilişkisidir.

Pretérito Indefinido, konuşan kimse açısından sona ermiş olan bir zaman dilimine aittir (Dün kardeşini gördüm). Birleşik bir zamanda olan **Pretérito Perfecto** ise, konuşan kimse açısından hâlâ şimdiki zamanı oluştran bir zaman diliminde tamamlanmış bir eylemi anlatır (Bu yıl çok yağmur yağdı).

Yol gösterme açısından genel bir kural olarak, yakın bir geçmişte bitmiş olan bir eylemi anlatmak için **Pretérito Perfecto**, biraz daha uzak bir geçmişte kalmış bir eylemi anlatmak için de **Pretérito Indefinido** kullanılır.

PRETÉRITO PERFECTO – yakın (bileşik) geçmiş zaman

İspanyolca'da yakın geçmiş zaman, **haber** yardımcı fiilinin şimdiki zamanı ile, çekilecek fiilin ortaç kipinin geçmiş zamanı denilen şeklini yan yana getirmek suretiyle yapılır. Ortaç kipinin geçmiş zamanı fiil gruplarına göre değişik yapı gösterir.

Bildiğimiz gibi İspanyolcada filler mastar eklerine göre üç gruba ayrılırlar. Bunlardan sonu **–ar** ile bitenlere birinci grup fiiller, **–er** ile bitenlere ikinci grup fiiller ve **–ir** ile bitenlere ise üçüncü grup fiiller denir. Bu fiillerin geçmiş zaman ortacı şeklini bulmak için mastar ekleri kalkar ve birinci grup fiillerin sonuna **–ado**, ikinci ve üçüncü grup fiillerin sonuna ise **–ido** eklenir.

participio pasado (geçmiş zaman ortacı)

–ar	**–ADO**
–er	**–IDO**
–ir	**–IDO**

Pretérito Perfecto

haber fiilinin şimdiki zaman çekimi	fiilin basit geçmiş zamanı	isim
(yo) **HE** (tú) **HAS** (**él, ella, usted**) **HA** (**nosotros**) **HEMOS** (**vosotros**) **HABÉIS** (**ellos, ellas, ustedes**) **HAN**	fiil + **–ADO** / **–IDO**	

hablar konuşmak

olumlu:

He hablado. Konuştum.
Has hablado. Konuştun.
Ha hablado. Konuştu.
Hemos hablado. Konuştuk.
Habéis hablado. Konuştunuz.
Han hablado. Konuştular.

olumsuz:

No he hablado. Konuşmadım.
No has hablado. Konuşmadın.
No ha hablado. Konuşmadı.
No hemos hablado. Konuşmadık.
No habéis hablado. Konuşmadınız.
No han hablado. Konuşmadılar.

soru:

¿He hablado? Konuştum mu?
¿Has hablado? Konuştun mu?
¿Ha hablado? Konuştu mu?
¿Hemos hablado? Konuştuk mu?
¿Habéis hablado? Konuştunuz mu?
¿Han hablado? Konuştular mı?

beber	içmek

olumlu:

He bebido.	İçtim.
Has bebido.	İçtin.
Ha bebido.	İçti.
Hemos bebido.	İçtik.
Habéis bebido.	İçtiniz.
Han bebido.	İçtiler.

olumsuz:

No he bebido.	İçmedim.
No has bebido.	İçmedin.
No ha bebido.	İçmedi.
No hemos bebido.	İçmedik.
No habéis bebido.	İçmediniz.
No han bebido.	İçmediler.

soru:

¿He bebido?	İçtim mi?
¿Has bebido?	İçtin mi?
¿Ha bebido?	İçti mi?
¿Hemos bebido?	İçtik mi?
¿Habéis bebido?	İçtiniz mi?
¿Han bebido?	İçtiler mi?

vivir	yaşamak

olumlu:

He vivido.	Yaşadım.
Has vivido.	Yaşadın.
Ha vivido.	Yaşadı.
Hemos vivido.	Yaşadık.
Habéis vivido.	Yaşadınız.
Han vivido.	Yaşadılar.

olumsuz:

No he vivido.	Yaşamadım.
No has vivido.	Yaşamadın.
No ha vivido.	Yaşamadı.
No hemos vivido.	Yaşamadık.
No habéis vivido.	Yaşamadınız.
No han vivido.	Yaşamadılar.

soru:

¿He vivido?	Yaşadım mı?
¿Has vivido?	Yaşadın mı?
¿Ha vivido?	Yaşadı mı?
¿Hemos vivido?	Yaşadık mı?
¿Habéis vivido?	Yaşadınız mı?
¿Han vivido?	Yaşadılar mı?

limpiar temizlemek

olumlu:

He limpiado.	Temizledim.
Has limpiado.	Temizledin.
Ha limpiado.	Temizledi.
Hemos limpiado.	Temizkedik.
Habéis limpiado.	Temizlediniz.
Han limpiado.	Temizlediler.

olumsuz:

No he limpiado.	Temizlemedim.
No has limpiado.	Temizlemedin.
No ha limpiado.	Temizlemedi.
No hemos limpiado.	Temizlemedik.
No habéis limpiado.	Temizlemediniz.
No han limpiado.	Temizlemediler.

soru:

¿He limpiado?	Temizledim mi?
¿Has limpiado?	Temizledin mi?
¿Ha limpiado?	Temizledi mi?
¿Hemos limpiado?	Temizkedik mi?
¿Habéis limpiado?	Temizlediniz mi?
¿Han limpiado.	Temizlediler mi?

comer yemek yemek

olumlu:

He comido.	Yemek yedim.
Has comido.	Yemek yedin.
Ha comido.	Yemek yedi.
Hemos comido.	Yemek yedik.

Habéis comido.	Yemek yediniz.
Han comido.	Yemek yediler.

olumsuz:

No he comido.	Yemek yemedim.
No has comido.	Yemek yemedin.
No ha comido.	Yemek yemedi.
No hemos comido.	Yemek yemedik.
No habéis comido.	Yemek yemediniz.
No han comido.	Yemek yemediler.

soru:

¿He comido?	Yemek yedim mi?
¿Has comido?	Yemek yedin mi?
¿Ha comido?	Yemek yedi mi?
¿Hemos comido?	Yemek yedik mi?
¿Habéis comido?	Yemek yediniz mi?
¿Han comido?	Yemek yediler mi?

andar yürümek

olumlu:

He andado.	Yürüdüm.
Has andado.	Yürüdün.
Ha andado.	Yürüdü.
Hemos andado.	Yürüdük.
Habéis andado.	Yürüdünüz.
Han andado.	Yürüdüler.

olumsuz:

No he andado.	Yürümedim.
No has andado.	Yürümedin.
No ha andado.	Yürümedi.
No hemos andado.	Yürümedik.
No habéis andado.	Yürümediniz.
No han andado.	Yürümediler.

soru:

¿He andado?	Yürüdüm mü?
¿Has andado?	Yürüdün mü?
¿Ha andado?	Yürüdü mü?
¿Hemos andado?	Yürüdük mü?

¿Habéis andado?	Yürüdünüz mü?
¿Han andado?	Yürüdüler mi?

correr	koşmak

olumlu:

He corrido.	Koştum.
Has corrido.	Koştun.
Ha corrido.	Koştu.
Hemos corrido.	Koştuk.
Habéis corrido.	Koştunuz.
Han corrido.	Koştular.

olumsuz:

No he corrido.	Koşmadım.
No has corrido.	Koşmadın.
No ha corrido.	Koşmadı.
No hemos corrido.	Koşmadık.
No habéis corrido.	Koşmadınız.
No han corrido.	Koşmadılar.

soru:

¿He corrido?	Koştum mu?
¿Has corrido?	Koştun mu?
¿Ha corrido?	Koştu mu?
¿Hemos corrido?	Koştuk mu?
¿Habéis corrido?	Koştunuz mu?
¿Han corrido?	Koştular mı?

conocer	tanımak, bilmek

olumlu:

He conocido.	Tanıdım.
Has conocido.	Tanıdın.
Ha conocido.	Tanıdı.
Hemos conocido.	Tanıdık.
Habéis conocido.	Tanıdınız.
Han conocido.	Tanıdılar.

olumsuz:

No he conocido.	Tanımadım.

No has conocido.	Tanımadın.
No ha conocido.	Tanımadı.
No hemos conocido.	Tanımadık.
No habéis conocido.	Tanımadınız.
No han conocido.	Tanımadılar.

soru:

¿He conocido?	Tanıdım mı?
¿Has conocido?	Tanıdın mı?
¿Ha conocido?	Tanıdı mı?
¿Hemos conocido?	Tanıdık mı?
¿Habéis conocido?	Tanıdınız mı?
¿Han conocido.?	Tanıdılar mı?

cerrar	kapatmak

olumlu:

He cerrado.	Kapattım.
Has cerrado.	Kapattın.
Ha cerrado.	Kapattı.
Hemos cerrado.	Kapattık.
Habéis cerrado.	Kapattınız.
Han cerrado.	Kapattılar.

olumsuz:

No he cerrado.	Kapatmadım.
No has cerrado.	Kapatmadın.
No ha cerrado.	Kapatmadı.
No hemos cerrado.	Kapatmadık.
No habéis cerrado.	Kapatmadınız.
No han cerrado.	Kapatmadılar.

soru:

¿He cerrado?	Kapattım mı?
¿Has cerrado?	Kapattın mı?
¿Ha cerrado?	Kapattı mı?
¿Hemos cerrado?	Kapattık mı?
¿Habéis cerrado?	Kapattınız mı?
¿Han cerrado?	Kapattılar mı?

Cümleler:

¿He cerrado la puerta?	Kapıyı kapattım mı?

¿Has cerrado la ventana?	Pencereyi kapattın mı?
¿Ha cerrado la puerta del coche?	Arabanın kapısını kapattı mı?
¿Hemos cerrado la puerta del jardín?	Bahçenin kapısını kapattık mı?
¿Habéis cerrado la ventana de la aula?	Sınıfın penceresini kapattınız mı?
¿Han cerrado la puerta de casa?	Evin kapısını kapattılar mı?

Participios Pasados Irregulares – Düzensiz geçmiş zaman ortaçları

estar (olmak)	**estado**
ser (olmak)	**sido**
hacer (yapmak)	**hecho**
escribir (yazmak)	**escrito**
decir (söylemek)	**dicho**
ver (görmek)	**visto**
abrir (açmak)	**abierto**
volver (dönmek)	**vuelto**
poner (koymak)	**puesto**

ver görmek

olumlu:

He visto.	Gördüm.
Has visto.	Gördün.
Ha visto.	Gördü.
Hemos visto.	Gördük.
Habéis visto.	Gördünüz.
Han visto.	Gördüler.

olumsuz:

No he visto.	Görmedim.
No has visto.	Görmedin.
No ha visto.	Görmedi.
No hemos visto.	Görmedik.
No habéis visto.	Görmediniz.
No han visto.	Görmediler.

soru:

¿He visto?	Gördüm mü?
¿Has visto?	Gördün mü?

¿Ha visto?	Gördü mü?
¿Hemos visto?	Gördük mü?
¿Habéis visto?	Gördünüz mü?
¿Han visto?	Gördüler mü?

escribir	yazmak

olumlu:

He escrito.	Yazdım.
Has escrito.	Yazdın.
Ha escrito.	Yazdı.
Hemos escrito.	Yazdık.
Habéis escrito.	Yazdınız.
Han escrito.	Yazdılar.

olumsuz:

No he escrito.	Yazmadım.
No has escrito.	Yazmadın.
No ha escrito.	Yazmadı.
No hemos escrito.	Yazmadık.
No habéis escrito.	Yazmadınız.
No han escrito.	Yazmadılar.

soru:

¿He escrito?	Yazdım mı?
¿Has escrito?	Yazdın mı?
¿Ha escrito?	Yazdı mı?
¿Hemos escrito?	Yazdık mı?
¿Habéis escrito?	Yazdınız mı?
¿Han escrito?	Yazdılar mı?

hacer	yapmak

olumlu:

He hecho.	Yaptım.
Has hecho.	Yaptın.
Ha hecho.	Yaptı.
Hemos hecho.	Yaptık.
Habéis hecho.	Yaptınız.
Han hecho.	Yaptılar.

olumsuz:

No he hecho.	Yapmadım.
No has hecho.	Yapmadın.
No ha hecho.	Yapmadı.
No hemos hecho.	Yapmadık.
No habéis hecho.	Yapmadınız.
No han hecho.	Yapmadılar.

soru:

¿He hecho?	Yaptım mı?
¿Has hecho?	Yaptın mı?
¿Ha hecho?	Yaptı mı?
¿Hemos hecho?	Yaptık mı?
¿Habéis hecho?	Yaptınız mı?
¿Han hecho?	Yaptılar mı?

decir söylemek

olumlu:

He dicho.	Söyledim.
Has dicho.	Söyledin.
Ha dicho.	Söyledi.
Hemos dicho.	Söyledik.
Habéis dicho.	Söylediniz.
Han dicho.	Söylediler.

olumsuz:

No he dicho.	Söylemedim.
No has dicho.	Söylemedin.
No ha dicho.	Söylemedi.
No hemos dicho.	Söylemedik.
No habéis dicho.	Söylemediniz.
No han dicho.	Söylemediler.

soru:

¿He dicho?	Söyledim mi?
¿Has dicho?	Söyledin mi?
¿Ha dicho?	Söyledi mi?
¿Hemos dicho?	Söyledik mi?
¿Habéis dicho?	Söylediniz mi?
¿Han dicho?	Söylediler mi?

abrir	açmak

olumlu:

He abierto.	Açtım.
Has abierto.	Açtın.
Ha abierto.	Açtı.
Hemos abierto.	Açtık.
Habéis abierto.	Açtınız.
Han abierto.	Açtılar.

olumsuz:

No he abierto.	Açmadım.
No has abierto.	Açmadın.
No ha abierto.	Açmadı.
No hemos abierto.	Açmadık.
No habéis abierto.	Açmadınız.
No han abierto.	Açmadılar.

soru:

¿He abierto?	Açtım mı?
¿Has abierto?	Açtın mı?
¿Ha abierto?	Açtı mı?
¿Hemos abierto?	Açtık mı?
¿Habéis abierto?	Açtınız mı?
¿Han abierto?	Açtılar mı?

Pretérito perfecto ile kullanılan zaman ifadeleri

Hoy		
Esta	**mañana** **tarde** **noche** **semana**	
Este	**mes** **año**	**has estado en España.**
¿Alguna vez? **Nunca** **Ya / Todavía no**		

Cümleler:

Han estado en París.	Paris'te bulundular.
He abierto la ventana.	Pencereyi açtım.
Hemos leido el periódico.	Gazeteyi okuduk.
Esta semana hemos ido al parque.	Bu hafta parka gittik.
Esta noche yo he preparado la cena.	Bu gece akşam yemeğini ben hazırladım.
Este mes ha estado en Italia.	Bu ay İtalya'da bulundu.
Nunca hemos estado en España.	Biz hiç İspanya'da bulunmadık.
He comprado una camisa.	Bir gömlek satın aldım.
Hemos ido al teatro.	Tiyatroya gittik.
Hemos comprado una casa.	Bir ev satın aldık.
He leido el libro.	Kitabı okudum.
Julia ha escrito una carta larga a su hermana.	Julia kız kardeşine uzun bir mektup yazdı.
No ha llegado el autobús.	Otobüs gelmedi.
Nunca hemos estado en Japón.	Hiç Japonya'da bulunmadık.
Este invierno ha nevado mucho.	Bu kış çok kar yağdı.
Mi padre todavía no ha venido de la tienda.	Babam henüz dükkândan gelmedi.
Hoy he limpiado mi habitación.	Bugün odamı temizledim.
Ya he puesto la mesa.	Sofrayı şimdiden kurdum.
No hemos escuchado la radio.	Radyo dinlemedik.
¿Ha montado a caballo alguna vez?	Hiç ata bindiniz mi?
Este mes hemos ido a Esmirna.	Bu ay İzmir'e gittik.
Nunca he comido jamón.	Hiç jambon yemedim.
Nunca he estado en America.	Amerika'da hiç bulunmadım.
Todavía no he leído la carta.	Mektubu henüz okumadım.
¿Has abierto la puerta?	Kapıyı açtın mı?
¿Ha estado en Turquía alguna vez?	Hiç Tütkiye'de bulundunuz mu?
¿Has hecho tus deberes?	Ödevlerini yaptın mı?
¿Ha leído esta novela?	Bu romanı okudunuz mu?
¿Habéis escrito la carta?	Mektubu yazdınız mı?
Ya la hemos escrito.	Şimdiden yazdık.
¿Ha limpiado la cocina?	Mutfağı temizlediniz mi?
¿Has recibido el regalo?	Hediyeyi aldın mı?
¿Habéis terminado vuestros deberes?	Ödevlerinizi bitirdiniz mi?
No, todavía no los hemos terminado.	Hayır, henüz bitirmedik.
¿Has comprado el periódico?	Gazeteyi aldın mı?
No, todavía no lo he comprado.	Hayır, onu henüz almadım.
¿Ha recibido Carlos tu carta?	Carlos mektubunu aldı mı?

No, todavía no ha recibido mi carta.	Hayır, henüz mektubumu almadı.
¿Ha venido el cartero?	Postacı geldi mi?
No, todavía no ha venido.	Hayır, henüz gelmedi.

Olumlu

He comido el pan.	Ekmeği yedim.
Has hecho tus deberes.	Ödevlerini yaptın.
Ha terminado la cena.	Akşam yemeğini bitirdi.
Ha comprado una corbata nueva.	Yeni bir kravat satın aldı.
Hemos visitado el museo.	Müzeye gittik.
Habéis cerrado las puertas.	Kapıları kapattınız.
Han salido de la escuela.	Okuldan çıktılar.
Hemos escrito una carta.	Bir mektup yazdık.
Han llamado a la puerta.	Kapıyı çaldılar.
He limpiado el jardín.	Bahçeyi temizledim.

Olumsuz

No he terminado mis deberes.	Ödevlerimi bitirmedim.
No has ido al cine.	Sinemaya gitmedin.
No ha dicho la verdad.	Doğruyu söylemedi.
No hemos hablado con José.	José'yle konuşmadık.
No habéis ido a la carnicería.	Kasap dükkânına gitmediniz.
No han abierto la ventana.	Pencereyi açmadılar.
No hemos bebido leche.	Süt içmedik.
El cartero todavía no ha venido.	Postacı henüz gelmedi.
No has jugado al baloncesto.	Basketbol oynamadın.
No han comido la carne.	Eti yemediler.
No he escrito la carta.	Mektup yazmadım.

Soru

¿No has mirado por la ventana?	Pencereden bakmadın mı?
¿No ha escrito una carta?	Bir mektup yazmadı mı?
¿No habéis bebido vino?	Şarap içmediniz mi?
¿No hemos limpiado la casa?	Evi temizlemedik mi?
¿No han ido al teatro?	Tiyatroya gitmediler mi?
¿No ha entrado a la sala?	Salona girmediniz mi?
¿No han venido del cine?	Sinemadan gelmediler mi?
¿No has hablado con tu amigo?	Arkadaşınla konuşmadın mı?
¿No habéis ayudado a vuestra madre?	Annenize yardım etmediniz mi?

PRETÉRITO INDEFINIDO – -di'li geçmiş zaman

Başka bir geçmiş zaman şekli olan –di'li geçmiş zaman (**pretéterito indefinido**), geçmişte gerçekleşip tamamlanmış bir eylemi ifade etmekte kullanılır. **Pretérito Indefinido**, konuşan kimse açısından sona ermiş olan bir zaman dilimine aittir. **Pretérito indefinido**, **Pretérito Perfecto**'dan biraz daha uzak bir geçmişte kalmış bir eylemi anlatmak için kullanılır.

-**ar** ile sonlanan fiillerde kök kısmına aşağıdalki ekleri koymak suretiyle bu zaman şekli yapılır:

-É
-ASTE
-Ó
-AMOS
-ASTEIS
-ARON

mirar	bakmak

olumlu:

(**Yo**) **miré.**	Baktım.
(**Tú**) **miraste.**	Baktın.
(**Él, ella**) **miró.**	Baktı.
(**Usted**) **miró.**	Baktınız. (Siz, tekil)
(**Nosotros**) **miramos.**	Baktık.
(**Vosotros**) **mirasteis.**	Baktınız.
(**Ellos, ellas**) **miraron.**	Baktılar.
(**Ustedes**) **miraron.**	Baktınız. (Sizler, kibar hitap)

olumsuz:

(**Yo**) **no miré.**	Bakmadım.
(**Tú**) **no miraste.**	Bakmadın.
(**Él, ella**) **no miró.**	Bakmadı.
(**Usted**) **no miró.**	Bakmadınız. (Siz, tekil)
(**Nosotros**) **no miramos.**	Bakmadık.
(**Vosotros**) **no mirasteis.**	Bakmadınız.
(**Ellos, ellas**) **no miraron.**	Bakmadılar.
(**Ustedes**) **no miraron.**	Bakmadınız. (Sizler, kibar hitap)

soru:

¿(Yo) miré?	Baktım mı?
¿(Tú) miraste?	Baktın mı?
¿(Él, ella) miró?	Baktı mı?

¿(Usted) miró?	Baktınız mı? (Siz, tekil)
¿(Nosotros) miramos?	Baktık mı?
¿(Vosotros) mirasteis?	Baktınız mı?
¿(Ellos, ellas) miraron?	Baktılar mı?
¿(Ustedes) miraron?	Baktınız mı? (Sizler, kibar hitap)

-er ile sonlanan düzenli fiiller ise şu ekleri alır:

-Í
-ISTE
-IÓ
-IMOS
-ISTEIS
-IERON

comer	yemek yemek

olumlu:

(Yo) comí.	Yedim.
(Tú) comiste.	Yedin.
(Él, ella) comió.	Yedi.
(Used) comió.	Yediniz. (Siz, tekil)
(Nosotros) comimos.	Yedik.
(Vosotros) comisteis.	Yediniz.
(Ellos, ellas) comieron.	Yediler.
(Ustedes) comieron.	Yediniz. (Sizler, kibar hitap)

olumsuz:

(Yo) no comí.	Yemedim.
(Tú) no comiste.	Yemedin.
(Él, ella) no comió.	Yemedi.
(Usted) no comió.	Yemediniz. (Siz, tekil)
(Nosotros) no comimos.	Yemedik.
(Vosotros) no comisteis.	Yemediniz.
(Ellos, ellas) no comieron.	Yemediler.
(Ustedes) no comieron.	Yemediniz. (Sizler, kibar hitap)

soru:

¿(Yo) comí?	Yedim mi?
¿(Tú) comiste?	Yedin mi?
¿(Él, ella) comió?	Yedi mi?
¿(Usted) comió?	Yediniz mi? (Siz, tekil)
¿(Nosotros) comimos?	Yedik mi?

¿(Vosotros) comisteis?	Yediniz mi?
¿(Ellos, ellas) comieron?	Yediler mi?
¿(Ustedes) comieron?	Yediniz mi? (Sizler, kibar hitap)

-ir ile sonlanan düzenli fiiller ise **Pretérito ındefinido** şeklinde **-er** ile sonlanan düzenli fiillerle aynı ekleri alırlar:

vivir	yaşamak, oturmak

olumlu:

(Yo) viví.	Yaşadım, oturdum.
(Tú) viviste.	Yaşadın.
(Él, ella) vivió.	Yaşadı.
(Usted) vivió.	Yaşadınız. (Siz, tekil)
(Nosotros) vivimos.	Yaşadık.
(Vosotros) vivisteis.	Yaşadınız.
(Ellos, ellas) vivieron.	Yaşadılar.
(Ustedes) vivieron.	Yaşadınız. (Sizler, kibar hitap)

olumsuz:

(Yo) no viví.	Yaşamadım, oturmadım.
(Tú) no viviste.	Yaşamadın.
(Él, ella) no vivió.	Yaşamadı.
(Usted) no vivió.	Yaşamadınız. (Siz, tekil)
(Nosotros) no vivimos.	Yaşamadık.
(Vosotros) no vivisteis.	Yaşamadınız.
(Ellos, ellas) no vivieron.	Yaşamadılar.
(Ustedes) no vivieron.	Yaşamadınız. (Sizler, kibar hitap)

soru:

(Yo) viví?	Yaşadım mı?, oturdum mu?
(Tú) viviste?	Yaşadın mı?
(Él, ella) vivió?	Yaşadı mı?
(Usted) vivió?	Yaşadınız mı? (Siz, tekil)
(Nosotros) vivimos?	Yaşadık mı?
(Vosotros) vivisteis?	Yaşadınız mı?
(Ellos, ellas) vivieron?	Yaşadılar mı?
(Ustedes) vivieron?	Yaşadınız mı? (Sizler, kibar hitap)

Pretérito indefinido ile kullanılan zaman ifadeleri

Ayer			**estuve en España.**
Hace	**dos / tres / cuatro / cinco**	**meses / años / días**	
El	**mes / año**	**pasado**	
La semana pasada			

hablar	konuşmak

olumlu:

(**Yo**) **hablé.**	Konuştum.
(**Tú**) **hablaste.**	Konuştun.
(**Él, ella**) **habló.**	Konuştu.
(**Usted**) **habló.**	Konuştunuz. (Siz, tekil)
(**Nosotros**) **hablamos.**	Konuştuk.
(**Vosotros**) **hablasteis.**	Konuştunuz.
(**Ellos, ellas**) **hablaron.**	Konuştular.
(**Ustedes**) **hablaron.**	Konuştunuz. (Sizler, kibar hitap)

olumsuz:

(**Yo**) **no hablé.**	Konuşmadım.
(**Tú**) **no hablaste.**	Konuşmadın.
(**Él, ella**) **no habló.**	Konuşmadı.
(**Usted**) **no habló.**	Konuşmadınız. (Siz, tekil)
(**Nosotros**) **no hablamos.**	Konuşmadık.
(**Vosotros**) **no hablasteis.**	Konuşmadınız.
(**Ellos, ellas**) **no hablaron.**	Konuşmadılar.
(**Ustedes**) **no hablaron.**	Konuşmadınız. (Sizler, kibar hitap)

soru:

¿(Yo) hablé?	Konuştum mu?
¿(Tú) hablaste?	Konuştun mu?
¿(Él, ella) habló?	Konuştu mu?
¿(Usted) habló?	Konuştunuz mu? (Siz, tekil)

¿(Nosotros) hablamos? Konuştuk mu?
¿(Vosotros) hablasteis? Konuştunuz mu?
¿(Ellos, ellas) hablaron? Konuştular mı?
¿(Ustedes) hablaron? Konuştunuz mı? (Sizler, kibar hitap)

beber içmek

olumlu:

(Yo) bebí. İçtim.
(Tú) bebiste. İçtin.
(Él, ella) bebió. İçti.
(Usted) bebió. İçtiniz. (Siz, tekil)
(Nosotros) bebimos. İçtik.
(Vosotros) bebisteis. İçtiniz.
(Ellos, ellas) bebieron. İçtiler.
(Ustedes) bebieron. İçtiniz. (Sizler, kibar hitap)

olumsuz:

(Yo) no bebí. İçmadim.
(Tú) no bebiste. İçmedin.
(Él, ella) no bebió. İçmedi.
(Usted) no bebió. İçmediniz. (Siz, tekil)
(Nosotros) no bebimos. İçmedik.
(Vosotros) no bebisteis. İçmediniz.
(Ellos, ellas) no bebieron. İçmediler.
(Ustedes) no bebieron. İçmediniz. (Sizler, kibar hitap)

soru:

¿(Yo) bebí? İçtim mi?
¿(Tú) bebiste? İçtin mi?
¿(Él, ella) bebió? İçti mi?
¿(Usted) bebió? İçtiniz mi? (Siz, tekil)
¿(Nosotros) bebimos? İçtik mi?
¿(Vosotros) bebisteis? İçtiniz mi?
¿(Ellos, ellas) bebieron? İçtiler mi?
¿(Ustedes) bebieron? İçtiniz mi? (Sizler, kibar hitap)

Bazı düzensiz fiiller:

estar olmak, bulunmak

olumlu:

(Yo) estuve. Oldum, bulundum.

(**Tú**) **estuviste.**	Oldun, bulundun.
(**Él**, **ella**) **estuvo.**	Oldu, bulundu.
(**Usted**) **estuvo.**	Oldunuz, bulundunuz. (Siz, tekil)
(**Nosotros**) **estuvimos.**	Olduk, bulunduk.
(**Vosotros**) **estuvisteis.**	Oldunuz, bulundunuz.
(**Ellos**, **ellas**) **estuvieron.**	Oldular, bulundular.
(**Ustedes**) **estuvieron.**	Oldunuz, bulundunuz. (Sizler, kibar hitap)

olumsuz:

(**Yo**) **no estuve.**	Olmadım, bulunmadım.
(**Tú**) **no estuviste.**	Olmadın, bulunmadın.
(**Él**, **ella**) **no estuvo.**	Olmadı, bulunmadı.
(**Usted**) **no estuvo.**	Olmadınız, bulunmadınız. (Siz, tekil)
(**Nosotros**) **no estuvimos.**	Olmadık, bulunmadık.
(**Vosotros**) **no estuvisteis.**	Olmadınız, bulunmadınız.
(**Ellos**, **ellas**) **no estuvieron.**	Olmadılar, bulunmadılar.
(**Ustedes**) **no estuvieron.**	Olmadınız, bulunmadınız. (Sizler, kibar hitap)

soru:

¿(Yo) estuve?	Oldum mu?, bulundum mu?
¿(Tú) estuviste?	Oldun mu?, bulundun mu?
¿(Él, **ella) estuvo?**	Oldu mu?, bulundu mu?
¿(Usted) estuvo?	Oldunuz, bulundunuz. (Siz, tekil)
¿(Nosotros) estuvimos?	Olduk mu?, bulunduk mu?
¿(Vosotros) estuvisteis?	Oldunuz mu?, bulundunuz mu?
¿(Ellos, **ellas) estuvieron?**	Oldular mı?, bulundular mı?
¿(Ustedes) estuvieron?	Oldunuz mu?, bulundunuz mu? (Sizler, kibar hitap)

ir, ser	gitmek, olmak

ir ve **ser** fiilinin **Pretérito Indefinido** zamanda çekimleri aynıdır.

olumlu:

(**Yo**) **fui.**	Gittim.
(**Tú**) **fuiste.**	Gittin.
(**Él**, **ella**) **fue.**	Gitti.
(**Usted**) **fue.**	Gittiniz. (Siz, tekil)
(**Nosotros**) **fuimos.**	Gittik.
(**Vosotros**) **fuisteis.**	Gittiniz.
(**Ellos**, **ellas**) **fueron.**	Gittiler.
(**Ustedes**) **fueron.**	Gittiniz. (Sizler, kibar hitap)

olumsuz:

(Yo) no fui.	Gitmedim.
(Tú) no fuiste.	Gitmedin.
(Él, ella) no fue.	Gitmedi.
(Usted) no fue.	Gitmediniz. (Siz, tekil)
(Nosotros) no fuimos.	Gitmedik.
(Vosotros) no fuisteis.	Gitmediniz.
(Ellos, ellas) no fueron.	Gitmediler.
(Ustedes) no fueron.	Gitmediniz. (Sizler, kibar hitap)

soru:

¿(Yo) fui?	Gittim mi?
¿(Tú) fuiste?	Gittin mi?
¿(Él, ella) fue?	Gitti mi?
¿(Usted) fue?	Gittiniz mi? (Siz, tekil)
¿(Nosotros) fuimos?	Gittik mi?
¿(Vosotros) fuisteis?	Gittiniz mi?
¿(Ellos, ellas) fueron?	Gittiler mi?
¿(Ustedes) fueron?	Gittiniz mi? (Sizler, kibar hitap)

tener sahip olmak

olumlu:

(Yo) tuve.	Sahip oldum.
(Tú) tuviste.	Sahip oldun.
(Él, ella) tuvo.	Sahip oldu.
(Usted) tuvo.	Sahip oldunuz. (Siz, tekil)
(Nosotros) tuvimos.	Sahip olduk.
(Vosotros) tuvisteis.	Sahip oldunuz.
(Ellos, ellas) tuvieron.	Sahip oldular.
(Ustedes) tuvieron.	Sahip oldunuz. (Sizler, kibar hitap)

olumsuz:

(Yo) no tuve.	Sahip olmadım.
(Tú) no tuviste.	Sahip olmadın.
(Él, ella) no tuvo.	Sahip olmadı.
(Usted) no tuvo.	Sahip olmadınız. (Siz, tekil)
(Nosotros) no tuvimos.	Sahip olmadık.
(Vosotros) no tuvisteis.	Sahip olmadınız.
(Ellos, ellas) no tuvieron.	Sahip olmadılar.
(Ustedes) no tuvieron.	Sahip olmadınız. (Sizler, kibar hitap)

soru:

(Yo) tuve?	Sahip oldum mu?
(Tú) tuviste?	Sahip oldun mu?
(Él, ella) tuvo?	Sahip oldu mu?
(Usted) tuvo?	Sahip oldunuz mu? (Siz, tekil)
(Nosotros) tuvimos?	Sahip olduk mu?
(Vosotros) tuvisteis?	Sahip oldunuz mu?
(Ellos, ellas) tuvieron?	Sahip oldular mı?
(Ustedes) tuvieron?	Sahip oldunuz mu? (Sizler, kibar hitap)

venir gelmek

olumlu:

(Yo) vine.	Geldim.
(Tú) viniste.	Geldin.
(Él, ella) vino.	Geldi.
(Usted) vino.	Geldiniz. (Siz, tekil)
(Nosotros) vinimos.	Geldik.
(Vosotros) vinisteis.	Geldiniz.
(Ellos, ellas) vinieron.	Geldiler.
(Ustedes) vinieron.	Geldiniz. (Sizler, kibar hitap)

olumsuz:

(Yo) no vine.	Gelmedim.
(Tú) no viniste.	Gelmedin.
(Él, ella) no vino.	Gelmedi.
(Usted) no vino.	Gelmediniz. (Siz, tekil)
(Nosotros) no vinimos.	Gelmedik.
(Vosotros) no vinisteis.	Gelmediniz.
(Ellos, ellas) no vinieron.	Gelmediler.
(Ustedes) no vinieron.	Gelmediniz. (Sizler, kibar hitap)

soru:

¿(Yo) vine?	Geldim mi?
¿(Tú) viniste?	Geldin mi?
¿(Él, ella) vino?	Geldi mi?
¿(Usted) vino?	Geldiniz mi? (Siz, tekil)
¿(Nosotros) vinimos?	Geldik mi?
¿(Vosotros) vinisteis?	Geldiniz mi?
¿(Ellos, ellas) vinieron?	Geldiler mi?
¿(Ustedes) vinieron?	Geldiniz mi? (Sizler, kibar hitap)

decir	söylemek, demek

olumlu:

(**Yo**) **dije.**	Söyledim.
(**Tú**) **dijiste.**	Söyledin.
(**Él, ella**) **dijo.**	Söyledi.
(**Usted**) **dijo.**	Söylediniz. (Siz, tekil)
(**Nosotros**) **dijimos.**	Söyledik.
(**Vosotros**) **dijisteis.**	Söylediniz.
(**Ellos, ellas**) **dijeron.**	Söylediler.
(**Ustedes**) **dijeron.**	Söylediniz. (Sizler, kibar hitap)

olumsuz:

(**Yo**) **no dije.**	Söylemedim.
(**Tú**) **no dijiste.**	Söylemedin.
(**Él, ella**) **no dijo.**	Söylemedi.
(**Usted**) **no dijo.**	Söylemediniz. (Siz, tekil)
(**Nosotros**) **no dijimos.**	Söylemedik.
(**Vosotros**) **no dijisteis.**	Söylemediniz.
(**Ellos, ellas**) **no dijeron.**	Söylemediler.
(**Ustedes**) **no dijeron.**	Söylemediniz. (Sizler, kibar hitap)

soru:

¿(Yo) dije?	Söyledim mi?
¿(Tú) dijiste?	Söyledin mi?
¿(Él, ella) dijo?	Söyledi mi?
¿(Usted) dijo?	Söylediniz mi? (Siz, tekil)
¿(Nosotros) dijimos?	Söyledik mi?
¿(Vosotros) dijisteis?	Söylediniz mi?
¿(Ellos, ellas) dijeron?	Söylediler mi?
¿(Ustedes) dijeron?	Söylediniz mi? (Sizler, kibar hitap)

hacer	yapmak

olumlu:

(**Yo**) **hice.**	Yaptım.
(**Tú**) **hiciste.**	Yaptın.
(**Él, ella**) **hizo.**	Yaptı.
(**Usted**) **hizo.**	Yaptınız. (Siz, tekil)
(**Nosotros**) **hicimos.**	Yaptık.
(**Vosotros**) **hicisteis.**	Yaptınız.
(**Ellos, ellas**) **hicieron.**	Yaptılar.

(Ustedes) hicieron.	Yaptınız. (Sizler, kibar hitap)

olumsuz:

(Yo) no hice.	Yapmadım.
(Tú) no hiciste.	Yapmadın.
(Él, ella) no hizo.	Yapmadı.
(Usted) no hizo.	Yapmadınız. (Siz, tekil)
(Nosotros) no hicimos.	Yapmadık.
(Vosotros) no hicisteis.	Yapmadınız.
(Ellos, ellas) no hicieron.	Yapmadılar.
(Ustedes) no hicieron.	Yapmadınız. (Sizler, kibar hitap)

soru:

¿(Yo) hice?	Yaptım mı?
¿(Tú) hiciste?	Yaptın mı?
¿(Él, ella) hizo?	Yaptı mı?
¿(Usted) hizo?	Yaptınız mı? (Siz, tekil)
¿(Nosotros) hicimos?	Yaptık mı?
¿(Vosotros) hicisteis?	Yaptınız mı?
¿(Ellos, ellas) hicieron?	Yaptılar mı?
¿(Ustedes) hicieron?	Yaptınız mı? (Sizler, kibar hitap)

querer	istemek

olumlu:

(Yo) quise.	İstedim.
(Tú) quisiste.	İstedin.
(Él, ella) quiso.	İstedi.
(Usted) quiso.	İstediniz. (Siz, tekil)
(Nosotros) quisimos.	İstedik.
(Vosotros) quisisteis.	İstediniz.
(Ellos, ellas) quisieron.	İstediler.
(Ustedes) quisieron.	İstediniz. (Sizler, kibar hitap)

olumsuz:

(Yo) no quise.	İstemedim.
(Tú) no quisiste.	İstemedin.
(Él, ella) no quiso.	İstemedi.
(Usted) no quiso.	İstemediniz. (Siz, tekil)
(Nosotros) no quisimos.	İstemedik.
(Vosotros) no quisisteis.	İstemediniz.
(Ellos, ellas) no quisieron.	İstemediler.
(Ustedes) no quisieron.	İstemediniz. (Sizler, kibar hitap)

soru:

¿(Yo) quise?	İstedim mi?
¿(Tú) quisiste?	İstedin mi?
¿(Él, ella) quiso.?	İstedi mi?
¿(Usted) quiso?	İstediniz mi? (Siz, tekil)
¿(Nosotros) quisimos?	İstedik mi?
¿(Vosotros) quisisteis?	İstediniz mi?
¿(Ellos, ellas) quisieron?	İstediler mi?
¿(Ustedes) quisieron?	İstediniz mi? (Sizler, kibar hitap)

poner koymak

olumlu:

(Yo) puse.	Koydum.
(Tú) pusiste.	Koydun.
(Él, ella) puso.	Koydu.
(Usted) puso.	Koydunuz. (Siz, tekil)
(Nosotros) pusimos.	Koyduk.
(Vosotros) pusisteis.	Koydunuz.
(Ellos, ellas) pusieron.	Koydular.
(Ustedes) pusieron.	Koydunuz. (Sizler, kibar hitap)

olumsuz:

(Yo) no puse.	Koymadım.
(Tú) no pusiste.	Koymadın.
(Él, ella) no puso.	Koymadı.
(Usted) no puso.	Koymadınız. (Siz, tekil)
(Nosotros) no pusimos.	Koymadık.
(Vosotros) no pusisteis.	Koymadınız.
(Ellos, ellas) no pusieron.	Koymadılar.
(Ustedes) no pusieron.	Koymadınız. (Sizler, kibar hitap)

soru:

¿(Yo) puse?	Koydum mu?
¿(Tú) pusiste?	Koydun mu?
¿(Él, ella) puso?	Koydu mu?
¿(Usted) puso?	Koydunuz mu? (Siz, tekil)
¿(Nosotros) pusimos?	Koyduk mu?
¿(Vosotros) pusisteis?	Koydunuz mu?
¿(Ellos, ellas) pusieron?	Koydular mı?
¿(Ustedes) pusieron?	Koydunuz mu? (Sizler, kibar hitap)

ver	görmek, bakmak

olumlu:

(Yo) vi.	Gördüm.
(Tú) viste.	Gördün.
(Él, ella) vio.	Gördü.
(Usted) vio.	Gördünüz. (Siz, tekil)
(Nosotros) vimos.	Gördük.
(Vosotros) visteis.	Gördünüz.
(Ellos, ellas) vieron.	Gördüler.
(Ustedes) vieron.	Gördüler. (Sizler, kibar hitap)

olumsuz:

(Yo) no vi.	Görmedim.
(Tú) no viste.	Görmedin.
(Él, ella) no vio.	Görmedi.
(Usted) no vio.	Görmediniz. (Siz, tekil)
(Nosotros) no vimos.	Görmedik.
(Vosotros) no visteis.	Görmediniz.
(Ellos, ellas) no vieron.	Görmediler.
(Ustedes) no vieron.	Görmediniz. (Sizler, kibar hitap)

soru:

(Yo) vi?	Gördüm mü?
(Tú) viste?	Gördün mü?
(Él, ella) vio?	Gördü mü?
(Usted) vio?	Gördünüz mü? (Siz, tekil)
(Nosotros) vimos?	Gördük mü?
(Vosotros) visteis?	Gördünüz mü?
(Ellos, ellas) vieron?	Gördüler mi?
(Ustedes) vieron?	Gördünüz mü? (Sizler, kibar hitap)

empezar	başlamak

olumlu:

(Yo) empecé.	Başladım.
(Tú) empezaste.	Başladın.
(Él, ella) empezó.	Başladı.
(Usted) empezó.	Başladınız. (Siz, tekil)
(Nosotros) empezamos.	Başladık.
(Vosotros) empezasteis.	Başladınız.
(Ellos, ellas) empezaron.	Başladılar.
(Ustedes) empezaron.	Başladınız. (Sizler, kibar hitap)

olumsuz:

(Yo) no empecé.	Başlamadım.
(Tú) no empezaste.	Başlamadın.
(Él, ella) no empezó.	Başlamadı.
(Usted) no empezó.	Başlamadınız. (Siz, tekil)
(Nosotros) no empezamos.	Başlamadık.
(Vosotros) no empezasteis.	Başlamadınız.
(Ellos, ellas) no empezaron.	Başlamadılar.
(Ustedes) no empezaron.	Başlamadınız. (Sizler, kibar hitap)

soru:

(Yo) empecé?	Başladım mı?
(Tú) empezaste?	Başladın mı?
(Él, ella) empezó?	Başladı mı?
(Usted) empezó?	Başladınız mı? (Siz, tekil)
(Nosotros) empezamos?	Başladık mı?
(Vosotros) empezasteis?	Başladınız mı?
(Ellos, ellas) empezaron?	Başladılar mı?
(Ustedes) empezaron?	Başladınız mı? (Sizler, kibar hitap)

jugar — oynamak

olumlu:

(Yo) jugué.	Oynadım.
(Tú) jugaste.	Oynadın.
(Él, ella) jugó.	Oynadı.
(Usted) jugó.	Oynadınız. (Siz, tekil)
(Nosotros) jugamos.	Oynadık.
(Vosotros) jugasteis.	Oynadınız.
(Ellos, ellas) jugaron.	Oynadılar.
(Ustedes) jugaron.	Oynadınız. (Sizler, kibar hitap)

olumsuz:

(Yo) no jugué.	Oynamadım.
(Tú) no jugaste.	Oynamadın.
(Él, ella) no jugó.	Oynamadı.
(Usted) no jugó.	Oynamadınız. (Siz, tekil)
(Nosotros) no jugamos.	Oynamadık.
(Vosotros) no jugasteis.	Oynamadınız.
(Ellos, ellas) no jugaron.	Oynamadılar.
(Ustedes) no jugaron.	Oynamadınız. (Sizler, kibar hitap)

soru:

¿(Yo) jugué?	Oynadım mı?
¿(Tú) jugaste?	Oynadın mı?
¿(Él, ella) jugó?	Oynadı mı?
¿(Usted) jugó?	Oynadınız mı? (Siz, tekil)
¿(Nosotros) jugamos?	Oynadık mı?
¿(Vosotros) jugasteis?	Oynadınız mı?
¿(Ellos, ellas) jugaron?	Oynadılar mı?
¿(Ustedes) jugaron?	Oynadınız mı? (Sizler, kibar hitap)

leer okumak

olumlu:

(Yo) leí.	Okudum.
(Tú) leíste.	Okudun.
(Él, ella) leyó.	Okudu.
(Usted) leyó.	Okudunuz. (Siz, tekil)
(Nosotros) leímos.	Okuduk.
(Vosotros) leísteis.	Okudunuz.
(Ellos, ellas) leyeron.	Okudular.
(Ustedes) leyeron.	Okudunuz. (Sizler, kibar hitap)

olumsuz:

(Yo) no leí.	Okumadım.
(Tú) no leíste.	Okumadın.
(Él, ella) no leyó.	Okumadı.
(Usted) no leyó.	Okumadınız. (Siz, tekil)
(Nosotros) no leímos.	Okumadık.
(Vosotros) no leísteis.	Okumadınız.
(Ellos, ellas) no leyeron.	Okumadılar.
(Ustedes) no leyeron.	Okumadınız. (Sizler, kibar hitap)

soru:

¿(Yo) leí?	Okudum mu?
¿(Tú) leíste?	Okudun mu?
¿(Él, ella) leyó?	Okudu mu?
¿(Usted) leyó?	Okudunuz mu? (Siz, tekil)
¿(Nosotros) leímos?	Okuduk mu?
¿(Vosotros) leísteis?	Okudunuz mu?
¿(Ellos, ellas) leyeron?	Okudular mu?
¿(Ustedes) leyeron?	Okudunuz mu? (Sizler, kibar hitap)

Aşağıdaki örneklerde birinci cümle **Presente** (Şimdiki zaman) ve ikinci cümle de **Pretérito Indefinido** (-di 'li geçmiş zaman) ile yapılmıştır:

Cümleler:

Bebo café. **Bebí café.**	Kahve içiyorum. Kahve içtim.
Abre las ventanas. **Abrió las ventanas.**	Pencereleri açıyor. Pencereleri açtı.
Escribo una novela. **Escribí una novela.**	Bir roman yazıyorum. Bir roman yazdım.
Compro el libro. **Compré el libro.**	Kitabı alıyorum. Kitabı aldım.
Cierran las puertas. **Cerraron las puertas.**	Kapıları kapatıyorlar. Kapıları kapattılar.
Te espero. **Te esperé.**	Seni bekliyorum. Seni bekledim.
Les miro. **Les miré.**	Onlara bakıyorum. Onlara baktım.
Le escuchas. **Le escuchasteis.**	Onu dinliyorsun. Onu dinledin.
Mi madre habla con mi padre. **Mi madre habló con mi padre.**	Annem babamla konuşuyor. Annem babamla konuştu.
Escribimos una carta. **Ayer escribimos una carta.**	Bir mektup yazıyoruz. Bir mektup yazdık.
Comeré las manzanas. **Comí las manzanas.**	Elmaları yiyeceğim. Elmaları yedim.
Ella escribe a su amiga. **Escribió a su amiga.**	Arkadaşına yazıyor. Arkadaşına yazdı.
Limpiaré mi dormitorio. **Limpié mi dormitorio.**	Yatak odamı temizleyeceğim. Yatak odamı temizledim.
Escucháis la radio. **Escuchasteis la radio.**	Radyo dinliyorsunuz. Radyo dinlediniz.

Los estudiantes saludan a su profesor.	Öğrenciler öğretmenlerini selamlıyor.
Los estudiantes saludaron a su profesor.	Öğrenciler öğretmenlerini selamladı.
Mi tío trabaja en una fábrica.	Amcam bir fabrikada çalışıyor.
Mi tío trabajó en una fábrica.	Amcam bir fabrikada çalıştı.
Estoy en Italia.	İtalya'dayım.
Hace dos meses estuve en Italia.	İki ay İtalya'da bulundum.
Mi padre está en Esmirna.	Babam İzmir'de.
El mes pasado mi padre estuvo en Esmirna.	Babam geçen ay İzmir'de bulundu.
Esta noche vamos al teatro.	Bu akşam tiyatroya gidiyoruz.
Ayer fuimos al teatro.	Dün tiyatroya gittik.
Veo los peces en el acuario.	Akvaryumdaki balıkları izliyorum.
Vi los peces en el acuario.	Akvaryumdaki balıkları izledim (seyrettim).
El chico juega con la pelota.	Küçük çocuk topla oynuyor.
El chico jugó con la pelota.	Küçük çocuk topla oynadı.
Los niños tiran una piedra al perro.	Çocuklar köpeğe taş atıyorlar.
Los niños tiraron una piedra al perro.	Çocuklar köpeğe taş attılar.
Leo el periódico.	Gazeteyi okuyorum.
Leí el periódico.	Gazeteyi okudum.

Pretérito Indefinido ile olumlu cümleler:

Dormí toda la noche.	Bütün gece uyudum.
Abriste la ventana.	Pencereyi açtın.
Trabajó todo el día.	Bütün gün çalıştı.
Montamos a caballo.	Ata bindik.
Entrasteis a la sala de estar.	Oturma odasına girdiniz.
Pusieron sus cuadernos sobre el pupitre.	Defterlerini sıranın üstüne koydular.
Salieron por esta puerta.	Bu kapıdan çıktılar.
Escribí una carta a mi hermana.	Kız kardeşime bir mektup yazdım.
Estuvieron en Italia.	İtalya'da bulundular.

Pretérito Indefinido ile olumsuz cümleler:

Ayer no dormí.	Dün uyumadım.
No escuchaste a tu profesor.	Öğretmenini dinlemedin.
No habló conmigo.	Benimle konuşmadı.
No nadamos en el mar.	Denizde yüzmedik.
No terminasteis vuestros deberes.	Ödevlerinizi bitirmediniz.
No trabajaron.	Çalışmadılar.
No limpié la cocina.	Mutfağı temizlemedim.
No compraste una máquina de afeitar.	Tıraş makinesi almadın.
No se despertó tarde.	Geç kalkmadı.
No nos bañamos.	Banyo yapmadık.

Pretérito Indefinido ile ilgili soru cümleleri:

¿No abriste la ventana?	Pencereyi açmadın mı?
¿No limpió la casa?	Evi temizlemedi mi?
¿No fuimos al teatro?	Tiyatroya gitmedik mi?
¿No comprasteis una camisa?	Gömlek satın almadınız mı?
¿No esperaron a José?	José'yi beklemediler mi?
¿No hice mis deberes?	Ödevlerimi yapmadım mı?

Pretérito Indefinido ile ilgili olumsuz soru cümleleri:

¿No trabajé todo el día?	Bütün gün çalışmadım mı?
¿No fuiste al cine?	Sinemaya gitmedin mi?
¿No comió mantequilla?	Tereyağını yemedi mi?
¿No saludamos al profesor?	Öğretmeni selamlamadık mı?
¿No vivieron en Estambul?	İstanbul'da yaşamadılar mı?
¿No comprasteis un coche nuevo?	Yeni bir otomobil satın almadınız mı?

ZAMİRLİ FİİLLER VE **PRETÉRITO INDEFINIDO**

Zamirli fillerin **pretérito indefinido** zamanı diğer zamanlarda olduğu gibi yapılır. Sırasıyla **me**, **te**, **se**, **nos**, **os**, **se** şahıs zamirleri çekimli fiil ile özne olan şahıs zamiri arasında yani, fiilden önce kullanılır.

vestirse — giyinmek

olumlu:

(Yo) me vestí.	Giyindim.
(Tú) te vestiste.	Giyindin.
(Él, ella) se vistió.	Giyindi.
(Usted) se vistió.	Giyindiniz. (Siz, tekil)
(Nosotros) nos vestimos.	Giyindik.
(Vosotros) os vestisteis.	Giyindiniz.
(Ellos, ellas) se vistieron.	Giyindiler.
(Ustedes) se vistieron.	Giyindiniz. (Sizler, kibar hitap)

olumsuz:

(Yo) no me vestí.	Giyinmedim.
(Tú) no te vestiste.	Giyinmedin.
(Él, ella) no se vistió.	Giyinmedi.
(Usted) no se vistió.	Giyinmediniz. (Siz, tekil)
(Nosotros) no nos vestimos.	Giyinmedik.
(Vosotros) no os vestisteis.	Giyinmediniz.
(Ellos, ellas) no se vistieron.	Giyinmediler.
(Ustedes) no se vistieron.	Giyinmediniz. (Sizler, kibar hitap)

soru:

¿(Yo) me vestí?	Giyindim mi?
¿(Tú) te vestiste?	Giyindin mi?
¿(Él, ella) se vistió?	Giyindi mi?
¿(Usted) se vistió?	Giyindiniz mi? (Siz, tekil)
¿(Nosotros) nos vestimos?	Giyindik mi?
¿(Vosotros) os vestisteis?	Giyindiniz mi?
¿(Ellos, ellas) se vistieron?	Giyindiler mi?
¿(Ustedes) se vistieron?	Giyindiniz mi? (Sizler, kibar hitap)

afeitarse — tıraş olmak

olumlu:

(Yo) me afeité.	Tıraş oldum.
(Tú) te afeitaste.	Tıraş oldun.
(Él, ella) se afeitó.	Tıraş oldu.
(Usted) se afeitó.	Tıraş oldunuz. (Siz, tekil)
(Nosotros) nos afeitamos.	Tıraş olduk.
(Vosotros) os afeitasteis.	Tıraş oldunuz.

(Ellos, ellas) se afeitaron. Tıraş oldular.
(Ustedes) se afeitaron. Tıraş oldunuz. (Sizler, kibar hitap)

olumsuz:

(Yo) no me afeité.	Tıraş olmadım.
(Tú) no te afeitaste.	Tıraş olmadın.
(Él, ella) no se afeitó.	Tıraş olmadı.
(Usted) no se afeitó.	Tıraş olmadınız. (Siz, tekil)
(Nosotros) no nos afeitamos.	Tıraş olmadık.
(Vosotros) no os afeitasteis.	Tıraş olmadınız.
(Ellos, ellas) no se afeitaron.	Tıraş olmadılar.
(Ustedes) no se afeitaron.	Tıraş olmadınız. (Sizler, kibar hitap)

soru:

¿(Yo) me afeité?	Tıraş oldum.
¿(Tú) te afeitaste?	Tıraş oldun.
¿(Él, ella) se afeitó?	Tıraş oldu.
¿(Usted) se afeitó?	Tıraş oldunuz. (Siz, tekil)
¿(Nosotros) nos afeitamos?	Tıraş olduk.
¿(Vosotros) os afeitasteis?	Tıraş oldunuz.
¿(Ellos, ellas) se afeitaron?	Tıraş oldular.
¿(Ustedes) se afeitaron?	Tıraş oldunuz. (Sizler, kibar hitap)

Cümleler:

Me pongo mis guantes.	Eldivenlerimi giyiyorum.
Me puse mis guantes.	Eldivenlerimi giydim.
Me despierto temprano.	Erken kalkarım.
Me desperté temprano.	Erken kalktım.
Mi padre se afeita.	Babam tıraş oluyor.
Mi padre se afeitó.	Babam tıraş oldu.
Me tardo.	Geç kalıyorum.
Me tardé.	Geç kaldım.

PRETÉRITO IMPERFECTO – şimdiki zamanın hikayesi

“Bakıyordum, geliyordum, çalışıyorduk, sizin vardı, dinliyorduk” gibi geçmişte olmuş bir hareketi, bir durumu hikaye eden zamana **pretérito imperfecto** denir.

Bu zaman, geçmişte yapılan bir başka eylemle aynı zamanda gerçekleşip devam eden, ancak başlangıcı ve sonu belli olmayan eylemi de ifade eder. (**Cuando salí, nevaba**. Dışarı çıktığımda kar yağıyordu.)

Bu zaman, henüz başlamış ya da başlatılması düşünülmüş eylemler için de kullanılır. (**Ahora me marchaba**. Ben de şimdi gidiyordum.)

Ayrıca istek bildiren bir cümlenin anlamını yumuşatmak için de kullanılır. (**Quería hablar con usted**. Sizinle konuşmak istiyordum.)

Ser "olmak" fiilinin **pretérito imperfecto** zamanı şöyledir:

Olumlu:

(**Yo**) **era.**	-idim.
(**Tú**) **eras.**	-idin.
(**Él**, **ella**) **era.**	-idi.
(**Usted**) **era.**	-idiniz. (siz, tekil)
(**Nosotros**) **éramos.**	-idik.
(**Vosotros**) **erais.**	-idiniz. (siz, çoğul)
(**Ellos**, **ellas**) **eran.**	-idiler.
(**Ustedes**) **eran.**	-idiniz. (sizler, kibar hitap)

Olumsuz:

(**Yo**) **no era.**	değildim.
(**Tú**) **no eras.**	değildin.
(**Él**, **ella**) **no era.**	değildi.
(**Usted**) **no era.**	değildiniz. (siz, tekil)
(**Nosotros**) **no éramos.**	değildik.
(**Vosotros**) **no erais.**	değildiniz. (siz, çoğul)
(**Ellos**, **ellas**) **no eran.**	değildiler.
(**Ustedes**) **no eran.**	değildiniz. (sizler, kibar hitap)

Soru:

¿(Yo) era?
¿(Tú) eras?
¿(Él, ella) era?
¿(Usted) era?
¿(Nosotros) éramos?
¿(Vosotros) erais?
¿(Ellos, ellas) eran?
¿(Ustedes) eran?

Cümleler:

Era joven.	Genç idim. (Gençtim.)
Eras gordo.	Şişman idin. (Şişmandın.)
Era feo.	Çirkin idi. (Çirkindi.)
Éramos jóvenes.	Genç idik. (Gençtik.)
Erais altos.	Uzun boylu idiniz. (Uzun boyluydunuz.)
Eran bajos.	Kısa boylu idiler. (Kısa boyluydular)
¿Eras delgada?	Zayıf mıydın?

Estar "olmak, bulunmak" fiilinin **pretérito imperfecto** zamanı ise şöyledir:

Olumlu:

(**Yo**) **estaba.**	-idim.
(**Tú**) **estabas.**	-idin.
(**Él, ella**) **estaba.**	-idi.
(**Usted**) **estaba.**	-idiniz. (siz, tekil)
(**Nosotros**) **estábamos.**	-idik.
(**Vosotros**) **estabais.**	-idiniz. (siz, çoğul)
(**Ellos, ellas**) **estaban.**	-idiler.
(**Ustedes**) **estaban.**	-idiniz. (sizler, kibar hitap)

Olumsuz:

(**Yo**) **no estaba.**	değildim.
(**Tú**) **no estabas.**	değildin.
(**Él, ella**) **no estaba.**	değildi.
(**Usted**) **no estaba.**	değildiniz. (siz, tekil)
(**Nosotros**) **no estábamos.**	değildik.
(**Vosotros**) **no estabais.**	değildiniz. (siz, çoğul)
(**Ellos, ellas**) **no estaban.**	değildiler.
(**Ustedes**) **no estaban.**	değildiniz. (sizler, kibar hitap)

Soru:

¿(**Yo**) **estaba?**
¿(**Tú**) **estabas?**
¿(**Él, ella**) **estaba?**
¿(**Usted**) **estaba?**
¿(**Nosotros**) **estábamos?**
¿(**Vosotros**) **estabais?**
¿(**Ellos, ellas**) **estaban?**
¿(**Ustedes**) **estaban?**

Cümleler:

Estaba en España.	İspanya'da idim. (Fransa'daydım.)
Estabas en la tienda.	Dükkânda idin. (Dükkândaydın.)
Estaba en el jardín.	Bahçede idi. (Bahçedeydi.)
Estábamos en la piscina.	Havuzda idik. (Havuzdaydık.)
Estabais en casa.	Evde idiniz. (Evdeydiniz.)
Estaban en casa.	Evde idiler. (Evdeydiler.)
¿Estabas en la escuela?	Okulda mıydın?
¿Estaba usted en Madrid?	Madrit'te miydiniz?
¿Estabais enfermos?	Hasta mıydınız?

Tener "sahip olmak" fiilinin **pretérito imperfecto** zamanı ise şöyledir:

Olumlu:

(**Yo**) **tenía.**	Sahiptim. Benim vardı..
(**Tú**) **tenías.**	Senin vardı.
(**Él**, **ella**) **tenía.**	Onun vardı.
(**Usted**) **tenía.**	Sizin vardı. (siz, tekil)
(**Nosotros**) **teníamos.**	Bizim vardı.
(**Vosotros**) **teníais.**	Sizin vardı. (siz, çoğul)
(**Ellos**, **ellas**) **tenían.**	Onların vardı.
(**Ustedes**) **tenían.**	Sizin vardı. (sizler, kibar hitap)

Olumsuz:

(**Yo**) **no tenía.**	Sahip değildim. Benim yoktu.
(**Tú**) **no tenías.**	Senin yoktu.
(**Él**, **ella**) **no tenía.**	Onun yoktu.
(**Usted**) **no tenía.**	Sizin yoktu. (siz, tekil)
(**Nosotros**) **no teníamos.**	Bizim yoktu.
(**Vosotros**) **no teníais.**	Sizin yoktu. (siz, çoğul)
(**Ellos**, **ellas**) **no tenían.**	Onların yoktu.
(**Ustedes**) **no tenían.**	Sizin yoktu. (sizler, kibar hitap)

Soru:

¿(Yo) tenía?	Sahip miydim?. Benim var mıydı?
¿(Tú) tenías?	Senin var mıydı?
¿(Él, ella) tenía.	Onun var mıydı?
¿(Usted) tenía?	Sizin var mıydı? (siz, tekil)
¿(Nosotros) teníamos?	Bizim var mıydı?
¿(Vosotros) teníais?	Sizin var mıydı? (siz, çoğul)
¿(Ellos, ellas) tenían?	Onların var mıydı?

¿(Ustedes) tenían?	Sizin var mıydı? (sizler, kibar hitap)

Cümleler:

Tenía dos barcas.	İki kayığım vardı.
Tenías tres hermanas.	Üç kız kardeşin vardı.
Tenía una casa grande.	Büyük bir evi vardı.
Teníamos hijos.	Çocuklarımız vardı.
Teníais muchos caballos.	Birçok atınız vardı.
Tenían autobuses.	Otobüsleri vardı.
No tenía coche.	Otomobilim yoktu.
¿Tenías hermano?	Erkek kardeşin var mıydı?

–ar ile sonlanan fiiller kök kısımlarına aşağıdaki ekleri alarak bu zamanı oluştururlar:

-aba
-abas
-aba
-ábamos
-abais
-aban

mirar "bakmak" fiilinin **pretérito imperfecto** zamanı şöyledir:

Olumlu:

(Yo) miraba.	Bakıyordum, bakardım.
(Tú) mirabas.	Bakıyordun, bakardın.
(Él, ella) miraba.	Bakıyordu, bakardı.
(Usted) miraba.	Bakıyordunuz, bakardınız. (siz, tekil)
(Nosotros) mirábamos.	Bakıyorduk, bakardık.
(Vosotros) mirabais.	Bakıyordunuz, bakardınız. (siz, çoğul)
(Ellos, ellas) miraban.	Bakıyorlardı, bakarlardı.
(Ustedes) miraban.	Bakıyordunuz, bakardınız. (sizler, kibar hitap)

Olumsuz:

(Yo) no miraba.	Bakmıyordum, bakmazdım.
(Tú) no mirabas.	Bakmıyordun, bakmazdın.
(Él, ella) no miraba.	Bakmıyordu, bakmazdı.

(Usted) no miraba.	Bakmıyordunuz, bakmazdınız. (siz, tekil)
(Nosotros) no mirábamos.	Bakmıyorduk, bakmazdık.
(Vosotros) no mirabais.	Bakmıyordunuz, bakmazdınız. (siz, çoğul)
(Ellos, ellas) no miraban.	Bakmıyorlardı, bakmazlardı.
(Ustedes) no miraban.	Bakmıyordunuz, bakmazdınız. (sizler, kibar hitap)

Soru:

¿(Yo) miraba?	Bakıyor muydum, bakar mıydım?
¿(Tú) mirabas?	Bakıyor muydun, bakar mıydın?
¿(Él, ella) miraba?	Bakıyor muydu, bakar mıydı?
¿(Usted) miraba?	Bakıyor muydunuz, bakardınız. (siz, tekil)
¿(Nosotros) mirábamos?	Bakıyor muyduk, bakar mıydık?
¿(Vosotros) mirabais?	Bakıyor muydunuz, bakar mıydınız? (siz, çoğul)
¿(Ellos, ellas) miraban?	Bakıyorlar mıydı, bakarlar mıydı?
¿(Ustedes) miraban?	Bakıyor muydunuz, bakar mıydınız? (sizler, kibar hitap)

hablar "konuşmak" fiilinin **pretérito imperfecto** zamanı şöyledir:

Olumlu:

(Yo) hablaba.	Konuşuyordum, konuşurdum.
(Tú) hablabas.	Konuşuyordun, konuşurdun.
(Él, ella) hablaba.	Konuşuyordu, konuşurdu.
(Usted) hablaba.	Konuşuyordunuz, konuşurdunuz. (siz, tekil)
(Nosotros) hablábamos.	Konuşuyorduk, konuşurduk.
(Vosotros) hablabais.	Konuşuyordunuz, konuşurdunuz. (siz, çoğul)
(Ellos, ellas) hablaban.	Konuşuyorlardı, konuşurlardı.
(Ustedes) hablaban.	Konuşuyordunuz, konuşurdunuz. (sizler, kibar hitap)

esperar "konuşmak" fiilinin **pretérito imperfecto** zamanı şöyledir:

Olumlu:

(Yo) esperaba.	Bekliyordum, beklerdim.
(Tú) esperabas.	Bekliyordun, beklerdin.
(Él, ella) esperaba.	Bekliyordu, beklerdi.

(Usted) esperaba.	Bekliyordunuz, beklerdiniz. (siz, tekil)
(Nosotros) esperábamos.	Bekliyorduk, beklerdik.
(Vosotros) esperabais.	Bekliyordunuz, beklerdiniz. (siz, çoğul)
(Ellos, ellas) esperaban.	Bekliyorlardı, beklerlerdi.
(Ustedes) esperaban.	Bekliyordunuz, beklerdiniz. (sizler, kibar hitap)

Cümleler:

Ella andaba en el parque.	O parkta yürüyordu, yürürdü.
Cuando era joven nadaba muy bien.	Gençken çok iyi yüzüyordum, yüzerdim.
Escuchabais la radio.	Radyo dinliyordunuz, dinlerdiniz.
Mi madre limpiaba la casa.	Annem evi temizliyordu, temizlerdi.
Estaba en Esmirna.	İzmir'deydim.
Jugábamos al baloncesto.	Basketbol oynuyorduk, oynardık.
Me tardaba.	Geç kalıyordum, geç kalırdım.
Me telofoneaba.	Bana telefon ediyordu, telefon ederdi.
Saludabamos a nuestro profesor.	Öğretmenimizi selamlıyorduk, selamlardık.
Desayunaba a las ocho.	Saat sekizde kahvaltı yapıyordu, yapardı.
Te despertaba tarde.	Geç kalkıyordun, geç kalkardın.
Nevaba.	Kar yağıyordu, kar yağardı.
Se llamaba Carlos.	Adı Carlos'tu.
Ayudábamos a nuestra madre.	Annemize yardım ediyorduk, yardım ederdik.
Cerraba las puertas.	Kapıları kapatıyordu, kapatırdı.
Comprabais pan.	Ekmek alıyordunuz, ekmek alırdınız.

Pretérito Imperfecto zamanda **–er** ve **–ir** ile sonuçlanan fiillerin kök kısımlarına aldıkları eker aynıdır:

-ía
-ías
-ía
-íamos
-íais
-ían

Mastar eki **–er** olan bazı fiillerin **Pretérito Imperfecto** çekimleri:

comer "yemek yemek" fiilinin **pretérito imperfecto** zamanı şöyledir:

Olumlu:

(**Yo**) **comía.**	Yiyordum, yerdim.
(**Tú**) **comías.**	Yiyordun, yerdin.
(**Él, ella**) **comía.**	Yiyor, yerdi.
(**Usted**) **comía.**	Yiyordunuz, yerdiniz. (siz, tekil)
(**Nosotros**) **comíamos.**	Yiyorduk, yerdik.
(**Vosotros**) **comíais.**	Yiyordunuz, yerdiniz. (siz, çoğul)
(**Ellos, ellas**) **comían.**	Yiyorlardı, yerlerdi.
(**Ustedes**) **comían.**	Yiyordunuz, yerdiniz. (sizler, kibar hitap)

Olumlu:

saber "bilmek" fiilinin **pretérito imperfecto** zamanı şöyledir:

(**Yo**) **sabía.**	Biliyordum, bilirdim.
(**Tú**) **sabías.**	Biliyordun, bilirdin.
(**Él, ella**) **sabía.**	Biliyordu, bilirdi.
(**Usted**) **sabía.**	Biliyordunuz, bilirdiniz. (siz, tekil)
(**Nosotros**) **sabíamos.**	Biliyorduk, bilirdik.
(**Vosotros**) **sabíais.**	Biliyordunuz, bilirdiniz. (siz, çoğul)
(**Ellos, ellas**) **sabían.**	Biliyorlardı, bilirlerdi.
(**Ustedes**) **sabían.**	Biliyordunuz, bilirdiniz. (sizler, kibar hitap)

Olumlu:

beber "içmek" fiilinin **pretérito imperfecto** zamanı şöyledir:

(**Yo**) **bebía.**	İçiyordum, içerdin.
(**Tú**) **bebías.**	İçiyordun, içerdin.
(**Él, ella**) **bebía.**	İçiyordu, içerdi.
(**Usted**) **bebía.**	İçiyordunuz, içerdiniz. (siz, tekil)
(**Nosotros**) **bebíamos.**	İçiyorduk, içerdik.
(**Vosotros**) **bebíais.**	İçiyordunuz, içerdiniz. (siz, çoğul)
(**Ellos, ellas**) **bebían.**	İçiyorlardı, içerlerdi.
(**Ustedes**) **bebían.**	İçiyordunuz, içerdiniz. (sizler, kibar hitap)

Cümleler:

Bebía té.	Çay içiyordu.
Bebías café.	Kahve içiyordun.

Volvía de la tienda.	Dükkândan dönüyordum.
Llovía.	Yağmur yağıyordu.
Comía mantequilla.	Tereyağı yiyordu.
Corría en la calle.	Caddede koşuyordu.
Leía una novela.	Bir roman okuyordu.
Lo sabía.	Onu biliyordum.
No lo sabía.	Bilmiyordum.
Le conocíamos.	Onu tanıyorduk.
Lo metía en su bolsillo.	Onu cebine koyuyordu.

Mastar eki **–ir** olan bazı fiillerin **Pretérito Imperfocto** çekimleri:

escribir "yazmak" fiilinin **pretérito imperfecto** zamanı şöyledir:

Olumlu:

(**Yo**) **escribía.**	Yazıyordum, yazardım.
(**Tú**) **escribías.**	Yazıyordun, yazardın.
(**Él**, **ella**) **escribía.**	Yazıyordu, yazardı.
(**Usted**) **escribía.**	Yazıyordunuz,yazardınız. (siz, tekil)
(**Nosotros**) **escribíamos.**	Yazıyorduk, yazardık.
(**Vosotros**) **escribíais.**	Yazıyordunuz,yazardınız. (siz, çoğul)
(**Ellos**, **ellas**) **escribían.**	Yazıyorlardı, yazarlardı.
(**Ustedes**) **escribían.**	Yazıyordunuz,yazardınız. (sizler, kibar hitap)

abrir "açmak" fiilinin **pretérito imperfecto** zamanı şöyledir:

Olumlu:

(**Yo**) **abría.**	Açıyordum, açardım.
(**Tú**) **abrías.**	Açıyordun, açardın.
(**Él**, **ella**) **abría.**	Açıyordu, açardı.
(**Usted**) **abría.**	Açıyordunuz, açardınız. (siz, tekil)
(**Nosotros**) **abríamos.**	Açıyorduk, açardık.
(**Vosotros**) **abríais.**	Açıyordunuz,açardınız. (siz, çoğul)
(**Ellos**, **ellas**) **abrían.**	Açıyorlardı, açarlardı.
(**Ustedes**) **abrían.**	Açıyordunuz, açardınız. (sizler, kibar hitap)

vivir "yaşamak, oturmak" fiilinin **pretérito imperfecto** zamanı şöyledir:

Olumlu:

(**Yo**) **vivía.**	Yaşıyordum, yaşardım.
(**Tú**) **vivías.**	Yaşıyordun, yaşardın.
(**Él**, **ella**) **vivía.**	Yaşıyordu, yaşardı.
(**Usted**) **vivía.**	Yaşıyordunuz,yaşardınız. (siz, tekil)
(**Nosotros**) **vivíamos.**	Yaşıyorduk, yaşardık.
(**Vosotros**) **vivíais.**	Yaşıyordunuz, yaşardınız. (siz, çoğul)
(**Ellos**, **ellas**) **vivían.**	Yaşıyorlardı, yaşarlardı.
(**Ustedes**) **vivían.**	Yaşıyordunuz, yaşardınız. (sizler, kibar hitap)

venir "gelmek" fiilinin **pretérito imperfecto** zamanı şöyledir:

Olumlu:

(**Yo**) **venía.**	Geliyordum, gelirdim.
(**Tú**) **venías.**	Geliyordun, gelirdin.
(**Él**, **ella**) **venía.**	Geliyordu, gelirdi.
(**Usted**) **venía.**	Geliyordunuz, gelirdiniz. (siz, tekil)
(**Nosotros**) **veníamos.**	Geliyorduk, gelirdik.
(**Vosotros**) **veníais.**	Geliyordunuz, gelirdiniz. (siz, çoğul)
(**Ellos**, **ellas**) **venían.**	Geliyorlardı, gelirlerdi.
(**Ustedes**) **venían.**	Geliyordunuz, gelirdiniz. (sizler, kibar hitap)

Cümleler:

Venía de la escuela.	Okuldan geliyordum.
Venías de la farmacia.	Eczaneden geliyordun.
Venía del cine.	Sinemadan geliyordu.
Veníamos de la fábrica.	Fabrikadan geliyorduk.
Veníais de la tienda.	Dükkandan geliyordunuz.
Venían de la oficina.	Bürodan geliyorlardı.

Pretérito Imperfecto çekimleri düzenli olmayan fiiller de vardır:

ir "gitmek" fiilinin **pretérito imperfecto** zamanı şöyledir:

Olumlu:

(Yo) iba.	Gidiyordum, giderdim.
(Tú) ibas.	Gidiyordun, giderdin.
(Él, ella) iba.	Gidiyordu, giderdi.
(Usted) iba.	Gidiyordunuz, giderdiniz. (siz, tekil)
(Nosotros) íbamos.	Gidiyorduk, giderdik.
(Vosotros) ibais.	Gidiyordunuz, giderdiniz. (siz, çoğul)
(Ellos, ellas) iban.	Gidiyorlardı, giderlerdi.
(Ustedes) iban.	Gidiyordunuz, giderdiniz. (sizler, kibar hitap)

Olumsuz:

(Yo) no iba.	Gitmiyordum, gitmezdim.
(Tú) no ibas.	Gitmiyordun, gitmezdin.
(Él, ella) no iba.	Gitmiyordu, gitmezdi.
(Usted) no iba.	Gitmiyordunuz, gitmezdiniz. (siz, tekil)
(Nosotros) no íbamos.	Gitmiyorduk, gitmezdik.
(Vosotros) no ibais.	Gitmiyordunuz, gitmezdiniz. (siz, çoğul)
(Ellos, ellas) no iban.	Gitmiyorlardı, gitmezlerdi.
(Ustedes) no iban.	Gitmiyordunuz, gitmezdiniz. (sizler, kibar hitap)

Soru:

¿(Yo) iba?	Gidiyor muydum, gider miydim?
¿(Tú) ibas?	Gidiyor muydun, gider miydin?
¿(Él, ella) iba?	Gidiyor muydu, gider miydi?
¿(Usted) iba?	Gidiyor muydunuz, gider miydiniz? (siz, tekil)
¿(Nosotros) íbamos?	Gidiyor muyduk, gider miydik?
¿(Vosotros) ibais.	Gidiyor muydunuz, gider miydiniz? (siz, çoğul)
¿(Ellos, ellas) iban.	Gidiyorlar mıydı, giderler miydi?
¿(Ustedes) iban.	Gidiyor muydunuz, gider miydiniz? (sizler, kibar hitap)

Cümleler:

Iba a la fábrica.	Fabrikaya gidiyordum.
Ibas al jardín.	Bahçeye gidiyordun.
Iba a la escuela.	Okula gidiyordu.
Ibamos al cine.	Sinemaya gidiyorduk.
Ibais a la estación.	İstasyona gidiyordunuz.
Iban al hospital.	Hastaneye gidiyorlardı.

Şimdi bazı dönüşlü (çift zamirli) fiillerin **pretérito imperfecto** zamanını görelim:

despertarse "kalkmak, uyanmak" fiilinin **pretérito imperfecto** zamanı şöyledir:

Olumlu:

(Yo) me despertaba.	Kalkıyordum, kalkardım.
(Tú) te despertabas.	Kalkıyordun, kalkardın.
(Él, ella) se despertaba.	Kalkıyordu, kalkardı.
(Usted) se despertaba.	Kalkıyordunuz, kalkardınız. (siz, tekil)
(Nosotros) nos despertábamos.	Kalkıyorduk, kalkardık.
(Vosotros) os despertabais.	Kalkıyordunuz, kalkardınız. (siz, çoğul)
(Ellos, ellas) se despertaban.	Kalkıyorlardı, kalkarlardı.
(Ustedes) se despertaban.	Kalkıyordunuz, kalkardınız. (sizler, kibar hitap)

Olumsuz:

(Yo) no me despertaba.	Kalkmıyordum, kalkmazdım.
(Tú) no te despertabas.	Kalkmıyordun, kalkmazdın.
(Él, ella) no se despertaba.	Kalkmıyordu, kalkmazdı.
(Usted) no se despertaba.	Kalkmıyordunuz, kalkmazdınız. (siz, tekil)
(Nosotros) no nos despertábamos.	Kalkmıyorduk, kalkmazdık.
(Vosotros) no os despertabais.	Kalkmıyordunuz, kalkmazdınız. (siz, çoğul)
(Ellos, ellas) no se despertaban.	Kalkmıyorlardı, kalkmazlardı.
(Ustedes) no se despertaban.	Kalkmıyordunuz, kalkmazdınız. (sizler, kibar hitap)

Soru:

¿(Yo) me despertaba?	Kalkıyor muydum, kalkar mıydım?
¿(Tú) te despertabas?	Kalkıyor muydun, kalkar mıydın?

¿(Él, ella) se despertaba?	Kalkıyor muydu, kalkar mıydı?
¿(Usted) se despertaba?	Kalkıyor muydunuz, kalkar mıydınız? (siz, tekil)
¿(Nosotros) nos despertábamos?	Kalkıyor muyduk, kalkar mıydık?
¿(Vosotros) os despertabais?	Kalkıyor muydunuz, kalkar mıydınız? (siz, çoğul)
¿(Ellos, ellas) se despertaban?	Kalkıyorlar mıydı, kalkarlar mıydı?
¿(Ustedes) se despertaban?	Kalkıyor muydunuz, kalkar mıydınız? (sizler, kibar hitap)

Bañarse "banyo yapmak" fiilinin **pretérito imperfecto** zamanı şöyledir:

Olumlu:

(Yo) me bañaba.	Banyo yapıyordum.
(Tú) te bañabas.	Banyo yapıyordun.
(Él, ella) se bañaba.	Banyo yapıyordu.
(Usted) se bañaba.	Banyo yapıyordunuz. (siz, tekil)
(Nosotros) nos bañábamos.	Banyo yapıyorduk.
(Vosotros) os bañabais.	Banyo yapıyordunuz. (siz, çoğul)
(Ellos, ellas) se bañaban.	Banyo yapıyorlardı.
(Ustedes) se bañaban.	Banyo yapıyordunuz. (sizler, kibar hitap)

acostarse "kalkmak" fiilinin **pretérito imperfecto** zamanı şöyledir:

Olumlu:

(Yo) me acostaba.	Yatıyordum, yatardım.
(Tú) te acostabas.	Yatıyordun, yatardın.
(Él, ella) se acostaba.	Yatıyordu, yatardı.
(Usted) se acostaba.	Yatıyordunuz, yatardınız. (siz, tekil)
(Nosotros) nos acostábamos.	Yatıyorduk, yatardık.
(Vosotros) os acostabais.	Yatıyordunuz, yatardınız. (siz, çoğul)
(Ellos, ellas) se acostaban.	Yatıyorlardı, yatarlardı.
(Ustedes) se acostaban.	Yatıyordunuz, yatardınız. (sizler, kibar hitap)

vestirse "giyinmek" fiilinin **pretérito imperfecto** zamanı şöyledir:

Olumlu:

(Yo) me vestía.	Giyiniyordum, giyinirdim.

(Tú) te vestías.	Giyiniyordun, giyinirdin.
(Él, ella) se vestía.	Giyiniyordu, giyinirdi.
(Usted) se vestía.	Giyiniyordunuz, giyinirdiniz. (siz, tekil)
(Nosotros) nos vestíamos.	Giyiniyorduk, giyinirdik.
(Vosotros) os vestíais.	Giyiniyordunuz, giyinirdiniz. (siz, çoğul)
(Ellos, ellas) se vestían.	Giyiniyorlardı, giyinirlerdi.
(Ustedes) se vestían.	Giyiniyordunuz, giyinirdiniz. (sizler, kibar hitap)

PRETÉRITO IMPERFECTO ile ilgili cümleler

Ella nadaba en primavera.	İlkbaharda yüzüyordu, yüzerdi.
Carmen y Carlos nadaban los domingos.	Carmen ve Carlos Pazar günleri yüzerlerdi.
Siempre comía manzana.	Daima elma yiyordum.
Escuchábamos la radio.	Radyo dinliyorduk.
Hacía frío.	Hava soğuktu.
La mesa era pequeña.	Masa küçüktü.
Se despertaban tarde.	Geç kalkıyorlardı.
La mujer lavaba sus manos.	Kadın ellerini yıkıyordu.
Esperaba en la parada del autobús.	Otobüs durağında bekliyordu.
Limpiaban las ventanas.	Pencereleri temizliyorlardı.
No tomaba cerveza.	Bira içmiyordum.
Ibamos a la piscina los jueves.	Perşembe günleri havuza gidiyorduk.
Queríamos ir allá.	Oraya gitmek istiyorduk.
Teníamos amigos.	Arkadaşlarımız vardı.
No le escribía cartas.	Ona mektup yazmıyordum.
Jugábamos al fútbol.	Futbol oynuyorduk.
¿Dónde vivías antes?	Önceden nerede yaşıyordun?
Antes era abogado.	Önceden avukattım.
¿Dónde estabais antes?	Önceden neredeydiniz?
Ellos cenaban en casa.	Akşam yemeğini evde yiyorlardı.
Este hombre vivía en la aldea.	Bu adam köyde yaşıyordu.
Esperábamos el autobús.	Otobüsü bekliyorduk.
Antes me despertaba a las siete.	Önceden saat yedide kalkıyordum.
Ella era enfermera. Iba al hospital.	O hemşireydi. Hastaneye gidiyordu.
Al lado de la zapatería había una farmacia.	Ayakkabıcının yanında bir eczane vardı.

PRETÉRITO PLUSCUAMPERFECTO – -miş'li geçmişin hikâyesi

"Dinlemiştim, yazmıştınız, okumuştum, çalışmıştı, gelmişlerdi, yürümüştük" gibi geçmişte olmuş iş ve hareketleri ifade eden zamana –miş'li geçmiş zamanın hikayesi denilmektedir. Bu zaman, diğer geçmiş bir zamana oranla daha önce olmuş bulunan bir iş ve hareketi ifade eder.

Bu zamanı oluşturmakta güçlük yoktur. Nasıl **pretérito perfecto** zamanında **haber** fiilinin şimdiki zamanı ile çekilecek fiilin **participio**'su yan yana getiriliyorsa, bu zaman oluşturulurken tek fark olarak **haber** fiilinin şimdiki zamanı yerine **imperfecto** zamanı kullanılır:

Pretérito Pluscuamperfecto	
(Yo) **HABÍA** (Tú) **HABÍAS** (Él, ella, usted)**HABÍA** (Nosotros) **HABÍAMOS** (Vosotros) **HABÍAIS** (Ellos, ellas, ustedes) **HABÍAN**	**participio**

Ser (olmak) fiilinin **pretérito pluscuamperfecto** zamanı şöyledir:

Olumlu:

(Yo) Había sido.	Olmuştum.
(Tú) Habías sido.	Olmuştun.
(Él, ella) Había sido.	Olmuştu.
(Usted) Había sido.	Olmuştunuz.
(Nosotros) Habíamos sido.	Olmuştuk.
(Vosotros) Habíais sido.	Olmuştunuz.
(Ellos, ellas) Habían sido.	Olmuşlardı.
(Ustedes) Habían sido.	Olmuştunuz.

Olumsuz:

(Yo) No había sido.	Olmamıştım.
(Tú) No habías sido.	Olmamıştın.
(Él, ella) No había sido.	Olmamıştı.
(Usted) No había sido.	Olmamıştınız.
(Nosotros) No habíamos sido.	Olmamıştık.
(Vosotros) No habíais sido.	Olmamıştık.

(**Ellos**, **ellas**) **No habían sido.**	Olmamışlardı.
(**Ustedes**) **No habían sido.**	Olmamıştınız.

Soru:

¿(**Yo**) **Había sido?**	Olmuş muydum?
¿(**Tú**) **Habías sido?**	Olmuş muydun?
¿(**Él, ella**) **Había sido?**	Olmuş muydu?
¿(**Usted**) **Había sido?**	Olmuş muydunuz?
¿(**Nosotros**) **Habíamos sido?**	Olmuş muyduk?
¿(**Vosotros**) **Habíais sido?**	Olmuş muydunuz?
¿(**Ellos**, **ellas**) **Habían sido?**	Olmuşlar mıydı?
¿(**Ustedes**) **Habían sido?**	Olmuş muydunuz?

Estar (olmak, bulunmak) fiilinin **pretérito pluscuamperfecto** zamanı şöyledir:

Olumlu:

(**Yo**) **Había estado.**	Bulunmuştum.
(**Tú**) **Habías estado.**	Bulunmuştun.
(**Él, ella**) **Había estado.**	Bulunmuştu.
(**Usted**) **Había estado.**	Bulunmuştunuz.
(**Nosotros**) **Habíamos estado.**	Bulunmuştuk.
(**Vosotros**) **Habíais estado.**	Bulunmuştunuz.
(**Ellos, ellas**) **Habían estado.**	Bulunmuşlardı.
(**Ustedes**) **Habían estado.**	Bulunmuştunuz

Tener (sahip olmak) fiilinin **pretérito pluscuamperfecto** zamanı şöyledir:

Olumlu:

(**Yo**) **Había tenido.**	Sahip olmuştum, benim olmuştu.
(**Tú**) **Habías tenido.**	Senin olmuştu.
(**Él, ella**) **Había tenido.**	Onun olmuştu.
(**Usted**) **Había tenido.**	Sizin olmuştu
(**Nosotros**) **Habíamos tenido.**	Bizim olmuştu.
(**Vosotros**) **Habíais tenido.**	Sizin olmuştu.
(**Ellos, ellas**) **Habían tenido.**	Onların olmuştu.
(**Ustedes**) **Habían tenido.**	Sizlerin olmuştu.

Prometer (söz vermek) fiilinin **pretérito pluscuamperfecto** zamanı şöyledir:

Olumlu:

(**Yo**) **Había prometido.**	Söz vermiştim.

(Tú) Habías prometido.	Söz vermiştin.
(Él, ella) Había prometido.	Söz vermişti.
(Usted) Había prometido.	Söz vermiştiniz.
(Nosotros) Habíamos prometido.	Söz vermiştik.
(Vosotros) Habíais prometido.	Söz vermiştiniz.
(Ellos, ellas) Habían prometido.	Söz vermişlerdi.
(Ustedes) Habían prometido.	Söz vermiştiniz.

Aşağıdaki örnek cümlelerden birincisi **pretérito perfecto**, ikincisi ise **pretérito pluscuamperfecto** zamandadır.

He comido pan.	Ekmek yedim.
Había comido pan.	Ekmek yemiştim.
Has ido al teatro.	Tiyatroya gittin.
Habías ido al teatro.	Tiyatroya gitmiştin.
Ella ha escuchado al profesor.	Öğretmeni dinledi.
Ella había escuchado al profesor.	Öğretmeni dinlemişti.
Hemos llamado al portero.	Kapıcıyı çağırdık.
Habíamos llamado al portero.	Kapıcıyı çağırmıştık.
Habéis abierto las puertas.	Kapıları açtınız.
Habíais abierto las puertas.	Kapıları açmıştınız.
Han escrito con estilográfica.	Dolmakalemle yazdılar.
Habían escrito con estilográfica.	Dolmakalemle yazmışlardı.
Hemos jugado al baloncesto.	Basketbol oynadık.
Habíamos jugado al baloncesto.	Basketbol oynamıştık.
Me he tardado.	Geç kaldım.
Me había tardado.	Geç kalmıştım.
Han visitado el museo.	Müzeyi gezdiler.
Habían visitado el museo.	Müzeyi gezmişlerdi.
Habéis jugado al escondite.	Saklambaç oynadınız.
Habíais jugado al escondite.	Saklambaç oynamıştınız.
No he tenido la oportunidad de hablar con ella.	Onunla konuşma fırsatım olmadı.
No había tenido la oportunidad de Hablar con ella.	Onunla konuşma fırsatım olmamıştı.

Me has prometido. **Me habías prometido.**	Bana söz verdin. Bana söz vermiştin.
He comprado una camisa. **Había comprado una camisa.**	Bir gömlek satın aldım. Bir gömlek satın almıştım.
Te has despertado temprano. **Te habías despertado temprano.**	Erken kalktın. Erken kalkmıştın.
Nos hemos acostado tarde. **Nos habíamos acostado tarde.**	Geç yattık. Geç yatmıştık.
Se han sentado en un banco. **Se habían sentado en un banco.**	Bir banka oturdular. Bir banka oturmuşlardı.
El autobús se ha parado en la parada.	Otobüs durakta durdu.
El autobús se había parado en la parada.	Otobüs durakta durmuştu.
Se ha afeitado a las ocho. **Se había afeitado a las ocho.**	Saat sekizde tıraş oldu. Saat sekizde tıraş olmuştu.
Mi madre ha salido de casa. **Mi madre había salido de casa.**	Annem evden çıktı. Annem evden çıkmıştı.
Mi amiga ha puesto la mesa. **Mi amiga había puesto la mesa.**	Arkadaşım sofrayı kurdu. Arkadaşım sofrayı kurmuştu.
He prometido a mi padre. **Había prometido a mi padre.**	Babama söz verdim. Babama söz vermiştim.
Mi madre no me ha permitido jugar al fútbol.	Annem futbol oynamama izin vermedi.
Mi madre no me había permitido jugar al fútbol.	Annem futbol oynamama izin vermemişti.
Ha cerrado la ventana. **Había cerrado la ventana.**	Pencereyi kapattı. Pencereyi kapatmıştı.
Habéis limpiado la casa. **Habíais limpiado la casa.**	Evi temizlediniz. Evi temizlemiştiniz.
He terminado mis deberes. **Había terminado mis deberes.**	Ödevlerimi bitirdim. Ödevlerimi bitirmiştim.

Me ha llamado. **Me había llamado.**	Beni aradı. Beni aramıştı.
Hemos hablado con el profesor. **Habaímos hablado con el profesor.**	Öğretmenle konuştuk. Öğretmenle konuşmuştuk.
Has escrito una carta. **Habías escrito una carta.**	Bir mektup yazdın. Bir mektup yazmıştın.
Hemos vivido en París. **Habíamos vivido en París.**	Paris'te oturduk. (Yaşadık.) Paris'te oturmuştuk. (Yaşamıştık.)
Cuando llegamos a la estación, el tren ya había salido.	İstasyona vardığımızda, tren hareket etmişti bile.
Cuando llegaron los bomberos ya se había quemado la casa.	İtfaiyeciler geldiğinde ev yanmıştı bile.
Cuando llamé a Isabel, ella no se había acostado.	Isabel'i aradığımda yatmamıştı.
Cuando fuimos al restaurante ya había cerrado.	Lokantaya gittiğimizde kapanmıştı.
Cuando vino el médico, el enfermo ya había muerto.	Doktor geldiğinde hasta ölmüştü.
Cuando entramos en el cine la película había empezado.	Sinemaya girdiğimizde film başlamıştı.
Cuando fuimos a casa de Antonio ya se había marchado.	Antonio'nun evine gittiğimizde o çıkmıştı.
¿A qué hora salió el tren? **A las diez ya había salido.**	Tren kaçta hareket etti? Saat onda hareket etmişti bile.
¿A qué hora llegó José a casa? **A las once él habia llegado a casa.**	José saat kaçta eve geldi? Saat on birde eve gelmişti.
¿A qué hora salieron del teatro? **A las tres habían salido del teatro.**	Tiyatrodan saat kaçta çıktılar? Saat üçte tiyatrodan çıkmışlardı.
¿A qué hora se acostaron los niños? **A las nueve se habían acostado.**	Çocuklar saat kaçta yattılar? Saat dokuzda yatmışlardı.

FUTURO PERFECTO – gelecekte geçmiş zaman

Futuro perfecto, gelecekte yapılacak olan bir eylemden önce bitmesi istenen, kuşkulu ya da muhtemel olan bir başka eylemi anlatır. Bugün artık hemen hemen hiç kullanılmaz olmuş ve yerini Haber ve Dilek kiplerinin geçmiş zamanlarına bırakmıştır. (**si para el lunes no hubiere vuelto** (**he vuelto**) –eğer Pazartesi gününe kadar dönmemiş olursam).

Bir fiilin **futuro perfecto** zamanını teşkil etmek için **haber** fiilinin **futuro** zamanı ile, çekilecek fiilin **participio** halini yan yana getirmek gerekir.

Andar "yürümek" fiilinin **futuro perfecto** zamanı:

Olumlu:

(**Yo**) **habré andado.**	Yürümüş olacağım.
(**Tú**) **habrás andado.**	Yürümüş olacaksın.
(**Él**, **ella**) **habrá andado.**	Yürümüş olacak.
(**Usted**) **habrá andado.**	Yürümüş olacaksınız. (Siz, tekil)
(**Nosotros**) **habremos andado.**	Yürümüş olacağız.
(**Vosotros**) **habréis andado.**	Yürümüş olacaksınız.
(**Ellos**, **ellas**) **habrán andado.**	Yürümüş olacaklar.
(**Ustedes**) **habrán andado.**	Yürümüş olacaksınız.

Olumsuz:

(**Yo**) **no habré andado.**	Yürümüş olmayacağım.
(**Tú**) **no habrás andado.**	Yürümüş olmayacaksın.
(**Él**, **ella**) **no habrá andado.**	Yürümüş olmayacak.
(**Usted**) **no habrá andado.**	Yürümüş olmayacaksınız. (Siz, tekil)
(**Nosotros**) **no habremos andado.**	Yürümüş olmayacağız.
(**Vosotros**) **no habréis andado.**	Yürümüş olmayacaksınız.
(**Ellos**, **ellas**) **no habrán andado.**	Yürümüş olmayacaklar.
(**Ustedes**) **no habrán andado.**	Yürümüş olmayacaksınız.

Soru:

¿(**Yo**) **habré andado?**	Yürümüş olacak mıyım?
¿(**Tú**) **habrás andado?**	Yürümüş olacak mısın?
¿(**Él**, **ella**) **habrá andado?**	Yürümüş olacak mı?
¿(**Usted**) **habrá andado?**	Yürümüş olacak mısınız? (Siz, tekil)
¿(**Nosotros**) **habremos andado?**	Yürümüş olacak mıyız?
¿(**Vosotros**) **habréis andado?**	Yürümüş olacak mısınız?
¿(**Ellos**, **ellas**) **habrán andado?**	Yürümüş olacaklar mı?
¿(**Ustedes**) **habrán andado?**	Yürümüş olacak mısınız?

Leer "okumak" fiilinin **futuro perfecto** zamanı:

Olumlu:

(**Yo**) **habré leído.**	Okumuş olacağım.
(**Tú**) **habrás leído.**	Okumuş olacaksın.
(**Él, ella**) **habrá leído.**	Okumuş olacak.
(**Usted**) **habrá leído.**	Okumuş olacaksınız. (Siz, tekil)
(**Nosotros**) **habremos leído.**	Okumuş olacağız.
(**Vosotros**) **habréis leído.**	Okumuş olacaksınız.
(**Ellos, ellas**) **habrán leído.**	Okumuş olacaklar.
(**Ustedes**) **habrán leído.**	Okumuş olacaksınız.

Escribir "yazmak" fiilinin **futuro perfecto** zamanı:

Olumlu:

(**Yo**) **habré escrito.**	Yazmış olacağım.
(**Tú**) **habrás escrito.**	Yazmış olacaksın.
(**Él, ella**) **habrá escrito.**	Yazmış olacak.
(**Usted**) **habrá escrito.**	Yazmış olacaksınız. (Siz, tekil)
(**Nosotros**) **habremos escrito.**	Yazmış olacağız.
(**Vosotros**) **habréis escrito.**	Yazmış olacaksınız.
(**Ellos, ellas**) **habrán escrito.**	Yazmış olacaklar.
(**Ustedes**) **habrán escrito.**	Yazmış olacaksınız.

Ir "gitmek" fiilinin **futuro perfecto** zamanı:

Olumlu:

(**Yo**) **habré ido.**	Gitmiş olacağım.
(**Tú**) **habrás ido.**	Gitmiş olacaksın.
(**Él, ella**) **habrá ido.**	Gitmiş olacak.
(**Usted**) **habrá ido.**	Gitmiş olacaksınız. (Siz, tekil)
(**Nosotros**) **habremos ido.**	Gitmiş olacağız.
(**Vosotros**) **habréis ido.**	Gitmiş olacaksınız.
(**Ellos, ellas**) **habrán ido.**	Gitmiş olacaklar.
(**Ustedes**) **habrán ido.**	Gitmiş olacaksınız.

Venir "gelmek" fiilinin **futuro perfecto** zamanı:

Olumlu:

(**Yo**) **habré venido.**	Gelmiş olacağım.
(**Tú**) **habrás venido.**	Gelmiş olacaksın.

(Él, ella) habrá venido.	Gelmiş olacak.
(Usted) habrá venido.	Gelmiş olacaksınız. (Siz, tekil)
(Nosotros) habremos venido.	Gelmiş olacağız.
(Vosotros) habréis venido.	Gelmiş olacaksınız.
(Ellos, ellas) habrán venido.	Gelmiş olacaklar.
(Ustedes) habrán venido.	Gelmiş olacaksınız.

Comer "yemek yemek" fiilinin **futuro perfecto** zamanı:

Olumlu:

(Yo) habré comido.	Yemiş olacağım.
(Tú) habrás comido.	Yemiş olacaksın.
(Él, ella) habrá comido.	Yemiş olacak.
(Usted) habrá comido.	Yemiş olacaksınız. (Siz, tekil)
(Nosotros) habremos comido.	Yemiş olacağız.
(Vosotros) habréis comido.	Yemiş olacaksınız.
(Ellos, ellas) habrán comido.	Yemiş olacaklar.
(Ustedes) habrán comido.	Yemiş olacaksınız.

Dormir "uyumak" fiilinin **futuro perfecto** zamanı:

Olumlu:

(Yo) habré dormido.	Uyumuş olacağım.
(Tú) habrás dormido.	Uyumuş olacaksın.
(Él, ella) habrá dormido.	Uyumuş olacak.
(Usted) habrá dormido.	Uyumuş olacaksınız. (Siz, tekil)
(Nosotros) habremos dormido.	Uyumuş olacağız.
(Vosotros) habréis dormido.	Uyumuş olacaksınız.
(Ellos, ellas) habrán dormido.	Uyumuş olacaklar.
(Ustedes) habrán dormido.	Uyumuş olacaksınız.

Descansar "dinlenmek" fiilinin **futuro perfecto** zamanı:

Olumlu:

(Yo) habré descansado.	Dinlenmiş olacağım.
(Tú) habrás descansado.	Dinlenmiş olacaksın.
(Él, ella) habrá descansado.	Dinlenmiş olacak.
(Usted) habrá descansado.	Dinlenmiş olacaksınız. (Siz, tekil)
(Nosotros) habremos descansado.	Dinlenmiş olacağız.
(Vosotros) habréis descansado.	Dinlenmiş olacaksınız.
(Ellos, ellas) habrán descansado.	Dinlenmiş olacaklar.
(Ustedes) habrán descansado.	Dinlenmiş olacaksınız.

Hacer "yapmak" fiilinin **futuro perfecto** zamanı:

Olumlu:

(Yo) habré hecho.	Yapmış olacağım.
(Tú) habrás hecho.	Yapmış olacaksın.
(Él, ella) habrá hecho.	Yapmış olacak.
(Usted) habrá hecho.	Yapmış olacaksınız. (Siz, tekil)
(Nosotros) habremos hecho.	Yapmış olacağız.
(Vosotros) habréis hecho.	Yapmış olacaksınız.
(Ellos, ellas) habrán hecho.	Yapmış olacaklar.
(Ustedes) habrán hecho.	Yapmış olacaksınız.

Salir "çıkmak" fiilinin **futuro perfecto** zamanı:

Olumlu:

(Yo) habré salido.	Çıkmış olacağım.
(Tú) habrás salido.	Çıkmış olacaksın.
(Él, ella) habrá salido.	Çıkmış olacak.
(Usted) habrá salido.	Çıkmış olacaksınız. (Siz, tekil)
(Nosotros) habremos salido.	Çıkmış olacağız.
(Vosotros) habréis salido.	Çıkmış olacaksınız.
(Ellos, ellas) habrán salido.	Çıkmış olacaklar.
(Ustedes) habrán salido.	Çıkmış olacaksınız.

Terminar "bitirmek" fiilinin **futuro perfecto** zamanı:

Olumlu:

(Yo) habré terminado.	Bitirmiş olacağım.
(Tú) habrás terminado.	Bitirmiş olacaksın.
(Él, ella) habrá terminado.	Bitirmiş olacak.
(Usted) habrá terminado.	Bitirmiş olacaksınız. (Siz, tekil)
(Nosotros) habremos terminado.	Bitirmiş olacağız.
(Vosotros) habréis terminado.	Bitirmiş olacaksınız.
(Ellos, ellas) habrán terminado.	Bitirmiş olacaklar.
(Ustedes) habrán terminado.	Bitirmiş olacaksınız.

Empezar "başlamak" fiilinin **futuro perfecto** zamanı:

Olumlu:

(Yo) habré empezado.	Başlamış olacağım.
(Tú) habrás empezado.	Başlamış olacaksın.

(Él, ella) habrá empezado. Başlamış olacak.
(Usted) habrá empezado. Başlamış olacaksınız. (Siz, tekil)
(Nosotros) habremos empezado. Başlamış olacağız.
(Vosotros) habréis empezado. Başlamış olacaksınız.
(Ellos, ellas) habrán empezado. Başlamış olacaklar.
(Ustedes) habrán empezado. Başlamış olacaksınız.

Ver "görmek" fiilinin **futuro perfecto** zamanı:

Olumlu:

(Yo) habré visto. Görmüş olacağım.
(Tú) habrás visto. Görmüş olacaksın.
(Él, ella) habrá visto. Görmüş olacak.
(Usted) habrá visto. Görmüş olacaksınız. (Siz, tekil)
(Nosotros) habremos visto. Görmüş olacağız.
(Vosotros) habréis visto. Görmüş olacaksınız.
(Ellos, ellas) habrán visto. Görmüş olacaklar.
(Ustedes) habrán visto. Görmüş olacaksınız.

Decir "söylemek" fiilinin **futuro perfecto** zamanı:

Olumlu:

(Yo) habré dicho. Söylemiş olacağım.
(Tú) habrás dicho. Söylemiş olacaksın.
(Él, ella) habrá dicho. Söylemiş olacak.
(Usted) habrá dicho. Söylemiş olacaksınız. (Siz, tekil)
(Nosotros) habremos dicho. Söylemiş olacağız.
(Vosotros) habréis dicho. Söylemiş olacaksınız.
(Ellos, ellas) habrán dicho. Söylemiş olacaklar.
(Ustedes) habrán dicho. Söylemiş olacaksınız.

Abrir "açmak" fiilinin **futuro perfecto** zamanı:

Olumlu:

(Yo) habré abierto. Açmış olacağım.
(Tú) habrás abierto. Açmış olacaksın.
(Él, ella) habrá abierto. Açmış olacak.
(Usted) habrá abierto. Açmış olacaksınız. (Siz, tekil)
(Nosotros) habremos abierto. Açmış olacağız.
(Vosotros) habréis abierto. Açmış olacaksınız.
(Ellos, ellas) habrán abierto. Açmış olacaklar.
(Ustedes) habrán abierto. Açmış olacaksınız.

Desayunar "kahvaltı yapmak" fiilinin **futuro perfecto** zamanı:

Olumlu:

(**Yo**) **habré desayunado.**	Kahvaltı yapmış olacağım.
(**Tú**) **habrás desayunado.**	Kahvaltı yapmış olacaksın.
(**Él, ella**) **habrá desayunado.**	Kahvaltı yapmış olacak.
(**Usted**) **se habrá desayunado.**	Kahvaltı yapmış olacaksınız. (Siz, tekil)
(**Nosotros**) **habremos desayunado.**	Kahvaltı yapmış olacağız.
(**Vosotros**) **habréis desayunado.**	Kahvaltı yapmış olacaksınız.
(**Ellos, ellas**) **habrán desayunado.**	Kahvaltı yapmış olacaklar.
(**Ustedes**) **habrán desayunado.**	Kahvaltı yapmış olacaksınız.

Şimdi de bazı çift zamirli fiilerden örnekler verelim:

Despertarse "uyanmak, kalkmak" fiilinin **futuro perfecto** zamanı:

Olumlu:

(**Yo**) **me habré despertado.**	Uyanmış olacağım.
(**Tú**) **te habrás despertado.**	Uyanmış olacaksın.
(**Él, ella**) **se habrá despertado.**	Uyanmış olacak.
(**Usted**) **se habrá despertado.**	Uyanmış olacaksınız. (Siz, tekil)
(**Nosotros**) **nos habremos despertado.**	Uyanmış olacağız.
(**Vosotros**) **os habréis despertado.**	Uyanmış olacaksınız.
(**Ellos, ellas**) **se habrán despertado.**	Uyanmış olacaklar.
(**Ustedes**) **se habrán despertado.**	Uyanmış olacaksınız.

Olumsuz:

(**Yo**) **no me habré despertado.**	Uyanmış olmayacağım.
(**Tú**) **no te habrás despertado.**	Uyanmış olmayacaksın.
(**Él, ella**) **no se habrá despertado.**	Uyanmış olmayacak.
(**Usted**) **no se habrá despertado.**	Uyanmış olmayacaksınız. (Siz, tekil)
(**Nosotros**) **no nos habremos despertado.**	Uyanmış olmayacağız.
(**Vosotros**) **no os habréis despertado.**	Uyanmış olmayacaksınız.
(**Ellos, ellas**) **no se habrán despertado.**	Uyanmış olmayacaklar.
(**Ustedes**) **no se habrán despertado.**	Uyanmış olmayacaksınız.

Soru:

¿(**Yo**) **me habré despertado?**	Uyanmış olacak mıyım?
¿(**Tú**) **te habrás despertado?**	Uyanmış olacak mısın?
¿(**Él, ella**) **se habrá despertado?**	Uyanmış olacak mı?

¿(Usted) se habrá despertado?	Uyanmış olacak mısınız? (Siz, tekil)
¿(Nosotros) nos habremos despertado?	Uyanmış olacak mıyız?
¿(Vosotros) os habréis despertado?	Uyanmış olacak mısınız?
¿(Ellos, ellas) se habrán despertado?	Uyanmış olacaklar mı?
¿(Ustedes) se habrán despertado?	Uyanmış olacak mısınız?

Acostarse "yatmak" fiilinin **futuro perfecto** zamanı:

Olumlu:

(**Yo**) **me habré acostado.**	Yatmış olacağım.
(**Tú**) **te habrás acostado.**	Yatmış olacaksın.
(**Él, ella**) **se habrá acostado.**	Yatmış olacak.
(**Usted**) **se habrá acostado.**	Yatmış olacaksınız. (Siz, tekil)
(**Nosotros**) **nos habremos acostado.**	Yatmış olacağız.
(**Vosotros**) **os habréis acostado.**	Yatmış olacaksınız.
(**Ellos, ellas**) **se habrán acostado.**	Yatmış olacaklar.
(**Ustedes**) **se habrán acostado.**	Yatmış olacaksınız.

Vestirse "giyinmek" fiilinin **futuro perfecto** zamanı:

Olumlu:

(**Yo**) **me habré vestido.**	Giyinmiş olacağım.
(**Tú**) **te habrás vestido.**	Giyinmiş olacaksın.
(**Él, ella**) **se habrá vestido.**	Giyinmiş olacak.
(**Usted**) **se habrá vestido.**	Giyinmiş olacaksınız. (Siz, tekil)
(**Nosotros**) **nos habremos vestido.**	Giyinmiş olacağız.
(**Vosotros**) **os habréis vestido.**	Giyinmiş olacaksınız.
(**Ellos, ellas**) **se habrán vestido.**	Giyinmiş olacaklar.
(**Ustedes**) **se habrán vestido.**	Giyinmiş olacaksınız.

PRETÉRITO ANTERIOR – -miş'li geçmişin hikâyesi

Geçmişte tamamlanmış bir eylemden hemen önce olup bitmiş birbaşka eylemi ifade eder.

Apenas hubo terminado la demostración, cuando llegó la policía.

Gösteri tam bitmişti ki polis geldi.

Daima **apenas**, **cuando**, **tan pronto**, **depués que**, **en cuanto que** gibi zaman zarfları ile kullanılan bu zaman, yerini giderek **Pretérito Indefinido** ya da **Pluscuamperfecto**'ya bırakmıştır.

Bu zamanı teşkil etmek için haber fiilinin **pretérito indefinido** zamanı ile asıl fiilin **participio**'su yan yana getirilir:

comer "yemek yemek" fiilinin **pretérito anterior** çekimi:

Olumlu:

(**Yo**) **hube comido**	yemiştim ki
(**Tú**) **hubiste comido**	yemiştin ki
(**Él, ella**) **hubo comido**	yemişti ki
(**Usted**) **hubo comido**	yemiştiniz ki
(**Nosotros**) **hubimos comido**	yemiştik ki
(**Vosotros**) **hubisteis comido**	yemiştiniz ki
(**Ellos, ellas**) **hubieron comido**	yemişlerdi ki
(**Ustedes**) **hubieron comido**	yemiştiniz ki

ir "gitmek" fiilinin **pretérito anterior** çekimi:

Olumlu:

(**Yo**) **hube ido**	gitmiştim ki
(**Tú**) **hubiste ido**	gitmiştin ki
(**Él, ella**) **hubo ido**	gitmişti ki
(**Usted**) **hubo ido**	gitmiştiniz ki
(**Nosotros**) **hubimos ido**	gitmiştik ki
(**Vosotros**) **hubisteis ido**	gitmiştiniz ki
(**Ellos, ellas**) **hubieron ido**	gitmişlerdi ki
(**Ustedes**) **hubieron ido**	gitmiştiniz ki

venir "gelmek" fiilinin **pretérito anterior** çekimi:

Olumlu:

(**Yo**) **hube venido**	gelmiştim ki
(**Tú**) **hubiste venido**	gelmiştin ki
(**Él, ella**) **hubo venido**	gelmişti ki
(**Usted**) **hubo venido**	gelmiştiniz ki
(**Nosotros**) **hubimos venido**	gelmiştik ki
(**Vosotros**) **hubisteis venido**	gelmiştiniz ki
(**Ellos, ellas**) **hubieron venido**	gelmişlerdi ki
(**Ustedes**) **hubieron venido**	gelmiştiniz ki

salir "çıkmak" fiilinin **pretérito anterior** çekimi:

Olumlu:

(**Yo**) **hube salido**	çıkmıştım ki
(**Tú**) **hubiste salido**	çıkmıştın ki
(**Él**, **ella**) **hubo salido**	çıkmıştı ki
(**Usted**) **hubo salido**	çıkmıştınız ki
(**Nosotros**) **hubimos salido**	çıkmıştık ki
(**Vosotros**) **hubisteis salido**	çıkmıştınız ki
(**Ellos**, **ellas**) **hubieron salido**	çıkmışlardı ki
(**Ustedes**) **hubieron salido**	çıkmıştınız ki

jugar "oynamak" fiilinin **pretérito anterior** çekimi:

Olumlu:

(**Yo**) **hube jugado**	oynamıştım ki
(**Tú**) **hubiste jugado**	oynamıştın ki
(**Él**, **ella**) **hubo jugado**	oynamıştı ki
(**Usted**) **hubo jugado**	oynamıştınız ki
(**Nosotros**) **hubimos jugado**	oynamıştık ki
(**Vosotros**) **hubisteis jugado**	oynamıştınız ki
(**Ellos**, **ellas**) **hubieron jugado**	oynamışlardı ki
(**Ustedes**) **hubieron jugado**	oynamıştınız ki

hacer "yapmak" fiilinin **pretérito anterior** çekimi:

Olumlu:

(**Yo**) **hube hecho**	yapmıştım ki
(**Tú**) **hubiste hecho**	yapmıştın ki
(**Él**, **ella**) **hubo hecho**	yapmıştı ki
(**Usted**) **hubo hecho**	yapmıştınız ki
(**Nosotros**) **hubimos hecho**	yapmıştık ki
(**Vosotros**) **hubisteis hecho**	yapmıştınız ki
(**Ellos**, **ellas**) **hubieron hecho**	yapmışlardı ki
(**Ustedes**) **hubieron hecho**	yapmıştınız ki

ver "görmek" fiilinin **pretérito anterior** çekimi:

Olumlu:

(**Yo**) **hube visto**	görmüştüm ki
(**Tú**) **hubiste visto**	görmüştün ki

(**Él**, **ella**) **hubo visto**	görmüştü ki
(**Usted**) **hubo visto**	görmüştünüz ki
(**Nosotros**) **hubimos visto**	görmüştük ki
(**Vosotros**) **hubisteis visto**	görmüştünüz ki
(**Ellos**, **ellas**) **hubieron visto**	görmüşlerdi ki
(**Ustedes**) **hubieron visto**	görmüştünüz ki

oir "duymak" fiilinin **pretérito anterior** çekimi:

Olumlu:

(**Yo**) **hube oído**	duymuştum ki
(**Tú**) **hubiste oído**	duymuştun ki
(**Él**, **ella**) **hubo oído**	duymuştu ki
(**Usted**) **hubo oído**	duymuştunuz ki
(**Nosotros**) **hubimos oído**	duymuştuk ki
(**Vosotros**) **hubisteis oído**	duymuştunuz ki
(**Ellos**, **ellas**) **hubieron oído**	duymuşlardı ki
(**Ustedes**) **hubieron oído**	duymuştunuz ki

desayunar "sabah kahvaltısı yapmak" fiilinin **pretérito anterior** çekimi:

Olumlu:

(**Yo**) **hube desayunado**	kahvaltı yapmıştım ki
(**Tú**) **hubiste desayunado**	kahvaltı yapmıştın ki
(**Él**, **ella**) **hubo desayunado**	kahvaltı yapmıştı ki
(**Usted**) **hubo desayunado**	kahvaltı yapmıştınız ki
(**Nosotros**) **hubimos desayunado**	kahvaltı yapmıştık ki
(**Vosotros**) **hubisteis desayunado**	kahvaltı yapmıştınız ki
(**Ellos**, **ellas**) **hubieron desayunado**	kahvaltı yapmışlardı ki
(**Ustedes**) **hubieron desayunado**	kahvaltı yapmıştınız ki

Şimdi de çift zamirli birkaç fillin **pretérito anterior** çekimini yazalım:

levantarse "kalkmak" fiilinin **pretérito anterior** çekimi:

Olumlu:

(**Yo**) **me hube levantado**	kalkmıştım ki
(**Tú**) **te hubiste levantado**	kalkmıştın ki
(**Él**, **ella**) **se hubo levantado**	kalkmıştı ki
(**Usted**) **se hubo levantado**	kalkmıştınız ki
(**Nosotros**) **nos hubimos levantado**	kalkmıştık ki
(**Vosotros**) **os hubisteis levantado**	kalkmıştınız ki

(Ellos, ellas) se hubieron levantado	kalkmışlardı ki
(Ustedes) se hubieron levantado	kalkmıştınız ki

acostarse "yatmak" fiilinin **pretérito anterior** çekimi:

Olumlu:

(Yo) me hube acostado	yatmıştım ki
(Tú) te hubiste acostado	yatmıştın ki
(Él, ella) se hubo acostado	yatmıştı ki
(Usted) se hubo acostado	yatmıştınız ki
(Nosotros) nos hubimos acostado	yatmıştık ki
(Vosotros) os hubisteis acostado	yatmıştınız ki
(Ellos, ellas) se hubieron acostado	yatmışlardı ki
(Ustedes) se hubieron acostado	yatmıştınız ki

afeitarse "tıraş olmak" fiilinin **pretérito anterior** çekimi:

Olumlu:

(Yo) me hube afeitado	tıraş olmuştum ki
(Tú) te hubiste afeitado	tıraş olmuştun ki
(Él, ella) se hubo afeitado	tıraş olmuştu ki
(Usted) se hubo afeitado	tıraş olmuştunuz ki
(Nosotros) nos hubimos afeitado	tıraş olmuştuk ki
(Vosotros) os hubisteis afeitado	tıraş olmuştunuz ki
(Ellos, ellas) se hubieron afeitado	tıraş olmuşlardı ki
(Ustedes) se hubieron afeitado	tıraş olmuştunuz ki

FUTURO – GELECEK ZAMAN

Gelecekte olacak bir hareketi, bir durumu anlatmak için "gelecek zaman" (**futuro**) kullanılır. "Yazacağım, dinleyeceksin, gidecekler, bakacak" sözleri gelecekte yapılacak hareket ve durumları anlatmakta oldukları için gelecek zaman halindedirler.

Türkçede bu zamanı yapmak için fiillere "-ecek, -acak" eklenir. "Gidecek, alacaklar, bulacağım." gibi.

İspanyolcada mastar ekleri **-ar**, **-er**, **-ir** olan üç gruptaki fiillerin gelecek zamanı bu fiillerin sonlarına aşağıdaki eklerin getirilmesiyle yapılır. Bu üç grubun aldığı ekler aynıdır, değişmez.

(Yo)	**.....É**
(Tú)	**.....ÁS**
(Él, ella, usted)	**.....Á**
(Nosotros)	**.....EMOS**
(Vosotros)	**.....ÉIS**
(Ellos, ellas, ustedes)	**.....ÁN**

Mañana vendré a las ocho.
Yarın saat sekizde geleceğim.

Bu zaman, bir emir veya zorunluluğu ifade etmekte de kullanılır.

Mañana me acompañarás.
Yarın bana eşik edeceksin.

Ayrıca tahmin bildiren cümlelerde de kullanılabilir.

Serán las nueve.
Saat dokuz olsa gerek.

Şimdi **hablar** (konuşmak) fiilini örnek alalım. Bu fiil mastar halinde kalır ve ekler yardımıyla **hablar** fiilinin gelecek zamanı şöyle yapılır:

Olumlu:

(Yo) hablaré.	Konuşacağım.
(Tú) hablarás.	Konuşacaksın.
(Él, ella) hablará.	Konuşacak.
(Usted) hablará.	Konuşacaksınız.
(Nosotros) hablaremos.	Konuşacağız.
(Vosotros) hablaréis.	Konuşacaksınız.
(Ellos, ellas) hablarán.	Konuşacaklar.
(Ustedes) hablarán.	Konuşacaksınız.

Olumsuz:

(Yo) no hablaré.	Konuşmayacağım.
(Tú) no hablarás.	Konuşmayacaksın.
(Él, ella) no hablará.	Konuşmayacak.

(Usted) no hablará.	Konuşmayacaksınız.
(Nosotros) no hablaremos.	Konuşmayacağız.
(Vosotros) no hablaréis.	Konuşmayacaksınız.
(Ellos, ellas) no hablarán.	Konuşmayacaklar.
(Ustedes) no hablarán.	Konuşmayacaksınız.

Soru:

¿(Yo) hablaré?	Konuşacağım.
¿(Tú) hablarás?	Konuşacaksın.
¿(Él, ella) hablará?	Konuşacak.
¿(Usted) hablará?	Konuşacaksınız.
¿(Nosotros) hablaremos?	Konuşacağız.
¿(Vosotros) hablaréis?	Konuşacaksınız.
¿(Ellos, ellas) hablarán?	Konuşacaklar.
¿(Ustedes) hablarán?	Konuşacaksınız.

Görüldüğü gibi fiil mastar halinde hiç değişmeden kalıyor. Fiil sonuna eklenen ekler yardımıyla fiil gelecek zaman haline getiriliyor.

Şimdi **mirar** (bakmak) fiilinin gelecek zamanını yazalım:

Olumlu:

(Yo) miraré.	Bakacağım.
(Tú) mirarás.	Bakacaksın.
(Él, ella) mirará.	Bakacak.
(Usted) mirará.	Bakacaksınız.
(Nosotros) miraremos.	Bakacağız.
(Vosotros) miraréis.	Bakacaksınız.
(Ellos, ellas) mirarán.	Bakacaklar.
(Ustedes) mirarán.	Bakacasınız.

volver (dönmek) fiilinin gelecek zamanı:

Olumlu:

(Yo) volveré.	Döneceğim.
(Tú) volverás.	Döneceksin.
(Él, ella) volverá.	Dönecek.
(Usted) volverá.	Döneceksiniz.
(Nosotros) volveremos.	Döneceğiz.
(Vosotros) volveréis.	Döneceksiniz.
(Ellos, ellas) volverán.	Dönecekler.
(Ustedes) volverán.	Döneceksiniz.

escribir (yazmak) fiilinin gelecek zamanı:

Olumlu:

(Yo) escribiré.	Yazacağım.
(Tú) escribirás.	Yazacaksın.
(Él, ella) escribirá.	Yazacak.
(Usted) escribirá.	Yazacaksınız.
(Nosotros) escribiremos.	Yazacağız.
(Vosotros) escribiréis.	Yazacaksınız.
(Ellos, ellas) escribirán.	Yazacaklar.
(Ustedes) escribirán.	Yazacaksınız.

estar (olmak, bulunmak) fiilinin gelecek zamanı:

Olumlu:

(Yo) estaré.	Olacağım.
(Tú) estarás.	Olacaksın.
(Él, ella) estará.	Olacak.
(Usted) estará.	Olacaksınız.
(Nosotros) estaremos.	Olacağız.
(Vosotros) estaréis.	Olacaksınız.
(Ellos, ellas) estarán.	Olacaklar.
(Ustedes) estarán.	Olacaksınız.

ser (olmak) fiilinin gelecek zamanı:

Olumlu:

(Yo) seré.	Olacağım.
(Tú) serás.	Olacaksın.
(Él, ella) será.	Olacak.
(Usted) será.	Olacaksınız.
(Nosotros) seremos.	Olacağız.
(Vosotros) seréis.	Olacaksınız.
(Ellos, ellas) serán.	Olacaklar.
(Ustedes) serán.	Olacaksınız.

ir (gitmek) fiilinin gelecek zamanı:

Olumlu:

(Yo) iré.	Gideceğim.
(Tú) irás.	Gideceksin.
(Él, ella) irá.	Gidecek.

(Usted) irá. Gideceksiniz.
(Nosotros) iremos. Gideceğiz.
(Vosotros) iréis. Gideceksiniz.
(Ellos, ellas) irán. Gidecekler.
(Ustedes) irán. Gideceksiniz.

escuchar (dinlemek) fiilinin gelecek zamanı:

Olumlu:

(Yo) escucharé. Dinleyeceğim.
(Tú) escucharás. Dinleyeceksin.
(Él, ella) escuchará. Dinleyecek.
(Usted) escuchará. Dinleyeceksiniz.
(Nosotros) escucharemos. Dinleyeceğiz.
(Vosotros) escucharéis. Dinleyeceksiniz.
(Ellos, ellas) escucharán. Dinleyecekler.
(Ustedes) escucharán. Dinleyeceksiniz.

nadar (yüzmek) fiilinin gelecek zamanı:

Olumlu:

(Yo) nadaré. Yüzeceğim.
(Tú) nadarás. Yüzeceksin.
(Él, ella) nadará. Yüzecek.
(Usted) nadará. Yüzeceksiniz.
(Nosotros) nadaremos. Yüzeceğiz.
(Vosotros) nadaréis. Yüzeceksiniz.
(Ellos, ellas) nadarán. Yüzecekler.
(Ustedes) nadarán. Yüzeceksiniz.

vender (satmak) fiilinin gelecek zamanı:

Olumlu:

(Yo) venderé. Satacağım.
(Tú) venderás. Satacaksın.
(Él, ella) venderá. Satacak.
(Usted) venderá. Satacaksınız.
(Nosotros) venderemos. Satacağız.
(Vosotros) venderéis. Satacaksınız.
(Ellos, ellas) venderán. Satacaklar.
(Ustedes) venderán. Satacaksınız.

comer (yemek yemek) fiilinin gelecek zamanı:

Olumlu:

(Yo) comeré.	Yiyeceğim.
(Tú) comerás.	Yiyeceksin.
(Él, ella) comerá.	Yiyecek.
(Usted) comerá.	Yiyeceksiniz.
(Nosotros) comeremos.	Yiyeceğiz.
(Vosotros) comeréis.	Yiyeceksiniz.
(Ellos, ellas) comerán.	Yiyecekler.
(Ustedes) comerán.	Yiyeceksiniz.

limpiar (temizlemek) fiilinin gelecek zamanı:

Olumlu:

(Yo) limpiaré.	Temizleyeceğim.
(Tú) limpiarás.	Temizleyeceksin.
(Él, ella) limpiará.	Temizleyecek.
(Usted) limpiará.	Temizleyeceksiniz.
(Nosotros) limpiaremos.	Temizleyeceğiz.
(Vosotros) limpiaréis.	Temizleyeceksiniz.
(Ellos, ellas) limpiarán.	Temizleyecekler.
(Ustedes) limpiarán.	Temizleyeceksiniz.

ver (görmek) fiilinin gelecek zamanı:

Olumlu:

(Yo) veré.	Göreceğim.
(Tú) verás.	Göreceksin.
(Él, ella) verá.	Görecek.
(Usted) verá.	Göreceksiniz.
(Nosotros) veremos.	Göreceğiz.
(Vosotros) veréis.	Göreceksiniz.
(Ellos, ellas) verán.	Görecekler.
(Ustedes) verán.	Göreceksiniz.

esperar (beklemek) fiilinin gelecek zamanı

Olumlu:

(Yo) Esperaré.	Bekleyeceğim.
(Tú) Esperarás.	Bekleyeceksin.

(Él, ella) Esperará.	Bekleyecek.
(Usted) Esperará.	Bekleyeceksiniz.
(Nosotros) Esperaremos.	Bekleyeceğiz.
(Vosotros) Esperaréis.	Bekleyeceksiniz.
(Ellos, ellas) Esperarán.	Bekleyecekler.
(Ustedes) Esperarán.	Bekleyeceksiniz.

desayunar (kahvaltı etmek) fiilinin gelecek zamanı

Olumlu:

(Yo) Desayunaré.	Kahvaltı edeceğim.
(Tú) Desayunarás.	Kahvaltı edeceksin.
(Él, ella) Desayunará.	Kahvaltı edecek.
(Usted) Desayunará.	Kahvaltı edeceksiniz.
(Nosotros) Desayunaremos.	Kahvaltı edeceğiz.
(Vosotros) Desayunaréeis.	Kahvaltı edeceksiniz.
(Ellos, ellas) Desayunarán.	Kahvaltı edecekler.
(Ustedes) Desayunarán.	Kahvaltı edeceksiniz.

jugar (oynamak) fiilinin gelecek zamanı

Olumlu:

(Yo) Jugaré.	Oynayacağım.
(Tú) Jugarás.	Oynayacaksın.
(Él, ella) Jugará.	Oynayacak.
(Usted) Jugará.	Oynayacaksınız.
(Nosotros) Jugaremos.	Oynayacağız.
(Vosotros) Jugaréis.	Oynayacaksınız.
(Ellos, ellas) Jugarán.	Oynayacaklar.
(Ustedes) Jugarán.	Oynayacaksınız.

leer (okumak) fiilinin gelecek zamanı

Olumlu:

(Yo) Leeré.	Okuyacağım.
(Tú) Leerás.	Okuyacaksın.
(Él, ella) Leerá.	Okuyacak.
(Usted) Leerá.	Okuyacaksınız.
(Nosotros) Leeremos.	Okuyacağız.
(Vosotros) Leeréis.	Okuyacaksınız.
(Ellos, ellas) Leerán.	Okuyacaklar.
(Ustedes) Leerán.	Okuyacaksınız.

nadar (yüzmek) fiilinin gelecek zamanı

Olumlu:

(**Yo**) **Nadaré.**	Yüzeceğim.
(**Tú**) **Nadarás.**	Yüzeceksin.
(**Él, ella**) **Nadará.**	Yüzecek.
(**Usted**) **Nadará.**	Yüzeceksiniz.
(**Nosotros**) **Nadaremos.**	Yüzeceğiz.
(**Vosotros**) **Nadaréis.**	Yüzeceksiniz.
(**Ellos, ellas**) **Nadarán.**	Yüzecekler.
(**Ustedes**) **Nadarán.**	Yüzeceksiniz.

recoger (toplamak) fiilinin gelecek zamanı

Olumlu:

(**Yo**) **Recogeré.**	Toplayacağım.
(**Tú**) **Recogerás.**	Toplayacaksın.
(**Él, ella**) **Recogerá.**	Toplayacak.
(**Usted**) **Recogerá.**	Toplayacaksınız.
(**Nosotros**) **Recogeremos.**	Toplayacağız.
(**Vosotros**) **Recogeréis.**	Toplayacaksınız.
(**Ellos, ellas**) **Recogerán.**	Toplayacaklar.
(**Ustedes**) **Recogerán.**	Toplayacaksınız.

Düzenli olan fiillerin gelecek zaman çekimleri bu şekilde yapılır. Ancak bazı düzensiz fiiller de vardır. Bunların da aldığı ekler aynıdır fakat fiilin mastar halinde değişiklik olur. Aşağıda düzensiz birkaç fiilin gelecek zaman çekimini yazacağız. Bunları diğer fiillerle karıştırmadan, olduğu gibi öğrenmek gerekir.

Tener (sahip olmak) fiilinin gelecek zamanı:

Tendr- köküne gelecek zaman ekleri eklenerek yapılır:

Olumlu:

(**Yo**) **tendré.**	Sahip olacağım, benim olacak
(**Tú**) **tendrás.**	Senin olacak.
(**Él, ella**) **tendrá.**	Onun olacak.
(**Usted**) **tendrá.**	Sizin olacak.
(**Nosotros**) **tendremos.**	Bizim olacak.
(**Vosotros**) **tendréis.**	Sizin olacak.
(**Ellos, ellas**) **tendrán.**	Onların olacak.
(**Ustedes**) **tendrán.**	Sizin olacak.

Poner (koymak) fiilinin gelecek zamanı:

Pondr- köküne gelecek zaman ekleri eklenerek yapılır:

Olumlu:

(**Yo**) **pondré.**	Koyacağım.
(**Tú**) **pondrás.**	Koyacaksın.
(**Él**, **ella**) **pondrá.**	Koyacak.
(**Usted**) **pondrá.**	Koyacaksınız.
(**Nosotros**) **pondremos.**	Koyacağız.
(**Vosotros**) **pondréis.**	Koyacaksınız.
(**Ellos**, **ellas**) **pondrán.**	Koyacaklar.
(**Ustedes**) **pondrán.**	Koyacaksınız.

Venir (gelmek) fiilinin gelecek zamanı:

Vendr- köküne gelecek zaman ekleri eklenerek yapılır:

Olumlu:

(**Yo**) **vendré.**	Geleceğim.
(**Tú**) **vendrás.**	Geleceksin.
(**Él**, **ella**) **vendrá.**	Gelecek.
(**Él**, **ella**) **vendrá.**	Geleceksiniz.
(**Nosotros**) **vendremos.**	Geleceğiz.
(**Vosotros**) **vendréis.**	Geleceksiniz.
(**Ellos**, **ellas**) **vendrán.**	Gelecekler.
(**Ustedes**) **vendrán.**	Geleceksiniz.

Decir (söylemek) fiilinin gelecek zamanı:

Dir- köküne gelecek zaman ekleri eklenerek yapılır:

Olumlu:

(**Yo**) **diré.**	Söyleyeceğim.
(**Tú**) **dirás.**	Söyleyeceksin.
(**Él**, **ella**) **dirá.**	Söyleyecek.
(**Usted**) **dirá.**	Söyleyeceksiniz.
(**Nosotros**) **diremos.**	Söyleyeceğiz.
(**Vosotros**) **diréis.**	Söyleyeceksiniz.
(**Ellos**, **ellas**) **dirán.**	Söyleyecekler.
(**Ustedes**) **dirán.**	Söyleyeceksiniz.

Hacer (yapmak) fiilinin gelecek zamanı:

Har- köküne gelecek zaman ekleri eklenerek yapılır:

Olumlu:

(**Yo**) **haré.**	Yapacağım.
(**Tú**) **harás.**	Yapacaksın.
(**Él**, **ella**) **hará.**	Yapacak.
(**Usted**) **hará.**	Yapacaksınız.
(**Nosotros**) **haremos.**	Yapacağız.
(**Vosotros**) **haréis.**	Yapacaksınız.
(**Ellos**, **ellas**) **harán.**	Yapacaklar.
(**Ustedes**) **harán.**	Yapacaksınız.

Salir (çıkmak) fiilinin gelecek zamanı:

Sald- köküne gelecek zaman ekleri eklenerek yapılır:

Olumlu:

(**Yo**) **saldré.**	Çıkacağım.
(**Tú**) **saldrás.**	Çıkacaksın.
(**Él**, **ella**) **saldrá.**	Çıkacak.
(**Usted**) **saldrá.**	Çıkacaksınız.
(**Nosotros**) **saldremos.**	Çıkacağız.
(**Vosotros**) **saldréis.**	Çıkacaksınız.
(**Ellos**, **ellas**) **saldrán.**	Çıkacaklar.
(**Ustedes**) **saldrán.**	Çıkacaksınız.

Querer (istemek) fiilinin gelecek zamanı:

Querr- köküne gelecek zaman ekleri eklenerek yapılır:

Olumlu:

(**Yo**) **querré.**	İstiyorum.
(**Tú**) **querrás.**	İstiyorsun.
(**Él**, **ella**) **querrá.**	İstiyor.
(**Usted**) **querrá.**	İstiyorsunuz.
(**Nosotros**) **querremos.**	İstiyoruz.
(**Vosotros**) **querréis.**	İstiyorsunuz.
(**Ellos**, **ellas**) **querrán.**	İstiyorlar.
(**Ustedes**) **querrán.**	İstiyorsunuz.

Poder (-e, -a bilmek, yapabilmek) fiilinin gelecek zamanı:

Podr- köküne gelecek zaman ekleri eklenerek yapılır:

Olumlu:

(**Yo**) **podré.**	Yapabileceğim.
(**Tú**) **podrás.**	Yapabileceksin.
(**Él, ella**) **podrá.**	Yapabilecek.
(**Usted**) **podrá.**	Yapabileceksiniz.
(**Nosotros**) **podremos.**	Yapabileceğiz.
(**Vosotros**) **podréis.**	Yapabileceksiniz.
(**Ellos, ellas**) **podrán.**	Yapabilecekler.
(**Ustedes**) **podrán.**	Yapabileceksiniz.

Cümleler:

Hablaremos con el profesor de italiano	İtalyanca öğretmeniyle konuşacağız.
Miraré las revistas.	Dergilere bakacağım.
Comerás fruta.	Meyve yiyeceksin.
Ella escuchará la radio.	O radyo dinleyecek.
El bebé empezará a andar.	Bebek yürümeye başlayacak.
Iremos al teatro.	Tiyatroya gideceğiz.
Compraré un coche mañana.	Yarın bir otomobil satın alacağım.
Estaré en casa a las siete.	Saat yedide evde olacağım.
Jugaremos en el jardín.	Bahçede oynayacağız.
Mi padre cortará el pan.	Babam ekmeği kesecek.
Comeré un plátano.	Bir muz yiyeceğim.
Beberán vino.	Şarap içecekler.
A las doce y media estaré en casa.	Saat on bir buçukta evde olacağım.
Los niños jugarán al baloncesto.	Çocuklar basketbol oynayacaklar.
Mi hermana planchará mi falda.	Kız kardeşim eteğimi ütüleyecek.
Mi padre y mi madre comerán en un restaurante esta noche.	Babam ve annem bu gece bir lokantada yemek yiyecekler.
Mi amigo vendrá de Italia.	Arkadaşım İtalya'dan gelecek.
Estos niños irán al parque.	Bu çocuklar parka gidecekler.
Empezaré a hacer mis deberes.	Ödevlerimi yapmaya başlayacağım.
Mi hermana y yo pondremos la mesa.	Kız kardeşim ve ben sofrayı kuracağız.
Mi padre telefoneará a las ocho y media.	Saat sekiz buçukta babam telefon edecek.
Lloverá.	Yağmur yağacak.
Nevará.	Kar yağacak.
Ayudaré a mi padre.	Babama yardım edeceğim.

Jugaremos al fútbol en el jardín de la escuela.	Okulun bahçesinde futbol oynayacağız.
Escribiré una carta a mi amigo.	Arkadaşıma bir mektup yazacağım.
Vendrán a su casa.	Evlerini satacaklar.
Saldré a la calle.	Sokağa çıkacağım.
Cubriré mis cuadernos.	Defterlerimi kaplayacağım.
Mi madre hablará con el médico.	Annem doktorla konuşacak.
Esta noche Pepe y Juan irán al cine.	Bu akşam Pepe ve Juan sinemaya gidecekler.
A las seis y media estaré en casa.	Saat yedi buçukta evde olacağım.
Mañana mi hermana y mi madre estarán en Madrid.	Kız kardeşim ve annem yarın Madrit'te olacaklar.
A las seis los niños vendrán de la escuela.	Saat altıda çocuklar okuldan gelecekler.
Mi hermana, mi madre y yo limpiaremos la casa.	Kız kardeşim, annem ve ben evi temizleyeceğiz.
Comerán dos sandwiches.	İki sandviç yiyecekler.

Dönüşlü fiillerde gelecek zaman:

Sonu **–se** ile biten dönüşlü fiillerin şimdiki zamanda nasıl çekildiklerini biliyoruz. Bu fiillerin gelecek zaman çekimlerinde, yine zamir başa gelir ve fiil gelecek zamanın çekim eklerini alır.

despertarse (uyanmak, kalkmak) fiilinin şimdiki/geniş zamanı

Olumlu:

(Yo) Me despierto	Kalkıyorum, kalkarım
(Tú) Te despiertas	Kalkıyorsun, kalkarsın
(Él, ella) Se despierta	Kalkıyor, kalkar
(Usted) Se despierta	Kalkıyorsunuz, kalkarsınız
(Nosotros) Nos despertamos	Kalkıyoruz, kalkarız
(Vosotros) Os despertáis	Kalkıyorsunuz, kalkarsınız
(Ellos, ellas) Se despiertan	Kalkıyorlar, kalkarlar
(Ustedes) Se despiertan	Kalkıyorsunuz, kalkarsınız

despertarse fiilinin gelecek zamanı

Olumlu:

(Yo) Me despertaré.	Kalkacağım.
(Tú) Te despertarás.	Kalkacaksın.
(Él, ella) Se despertará.	Kalkacak.
(Usted) Se despertará.	Kalkacaksınız.

(**Nosotros**) **Nos despertaremos.**	Kalkacağız.
(**Vosotros**) **Os despertaréis.**	Kalkacaksınız.
(**Ellos, ellas**) **Se despertarán.**	Kalkacaklar.
(**Ustedes**) **Se despertarán.**	Kalkacaksınız.

bañarse (banyo yapmak) fiilinin gelecek zamanı

Olumlu:

(**Yo**) **Me bañaré.**	Banyo yapacağım.
(**Tú**) **Te bañarás.**	Banyo yapacaksın.
(**Él, ella**) **Se bañará.**	Banyo yapacak.
(**Usted**) **Se bañará.**	Banyo yapacaksınız.
(**Nosotros**) **Nos bañaremos.**	Banyo yapacağız.
(**Vosotros**) **Os bañaréis.**	Banyo yapacaksınız.
(**Ellos, ellas**) **Se bañarán.**	Banyo yapacaklar.
(**Ustedes**) **Se bañarán.**	Banyo yapacaksınız.

tardarse (gecikmek) fiilinin gelecek zamanı

Olumlu:

(**Yo**) **Me tardaré.**	Gecikeceğim.
(**Tú**) **Te tardarás.**	Gecikeceksin.
(**Él, ella**) **Se tardará.**	Gecikecek.
(**Usted**) **Se tardará.**	Gecikeceksiniz.
(**Nosotros**) **Nos tardaremos.**	Gecikeceğiz.
(**Vosotros**) **Os tardaréis.**	Gecikeceksiniz.
(**Ellos, ellas**) **Se tardarán.**	Gecikecekler.
(**Ustedes**) **Se tardarán.**	Gecikeceksiniz.

vestirse (giyinmek) fiilinin gelecek zamanı

Olumlu:

(**Yo**) **Me vestiré.**	Giyineceğim.
(**Tú**) **Te vestirás.**	Giyineceksin.
(**Él, ella**) **Se vestirá.**	Giyinecek.
(**Usted**) **Se vestirá.**	Giyineceksiniz.
(**Nosotros**) **Nos vestiremos.**	Giyineceğiz.
(**Vosotros**) **Os vestiréis.**	Giyineceksiniz.
(**Ellos, ellas**) **Se vestirán.**	Giyinecekler.
(**Ustedes**) **Se vestirán.**	Giyineceksiniz.

Gelecek zamanın olumsuz ve soru hali:

Gelecek zamanın olumsuz ve soru hali de tıpkı şimdiki zamanda olduğu gibi yapılır.

Gelecek zamandaki cümleleri olumsuz yapmak için, şimdiki zamanda olduğu gibi fiilden önce **no** getirmek yeterlidir.

Cümleler:

(**Yo**) **Hablaré.**	Konuşacağım.
No hablaré.	Konuşmayacağım.
(**Ellos**) **Mirarán.**	Bakacaklar.
No mirarán.	Bakmayacaklar.
(**Nosotros**) **Escucharemos.**	Dinleyeceğiz.
No escucharemos.	Dinlemeyeceğiz.
(**Vosotros**) **Diréis.**	Söyleyeceksiniz.
No diréis.	Söylemeyeceksiniz.
(**Tú**)**Jugarás.**	Oynayacaksın.
No jugarás.	Oynamayacaksın.

No hablaremos el turco en clase.	Sınıfta Türkçe konuşmayacağız.
No comeré confitura.	Reçel yemeyeceğim.
Mañana Pedro no irá al cine.	Pedro yarın sinemaya gitmeyecek.
No beberán cerveza.	Bira içmeyecekler.
No jugaréis en la calle.	Caddede oynamayacaksınız.
No escucharé la radio.	Radyo dinlemeyeceğim.
No limpiarás la cocina.	Mutfağı temizlemeyeceksin.
No hablaré con Carmen.	Carmen'le konuşmayacağım.
No plancharé tu chaqueta.	Senin ceketini ütülemeyeceğim.
Al día siguiente iremos a Madrid.	Ertesi gün Madrit'e gideceğiz.
Mi padre comprará un gato para mí.	Babam bana bir kedi satın alacak.

Gelecek zamandaki bir cümleyi soru yapmak için şimdiki zamandaki gibi hareket edilir. Yani cümlenin başına (ters) ve sonuna soru işareti konur ve konuşmada ise cümlenin bir soru cümlesi olduğu tonlamayla belli edilir.

Hablar (konuşamk) fiilinin gelecek zamandaki soru şeklini görelim:

(**Yo**) **¿Hablaré?**	Konuşacak mıyım?
(**Tú**) **¿Hablarás?**	Konuşacak mısın?
(**Él, ella**) **¿Hablará?**	Konuşacak mı?
(**Usted**) **¿Hablará?**	Konuşacak mısınız?
(**Nosotros**) **¿Hablaremos?**	Konuşacak mıyız?
(**Vosotros**) **¿Hablaréis?**	Konuşacak mısınız?
(**Ellos, ellas**) **¿Hablarán?**	Konuşacaklar mı?

(Ustedes) ¿Hablarán? Konuşacak mısınız?

Cümleler:

¿Vendréis en febrero? Şubatta gelecek misiniz?
¿Abrirás la puerta del coche? Otomobilin kapısını açacak mısın?
¿Hablará con su padre? Babasıyla konuşacak mı?
¿Escucharán la radio? Radyo dinleyecekler mi?
¿Limpiarás tu habitación? Odanı temizleyecek misin?
¿Estaréis en casa a las once? Saat on ikide evde olacak mısınız?
¿A qué hora saldrás de la escuela? Okuldan saat kaçta çıkacaksın?
¿Podrás nadar en este río? Bu nehirde yüzebilecek misin?
¿Vendrás a verme mañana? Yarın beni görmeye gelecek misin?

Şimdi de **hablar** "konuşmak" fiilinin gelecek zamanını olumsuz soru şeklinde yazalım:

(**Yo**) **¿No hablaré?** Konuşmayacak mıyım?
(**Tú**) **¿No hablarás?** Konuşmayacak mısın?
(**Él, ella**) **¿No hablará?** Konuşmayacak mı?
(**Usted**) **¿No hablará?** Konuşmayacak mısınız?
(**Nosotros**) **¿No hablaremos?** Konuşmayacak mıyız?
(**Vosotros**) **¿No hablaréis?** Konuşmayacak mısınız?
(**Ellos, ellas**) **¿No hablarán?** Konuşmayacaklar mı?
(**Ustedes**) **¿No hablarán?** Konuşmayacak mısınız?

Cümleler:

¿No hablaremos español en clase? Sınıfta İspanyolca konuşmayacak mıyız?

¿No estará en la estación a las ocho? Saat sekizde istasyonda olmayacak mı?
¿No escucharéis la radio? Radyo dinlemeyecek misiniz?
¿No nadarás en la piscina? Havuzda yüzmeyecek misin?
¿No ayudará Isabel a su madre? Isabel annesine yardım etmeyecek mi?

¿No jugarán al escondite? Saklambaç oynamayacak mısınız?
¿No saldrás a la calle? Sokağa çıkmayacak mısın?

Me despertaré. Kalkacağım.
No me despertaré. Kalkmayacağım.

Te afeitarás. Tıraş olacaksın.
No te afeitarás. Tıraş olmayacaksın.

Irán al teatro. Tiyatroya gidecekler.
No irán al teatro. Tiyatroya gitmeyecekler.

Escucharemos al profesor. **No escucharemos al profesor.**	Öğretmeni dinleyeceğiz. Öğretmeni dinlemeyeceğiz.
Hablaréis con Murat. **No hablaréis con Murat.**	Murat'la konuşacaksınız. Murat'la konuşmayacaksınız.
A las ocho estaré en casa. **A las ocho no estaré en casa.**	Saat sekisde evde olacağım. Saat sekizde evde olmayacağım.
Mañana mi padre volverá de Italia.	Yarın babam İtalya'dan dönecek.
Manaña mi padre no volverá de Italia.	Yarın babam İtalya'dan dönmeyecek.
Me pondré mi impermeable. **No me pondré mi abrigo.**	Yağmutluğumu giyeceğim. Paltomu giymeyeceğim.
Ellos empezarán a comer. **Ellos no empezarán a hacer sus deberes.**	Yemek yemeğe başlayacaklar. Ödevlerini yapmaya başlamayacaklar.
No desayunaré. **¿No desayunarás?**	Kahvaltı etmeyeceğim. Kahvaltı etmeyecek misin?
¿Se tardará a clase? **No se tardará a clase.** **Se tardará.**	Derse gecikecek mi? Derse geç kalmayacak. Geç kalacak.
Mi madre limpiará la casa. **Mi madre no limpiará la casa.** **¿Limpiará mi madre la casa?**	Annem evi temizleyecek. Annem evi temizlemeyecek. Annem evi temizleyecek mi?
¿Hablaréis con vuestro profesor?	Öğretmeninizle konuşacak mısınız?
No, no hablaremos con nuestro profesor. **Sí, hablaremos con nuestro profesor.**	Hayır, öğretmenimizle konuşmayacağız. Evet, öğretmenimizle konuşacağız.
No pasearé por el parque. **¿Nadarás en el río?** **No, no nadaré en el río. Nadaré en el mar.** **¿Abrirá Julia las cortinas?** **No, ella abrirá las ventanas.** **Saludaré a mi profesor.** **Mi hermana y yo escucharemos la radio.**	Parkta gezinmeyeceğim. Nehirde yüzecek misin? Hayır, nehirde yüzmeyeceğim. Denizde yüzeceğim. Julia perdeleri açacak mı? Hayır, o pencereleri açacak. Öğretmenimi selamlayacağım. Kız kardeşim ve ben radyo dinleyeceğiz.

No iré al dentista.	Dişçiye gitmeyeceğim.
¿No harás tus deberes?	Ödevlerini yapmayacak mısın?
¿No beberá su leche?	Sütünü içmeyecek mi?

Olumlu biçim

Jugaré al fútbol.	Futbol oynayacağım.
Cerrarás la puerta.	Kapıyı kapayacaksın.
Irá al cine.	Sinemaya gidecek.
Nadaremos en la piscina.	Havuzda yüzeceğiz.
Compraréis un libro.	Bir kitap satın alacaksınız.
Escucharán la radio.	Radyo dinleyecekler.
Terminaré mis deberes.	Ödevlerimi bitireceğim.
Escribirás una carta.	Bir mektup yazacaksın.
Harás tus deberes.	Ödevlerini yapacaksın.
Lavará su camisa.	Gömleğini yıkayacak.
Visitaremos a nuestro abuelo.	Büyükbabamızı ziyaret edeceğiz.

Olumsuz biçimi

No venderé mi coche.	Otomobilimi satmayacağım.
No saldrás por esta puerta.	Bu kapıdan çıkmayacaksın.
No beberá agua.	Su içmeyecek.
Esta noche no irá al teatro.	Bu akşam tiyatro gitmeyecek.
No beberán café.	Kahve içmeyecekler.
No veréis esta película.	Bu filmi izlemeyeceksiniz.
No diré nada.	Hiçbir şey söylemeyeceğim.
No limpiarán la casa.	Evi temizlemeyecekler.
No nadarás en el río.	Nehirde yüzmeyeceksin.
No podré ir a la escuela.	Okula gidemeyeceğim.
No pondrá la mesa.	Sofrayı kurmayacak.
No le escribiré una carta.	Ona mektup yazmayacağım.

Soru biçimi

¿Me ayudarás?	Bana yardım edecek misin?
¿Podremos fumar aquí?	Burada sigara içebilecek miyiz?
¿Jugarán al fútbol?	Futbol oynayacaklar mı?
¿Comeréis estas manzanas?	Bu elmaları yiyecek misiniz?
¿Beberá té?	Çay içecek mi?
¿Escucharás la radio?	Radyo dinleyecek misiniz?
¿Escribiréis a vuestra madre?	Annenize yazacak mısınız?
¿Hablarán con el profesor?	Öğretmenle konuşacaklar mı?

Olumsuz soru biçimi

¿No miraré por la ventana?	Pencereden bakmayacak mıyım?

¿No trabajarás en esta tienda?	Bu dükkânda çalışmayacak mısın?
¿No comerá estas frutas?	Bu meyveleri yemeyecek mi?
¿No iremos al parque?	Parka gitmeyecek miyiz?
¿No hablaréis con vuestra madre?	Annenizle konuşmayacak mısınız?
¿No beberán té?	Çay içmeyecekler mi?

IR A + INFINITIVO ile gelecek zaman

Ir a + infinitivo kalıbı da gelecek zaman için kullanılan bir kalıptır. Şimdi bu kalıbın kullanılışını öğrenelim:

IR A + INFINITIVO			
VOY **VAS** **VA** **VAMOS** **VAÍS** **VAN**	**A**	MASTAR HALDE FİİL	İSİM

Yukarıdaki tabloda da görüldüğü gibi **ir a + infinitivo** kalıbı ile gelecek zamanda bir cümle yapmak istediğimizde önce **ir** fiilinin şahsa göre çekimi yapılır ve **a**'dan sonra gelen fiil mastar halde kalır.
Aşağıdaki örneklerde birinci cümleler **voy a + infinitivo** ile ikinci cümleler ise **futuro** ile yapılmıştır:

Voy a comprar una revista.	Bir dergi satın alacağım.
Compraré una revista.	Bir dergi satın alacağım.
Julia y Carlos van a nadar.	Julia ve Carlos yüzecekler.
Julia y Carlos nadarán.	Julia ve Carlos yüzecekler.
Isabel va a poner la mesa.	Isabel sofrayı hazırlayacak.
Isabel pondrá la mesa.	Isabel sofrayı hazırlayacak.
Antonio va a limpiar el coche.	Antonio arabayı temizleyecek.
Antonio limpiará el coche.	Antonio arabayı temizleyecek.
Miguel y Lola van a bailar.	Miguel y Lola dans edecekler.
Miguel y Lola bailarán.	Miguel y Lola dans edecekler.
Los niños van a ver una película.	Çocuklar bir film izleyecekler.
Los niños verán una película.	Çocuklar bir film izleyecekler.

Vamos a tomar cerveza.	Bira içeceğiz.
Tomaremos cerveza.	Bira içeceğiz.
Vamos a estudiar la lección.	Ders çalışacağız.
Estudiaremos la lección.	Ders çalışacağız.
Voy a vender mi casa.	Evimi satacağım.
Venderé mi casa.	Evimi satacağım.
Voy a ver a Juana.	Juana'yı göreceğim.
Veré a Juana.	Juana'yı göreceğim.
Vas a escuchar la radio.	Radyo dinleyeceksin.
Escucharás la radio.	Radyo dinleyeceksin.
Antonio va a esperar a Marta.	Antonio Marta'yı bekleyecek.
Antonio esperará a Marta.	Antonio Marta'yı bekleyecek.
Van a suludar a su profesor.	Öğretmenlerini selamlayacaklar.
Saludarán a su profesor.	Öğretmenlerini selamlayacaklar.
Vamos a comer sandwich.	Sandviç yiyeceğiz.
Comeremos sandwich.	Sandviç yiyeceğiz.
Voy a nadar en el río.	Nehirde yüzeceğim.
Nadaré en el río.	Nehirde yüzeceğim.
Voy a hablar con mi profesor.	Öğretmenimle konuşacağım.
Hablaré con mi profesor.	Öğretmenimle konuşacağım.
Vaís a hacer vuestros deberes.	Ödevlerinizi yapacaksınız.
Haréis vuestros deberes.	Ödevlerinizi yapacaksınız.
Luis va a esperar el autobús.	Luis otobüsü bekleyecek.
Luis esperará el autobús.	Luis otobüsü bekleyecek.
Vamos a jugar en el jardín.	Bahçede oynayacağız.
Jugaremos en el jardín.	Bahçede oynayacağız.
Voy a bañarme.	Banyo yapacağım.
Me bañaré.	Banyo yapacağım.
Yo también voy a bañarme.	Ben de banyo yapacağım.
Juan va a recibir a sus amigos.	Juan arkadaşlarını karşılayacak.
Juan recibirá a sus amigos.	Juan arkadaşlarını karşılayacak.

Soru sorarken:

¿Qué vas a hacer? **Voy a quitar la mesa.**	Ne yapacaksın? Masayı toplayacağım.
¿Qué va a comprar Ud.? **Voy a comprar una corbata.**	Ne satın alacaksınız? Bir kravat satın alacağım.
¿Qué van a tomar Uds.? **Vamos a tomar vino tinto.**	Ne alacaksınız (içeceksiniz)? Kırmızı şarap alacağız (içeceğiz).
¿Qué vas a ver? **Voy a ver una película.**	Ne izleyeceksin? Bir film izleyeceğim.
¿Qué vamos a comer? **Vamos a comer sandía.**	Ne yiyeceğiz? Karpuz yiyeceğiz.
¿Qué vaís a comprar? **Vamos a comprar un kilo de judía.**	Ne satın alacaksınız? Bir kilo fasulye satın alacağız.
¿Van Isabel y Carlos a nadar? **Ellos no van a nadar.** **Van a pasear por el parque.**	Isabel ve Carlos yüzecekler mi? Onlar yüzmeyecekler. Parkta gezecekler.
¿Va Julia a poner la mesa? **Ella no va a poner la mesa.** **Ella va a cortar el pan.** **Su hermana va a poner la mesa.** **¿Vas a ver la película?** **No, no voy a verla.** **¿Qué vas a hacer?** **Voy a hacer los deberes.**	Julia sofrayı kuracak mı? O sofrayı kurmayacak. O ekmeği kesecek. Kız kardeşi sofrayı kuracak. Filmi izleyecek misin? Hayır onu izlemeyeceğim. Ne yapacaksın? Ödevleri yapacağım.
¿Va a limpiar la casa? **No, no voy a limpiar la casa.** **Voy a limpiar mi habitación.** **¿Van a hablar con Miguel?** **Si, esta noche van a hablar con él.**	Evi temizleyecek misiniz? Hayır, evi temizlemeyeceğim. Odamı temizleyeceğim. Miguel'le konuşacaklar mı? Evet, bu akşam onunla konuşacaklar.
¿Vas a comprar este coche? **No, no voy a comprarlo.** **Voy a comprar aquél.**	Bu arabayı satın alacak mısınız? Hayır onu satın almayacağım. Oradakini satın alacağım.
¿A quién vas a ver? **Voy a ver mi hermana.**	Kimi göreceksin? Kız kardeşimi göreceğim.

¿A quién vas a escribir una carta?	Kime mektup yazacaksın?
Voy a escribir una carta a mi amiga.	Arkadaşıma bir mektup yazacağım.

Olumlu şekli

Voy a hablar con la profesora.	Ögretmenle konuşacağım.
Vas a escribir la carta.	Mektubu yazacaksın.
Va a hacer sus deberes.	Ödevlerini yapacak.
Vamos a ir al teatro.	Tiyatroya gideceğiz.
Vais a comprar un libro.	Bir kitap satın alacaksınız.
Van a lavar las ropas.	Çamaşırları yıkayacaklar.

Olumsuz şekli

No voy a poner la mesa.	Sofrayı kurmayacağım.
No vas a nadar.	Yüzmeyeceksin.
No va a escuchar la radio.	Radyo dinlemeyecek.
No vamos a nadar en el mar.	Denizde yüzmeyeceğiz.
No vais a jugar futbol en el jardín.	Bahçede futbol oynamayacaksınız.
No van a comer chocolate.	Çikolata yemeyecekler.

Soru şekli

¿Voy a vivir en Esmirna?	İzmir'de mi yaşayacağım?
¿Vas a limpiar la casa?	Evi temizleyecek misin?
¿Va a escribir una carta?	Bir mektup yazacak mı?
¿Vamos a esperarle?	Onu bekleyecek miyiz?
¿Vais a ir a la escuela?	Okula gidecek misiniz?
¿Van a comprar un coche?	Bir araba satın alacaklar mı?

Olumsuz soru şekli

¿No voy a beber café?	Kahve içmeyecek miyim
¿No vas a lavarte las manos?	Ellerini yıkamayacak mısın?
¿No va a vender su casa?	Evini satmayacak mı?
¿No vamos a ir a la escuela?	Okula gitmeyecek miyiz?
¿No vais a hacer vuestros deberes?	Ödevlerinizi yapmayacak mısınız?
¿No van a visitar su abuelo?	Büyükbabalarını ziyaret etmeyecekler mi?

MODO CONDICIONAL – Şart Kipi

Şart kipi (**condicional**) genel olarak bir iş, bir hareket veya bir durumun şarta bağlı olarak yapılacağını ifade eden bir kiptir. Şart kipi İspanyolcada iki zamandadır:

Birincisi **condicional simple** (basit); ikincisi ise **condicional compuesto** (bileşik) zamandır.

1. **Condicional simple** (basit şart), gelecekte yapılması olasılığı bulunan bir eylemi geçmiş zamana atıfta bulunarak anlatır. (**Dijo que me llamaría.** – Beni arayacağını söyledi.) Olasılık bildirdiği için şart cümlelerinde kullanılır. (**Si vinieras temprano, iríamos al teatro.** –Eğer erken gelseydin, tiyatroya giderdik.) Olasılık bildirme özelliği nedeniyle gerçekleşeceği tahmin edilen eylemleri de belirtir. (**Serían las once cuando llegó a casa.** –Eve vardığında saat on bir olsa gerekti.) Ayrıca rica cümlelerinde de yer alır. (**Yo querría hacerte una pregunta.** –Sana bir soru sormak isterdim.)

2. **Condicional compuesto o perfecto** (bileşik şart), gelecekte yepılma olasılığı bulunan bir eylemi geçmiş zamana atıfta bulunarak ifade eder, ancak bu eylem gelecekteki bir başka eyleme kıyasla olup bitmiştir. (**Dijo que para la semana próxima ya habría terminado el trabajo.** –Gelecek hafta işi bitirmiş olacağını söyledi.) Bu zaman da **Condicional simple** gibi gelecekte gerçekleşeceği tahmin edilen eylemleri belirtir. (**Me había gustado acompañarte.** –Sana eşlik etmek hoşuma giderdi.)

Şart bildiren cümleler **condicional real** (gerçeklerşmesi mümkün) ve **condicional irreal** (gerçekleşmeyen) olarak ikiye ayrılırlar. Biz öncelikle **condicion real**'i öğreneceğiz.

Türkçede olduğu gibi İspanyolcada da şart cümleleri iki kısımdan meydana gelir: Birinci kısım bir şartı, ikinci kısım ise o şarta bağlı olan bir işi, bir eylemi, bir durumu bildirir.

Mehmet'i görürsem ona bir kitap vereceğim.

Bu cümlede de görüldüğü gibi şartı gösteren kısım "Mehmet'i görürsem"dir. Bu olayın olması halinde kitap verilecek, olmaması halinde ise kitap verilmeyecektir. Kitabın verilmesi işi Mehmet'in görülüp görülmemesine bağlıdır. Şu halde biri şartı ileri süren diğeri de esas olan iki cümle mevcuttur.

İspanyolcada muhtemel şartı bildiren cümlanin başında "eğer, şayet, ise, -se, -sa" anlamına gelen **si** sözcüğü bulunur.

CONDICIONAL REAL

Gerçekleşmesi muhtemel şart cümleleridir.

Veo	görürüm ......
Veo a Miguel.	Miguel'i görürüm.
Si veo	görürsem ......
Si veo a Miguel	Miguel'i görürsem ......

Escucho	dinlerim ......
Escucho la radio.	Radyo dinlerim.
Si escucho	dinlersem ......
Si escucho la radio	Radyo dinlersem

Tengo	sahibim, var ......
Tengo dinero.	Param var.
Si tengo	sahip olursam ......
Si tengo dinero	Param olursa ......

Si voy	gidersem ......
Si escribo	yazarsam ......
Si come	yerse ......
Si viene	gelirse ......
Si escuchamos	dinlersek
Si habláis	konuşursanız
Si compran	satın alırlarsa

Cümleler:

Si tengo dinero	Param olursa ......
Voy a comprar una casa.	Bir ev satın alacağım.

Si tengo dinero, voy a comprar una casa.	Param olursa bir ev satın alacağım.

Si tengo dinero	Param olursa ......
Iré a España.	İspanya'ya gideceğim.
Si tengo dinero, iré a España.	Param olursa İspanya'ya gideceğim.

Si veo a Julia......	Julia'yı görürsem ......
Le daré un libro.	Ona bir kitap vereceğim.
Si veo a Julia le daré un libro.	Julia'yı görürsem ona bir kitap vereceğim.

Si te vas	Gidersen ......
Les verás.	Onları göreceksin.
Si te vas, les verás.	Gidersen onları göreceksin.

Si escribo	Yazarsam ......
Si escribo una carta	Bir mektup yazarsam ......
Iré al correos.	Postaneye gideceğim.
Si escribo una carta iré al correos.	Bir mektup yazarsam postaneye gideceğim.

Si viene	Gelirse ......
Si viene aquí	Buraya gelirse ......
Te verá.	Seni görecek.
Si viene aquí te verá.	Buraya gelirse seni görecek.
Si das	Verirsen ......
Si le das dinero	Ona para verirsen ......
Estará feliz.	Mutlu olacak.
Si le das dinero estará feliz.	Ona para verirsen mutlu olacak.
Si vendemos	Satarsak
Si vendemos nuestra casa	Evimizi satarsak ......
Vamos a comprar dos tractores.	İki traktör alacağız.
Si vendemos nuestra casa vamos a comprar dos tractores.	Evimizi satarsak iki traktör alacağız.
Si terminan	Bitirirlerse ......
Si terminan de arreglar el coche	Otomobili tamir etmeyi bitirirlerse ......
Iremos al restaurante.	Lokantaya gideceğiz.
Si terminan de arreglar el coche iremos al restaurante.	Otomobili tamir etmeyi bitirirlerse lokantaya gideceğiz.
Si me voy, les veré.	Gidersem, onları göreceğim.
Si me voy, les veo.	Gidersem, onları görürüm.
Si se encuentra un lápiz, te lo dará.	Bir kalem bulursa, onu sana verecek.
Si se encuentra un lápiz, te lo da.	Bir kalem bulursa, onu sana verir.
Si limpias todas las habitaciones, te puedes ir temprano.	Bütün odaları temizlersen, erken gidebilirsin.
Si te sientas aquí, te pueden ver fácilmente.	Buraya oturursan, seni kolayca görebilirler.
Si te sientas aquí, te verán fácilmente.	Buraya oturursan, seni kolayca görecekler.

Yukarıdaki örnek cümlelerde de görüldüğü gibi, **condicional** (şart bildiren) cümle **presente** (şimdiki, geniş) zamanda ise, bundan sonra gelen cümle de **presente** (geniş), ya da **futuro** (gelecek) zamanda olur:

Si lo sé, se lo diré.	Bilirsem, size söyleyeceğim.
Si lo sé, se lo digo.	Bilirsem, size söylerim.
Si hace frío, me pondré el abrigo.	Soğuk olursa, paltomu giyeceğim.

Si hace frío, me pongo el abrigo. **Si hay nieve, iré a Uludağ.** **Si hay nieve, me voy a Uludağ.**	Soğuk olursa, paltomu giyerim. Kar olursa, Uludağ'a gideceğim. Kar olursa, Uludağ'a giderim.
Si voy a París, visitaré a Carlos. **Si voy a París, visito a Carlos.**	Paris'e gidersen, Carlos'u ziyaret edeceğim. Paris'e gidersem, Carlos'u ziyaret ederim.
Si llueve, no iré a pasear. **Si llueve, no paseo.** **Si llueve, no voy a pasear.**	Yağmur yağarsa, gezmeyeceğim Yağmur yağarsa, gezmem. Yağmur yağarsa, gezmeyeceğim.
Si tengo tiempo, visitaré a mis amigos. **Si tengo tiempo, visito a mis amigos.**	Zamanım olursa, arkadaşlarımı ziyaret edeceğim. Zamanım olursa, arkadaşlarımı ziyaret ederim.
Si no comes tanto, adelgazarás. **Si no comes tanto, adelgazas.**	Bu kadar yemezsen, zayıflayacaksın. Bu kadar yemezsen, zayıflarsın.
Si hace calor, nos sentaremos en el jardín. **Si hace calor, nos sentamos en el jardín.**	Sıcak olursa, bahçede oturacağız. Sıcak olursa, bahçede otururuz.
Si vienes a Madrid, te enseñaré la ciudad. **Si vienes a Madrid, te enseño la ciudad.**	Madrit'e gelirsen, sana şehri göstereceğim. Madrit'e gelirsen, sana şehri gösteririm.
Si apruebo el examen, iré a Antalya. **Si apruebo el examen, voy a Antalya.** **Si tengo mucho dinero, os compraré un coche nuevo.** **Si tengo mucho dinero, os compro un coche nuevo.**	Sınavı geçersem, Antalya'ya gideceğim. Sınavı geçersem, Anytalya'ya giderim. Çok param olursa, size yeni bir otomobil satın alacağım. Çok param olursa, size yeni bir otomobil satın alırım.

Eğer **concicional** (şart bildiren) cümle **pasado** (geçmiş) zamanda ise, bundan sonra gelen cümle de **pretérito indefinido** (-di'li geçmiş zaman), **futuro perfecto** (gelecekte geçmiş zaman), **pretérito perfecto** (yakın geçmiş zaman), **futuro** (gelecek zaman) zamanda ya da **imperativo** (emir kipi) olabilir:

Si ha ido, dímelo. **(Condicional-pasado) (imperativo)** **(pretérito perfecto)**	Gittiyse, bana söyle.

Si ha ido, lo habrán visto. Gittiyse, onu görmüş olacaklar.
(Condicional-pasado) (futuro perfecto)
(pretérito perfecto)

Si ha ido, lo han visto. Gittiyse, onu gördüler.
(Condicional-pasado) (pretérito perfecto)
(pretérito perfecto)

Si ha ido, estará en casa. Gittiyse, evde olacak.
(Condicional-pasado) (futuro)
(pretérito perfecto)

Si ha ido, tiene que llamarme. Gittiyse, beni aramalı.
(Condicional-pasado) (tener que + infinitivo)
(pretérito perfecto)

Si fue, dímelo. Gittiyse, bana söyle.
(Condicional-pasado) (imperativo)
(pretérito indefinido)

Si fue, lo habrán visto. Gittiyse, onu görmüş olacaklar.
(Condicional-pasado) (imperativo)
(pretérito indefinido)

Si fue, lo han visto. Gittiyse, onu gördüler.
(Condicional-pasado) (imperativo)
(pretérito indefinido)

Si fue, estará en casa. Gittiyse, evde olacak.
(Condicional-pasado) (imperativo)
(pretérito indefinido)

Si fue, tiene que llamarme. Gittiyse, beni aramalı.
(Condicional-pasado) (imperativo)
(pretérito indefinido)

CONDICIONAL SIMPLE

Gelecekte yapılması olasılığı bulunan bir eylemi geçmiş zamana atıfta bulunarak anlatır. Olasılık bildirdiği için şart cümlelerinde kullanılır. Olasılık bildirme nedeniyle gerçekleşeceği tahmin edilen eylemleri de belirtir. Ayrıca rica cümlelerinde de kullanılır.

Bu zamanı teşkil etmek güç değildir. Fiil hangi gruptan olursa olsun, **condicional** çekimi için aldıkları ekler değişmez. Bu ekleri tablo içinde verelim:

(Yo) –ÍA
(Tú) –ÍAS
(Él, ella, usted) –ÍA
(Nosotros) –ÍAMOS
(Vosotros) –ÍAIS
(Ellos, ellas, ustedes) –ÍAN

Şimdi bazı düzenli fiillerin **condicional simple** zamanda çekimlerini görelim:

Hablar "konuşmak" fiilinin **futuro** ve **condicional simple** zamanlarının karşılaştırılmalı çekimini inceleyiniz:

Futuro

(Yo) hablaré.	Konuşacağım.
(Tú) hablarás.	Konuşacaksın.
(Él, ella) hablará.	Konuşacak.
(Usted) hablará.	Konuşacaksınız.
(Nosotros) hablaremos.	Konuşacağız.
(Vosotros) hablaréis.	Konuşacaksınız.
(Ellos, ellas) hablarán.	Konuşacaklar.
(Ustedes) hablarán.	Konuşacaksınız.

Condicional simple

(Yo) hablaría.	Konuşurdum.
(Tú) hablarías.	Konuşurdun.
(Él, ella) hablaría.	Konuşurdu.
(Usted) hablaría.	Konuşurdunuz.
(Nosotros) hablaríamos.	Konuşurduk.
(Vosotros) hablaríais.	Konuşurdunuz.
(Ellos, ellas) hablarían.	Kouşurlardı.
(Ustedes) hablarían.	Konuşurdunuz.

Yukarıda görüldüğü gibi şekil bakımından "gelecek zaman" ile "şart kipinin basit zamanı" arasında bir benzerlik vardır. Her iki zamanda da ekler fiilin mastar haline ekleniyor.

ser "olmak" fiilinin **condicional simple** çekimi:

Olumlu:

(Yo) sería.	Olurdum.
(Tú) serías.	Olurdun.
(Él, ella) sería.	Olurdu.
(Usted) sería.	Olurdunuz. (Siz, tekil)
(Nosotros) seríamos.	Olurduk.
(Vosotros) seríais.	Olurdunuz.
(Ellos, ellas) serían.	Olurlardı.
(Ustedes) serían.	Olurdunuz.

ir "gitmek" fiilinin **condicional simple** zamanı:

Olumlu:

(Yo) iría.	Giderdim.
(Tú) irías.	Giderdin.
(Él, ella) iría.	Giderdi.
(Usted) iría.	Giderdiniz. (Siz, tekil)
(Nosotros) iríamos.	Giderdik.
(Vosotros) iríais.	Giderdiniz.
(Ellos, ellas) irían.	Giderlerdi.
(Ustedes) irían.	Giderdiniz.

estar "olmak, bulunmak" fiilinin **condicional simple** zamanı:

Olumlu:

(Yo) estaría.	Olurdum, bulunurdum.
(Tú) estarías.	Olurdun.
(Él, ella) estaría.	Olurdu.
(Usted) estaría.	Olurdunuz. (Siz, tekil)
(Nosotros) estaríamos.	Olurduk.
(Vosotros) estaríais.	Olurdunuz.
(Ellos, ellas) estarían.	Olurlardı.
(Ustedes) estarían.	Olusdunuz.

comer "yemek yemek" fiilinin **condicional simple** zamanı:

Olumlu:

(Yo) comería.	Yerdim.
(Tú) comerías.	Yerdin.

(**Él**, **ella**) **comería.**	Yerdi.
(**Usted**) **comería.**	Yerdiniz. (Siz, tekil)
(**Nosotros**) **comeríamos.**	Yerdik.
(**Vosotros**) **comeríais.**	Yerdiniz.
(**Ellos**, **ellas**) **comerían.**	Yerlerdi.
(**Ustedes**) **comerían.**	Yerdiniz.

vivir "yaşamak" fiilinin **condicional simple** zamanı:

Olumlu:

(**Yo**) **viviría.**	Yaşardım.
(**Tú**) **vivirías.**	Yaşardın.
(**Él**, **ella**) **viviría.**	Yaşardı.
(**Usted**) **viviría.**	Yaşardınız. (Siz, tekil)
(**Nosotros**) **viviríamos.**	Yaşardık.
(**Vosotros**) **viviríais.**	Yaşardınız.
(**Ellos**, **ellas**) **vivirían.**	Yaşarlardı.
(**Ustedes**) **vivirían.**	Yaşardınız.

escribir "yazmak" fiilinin **condicional simple** çekimi:

Olumlu:

(**Yo**) **escribiría.**	Yazardım.
(**Tú**) **escribirías.**	Yazardın.
(**Él**, **ella**) **escribiría.**	Yazardı.
(**Usted**) **escribiría.**	Yazardınız.
(**Nosotros**) **escribiríamos.**	Yazardık.
(**Vosotros**) **escribiríais.**	Yazardınız.
(**Ellos**, **ellas**) **escribirían.**	Yazarlardı.
(**Ustedes**) **escribirían.**	Yazardınız.

vender "satmak" fiilinin **condicional simple** çekimi:

Olumlu:

(**Yo**) **vendería.**	Satardım.
(**Tú**) **venderías.**	Satardın.
(**Él**, **ella**) **vendería.**	Satardı.
(**Usted**) **vendería.**	Satardınız.
(**Nosotros**) **venderíamos.**	Satardık.
(**Vosotros**) **venderíais.**	Satardınız.
(**Ellos**, **ellas**) **venderían.**	Satarlardı.

(**Ustedes**) **venderían.**	Satardınınız.

ir "gitmek" fiilinin **condicional simple** çekimi:

Olumlu:

(**Yo**) **iría.**	Giderdim.
(**Tú**) **irías.**	Giderdin.
(**Él**, **ella**) **iría.**	Giderdi.
(**Usted**) **iría.**	Giderdiniz.
(**Nosotros**) **iríamos.**	Giderdik.
(**Vosotros**) **iríais.**	Giderdiniz.
(**Ellos**, **ellas**) **irían.**	Giderlerdi.
(**Ustedes**) **irían.**	Giderdiniz.

escribir "yazmak" fiilinin **condicional simple** çekimi:

Olumlu:

(**Yo**) **escribiría.**	Yazardım.
(**Tú**) **escribirías.**	Yazardın.
(**Él**, **ella**) **escribiría.**	Yazardı.
(**Usted**) **escribiría.**	Yazardınız.
(**Nosotros**) **escribiríamos.**	Yazardık.
(**Vosotros**) **escribiríais.**	Yazardınız.
(**Ellos**, **ellas**) **escribirían.**	Yazarlardı.
(**Ustedes**) **escribirían.**	Yazardınız.

jugar "oynamak" fiilinin **condicional simple** çekimi:

Olumlu:

(**Yo**) **jugaría.**	Oynardım.
(**Tú**) **jugarías.**	Oynardın.
(**Él**, **ella**) **jugaría.**	Oynardı.
(**Usted**) **jugaría.**	Oynardınız.
(**Nosotros**) **jugaríamos.**	Oynardık.
(**Vosotros**) **jugaríais.**	Oynardınız.
(**Ellos**, **ellas**) **jugarían.**	Oynarlardı.
(**Ustedes**) **jugarían.**	Oynardınız.

dormir "uyumak" fiilinin **condicional simple** çekimi:

Olumlu:

(**Yo**) **dormiría.**	Uyurdum.
(**Tú**) **dormirías.**	Uyurdun.
(**Él, ella**) **dormiría.**	Uyurdu.
(**Usted**) **dormiría.**	Uyurdunuz.
(**Nosotros**) **dormiríamos.**	Uyurduk.
(**Vosotros**) **dormiríais.**	Uyurdunuz.
(**Ellos, ellas**) **dormirían.**	Uyurlardı.
(**Ustedes**) **dormirían.**	Uyurdunuz.

dar "vermek" fiilinin **condicional simple** çekimi:

Olumlu:

(**Yo**) **daría.**	Verirdim.
(**Tú**) **darías.**	Verirdin.
(**Él, ella**) **daría.**	Verirdi.
(**Usted**) **daría.**	Verirdiniz.
(**Nosotros**) **daríamos.**	Verirdik.
(**Vosotros**) **daríais.**	Verirdiniz.
(**Ellos, ellas**) **darían.**	Verirlerdi.
(**Ustedes**) **darían.**	Verirdiniz.

escuchar "dinlemek" fiilinin **condicional simple** çekimi:

Olumlu:

(**Yo**) **escucharía.**	Dinlerdim.
(**Tú**) **escucharías.**	Dinlerdin.
(**Él, ella**) **escucharía.**	Dinlerdi.
(**Usted**) **escucharía.**	Dinlerdiniz.
(**Nosotros**) **escucharíamos.**	Dinlerdik.
(**Vosotros**) **escucharíais.**	Dinlerdiniz.
(**Ellos, ellas**) **escucharían.**	Dinlerlerdi.
(**Ustedes**) **escucharían.**	Dinlerdiniz.

escribir "yazmak" fiilinin **condicional simple** çekimi:

Olumlu:

(**Yo**) **escribiría.**	Yazardım.

(**Tú**) **escribirías.**	Yazardın.
(**Él, ella**) **escribiría.**	Yazardı.
(**Usted**) **escribiría.**	Yazardınız.
(**Nosotros**) **escribiríamos.**	Yazardık.
(**Vosotros**) **escribiríais.**	Yazardınız.
(**Ellos, ellas**) **escribirían.**	Yazarlardı.
(**Ustedes**) **escribirían.**	Yazardınız.

entrar "girmek" fiilinin **condicional simple** çekimi:

Olumlu:

(**Yo**) **entraría.**	Girerdim.
(**Tú**) **entrarías.**	Girerdin.
(**Él, ella**) **entraría.**	Girerdi.
(**Usted**) **entraría.**	Girerdiniz.
(**Nosotros**) **entraríamos.**	Girerdik.
(**Vosotros**) **entraríais.**	Girerdiniz.
(**Ellos, ellas**) **entrarían.**	Girerlerdi.
(**Ustedes**) **entrarían.**	Girerdiniz.

volver "dönmek" fiilinin **condicional simple** çekimi:

Olumlu:

(**Yo**) **volvería.**	Dönerdim.
(**Tú**) **volverías.**	Dönerdin.
(**Él, ella**) **volvería.**	Dönerdi.
(**Usted**) **volvería.**	Dönerdiniz.
(**Nosotros**) **volveríamos.**	Dönerdik.
(**Vosotros**) **volveríais.**	Dönerdiniz.
(**Ellos, ellas**) **volverían.**	Dönerlerdi.
(**Ustedes**) **volverían.**	Dönerdiniz.

limpiar "temizlemek" fiilinin **condicional simple** çekimi:

Olumlu:

(**Yo**) **limpiaría.**	Temizlerdim.
(**Tú**) **limpiarías.**	Temizlerdin.
(**Él, ella**) **limpiaría.**	Temizlerdi.
(**Usted**) **limpiaría.**	Temizlerdiniz.
(**Nosotros**) **limpiaríamos.**	Temizlerdik.
(**Vosotros**) **limpiaríais.**	Temizlerdiniz.
(**Ellos, ellas**) **limpiarían.**	Temizlerlerdi.

(**Ustedes**) **limpiarían.**	Temizlerdiniz.

nadar "yüzmek" fiilinin **condicional simple** çekimi:

Olumlu:

(**Yo**) **nadaría.**	Yüzerdim.
(**Tú**) **nadarías.**	Yüzerdin.
(**Él**, **ella**) **nadaría.**	Yüzerdi.
(**Usted**) **nadaría.**	Yüzerdiniz.
(**Nosotros**) **nadaríamos.**	Yüzerdik.
(**Vosotros**) **nadaríais.**	Yüzerdiniz.
(**Ellos**, **ellas**) **nadarían.**	Yüzerlerdi.
(**Ustedes**) **nadarían.**	Yüzerdiniz.

estudiar "çalışmak" fiilinin **condicional simple** çekimi:

Olumlu:

(**Yo**) **estudiaría.**	Çalışırdım.
(**Tú**) **estudiarías.**	Çalışırdın.
(**Él**, **ella**) **estudiaría.**	Çalışırdı.
(**Usted**) **estudiaría.**	Çalışırdınız.
(**Nosotros**) **estudiaríamos.**	Çalışırdık.
(**Vosotros**) **estudiaríais.**	Çalışırdınız.
(**Ellos**, **ellas**) **estudiarían.**	Çalışırlardı.
(**Ustedes**) **estudiarían.**	Çalışırdınız.

beber "içmek" fiilinin **condicional simple** çekimi:

Olumlu:

(**Yo**) **bebería.**	İçerdim.
(**Tú**) **beberías.**	İçerdin.
(**Él**, **ella**) **bebería.**	İçerdi.
(**Usted**) **bebería.**	İçerdiniz.
(**Nosotros**) **beberíamos.**	İçerdik.
(**Vosotros**) **beberíais.**	İçerdiniz.
(**Ellos**, **ellas**) **beberían.**	İçerlerdi.
(**Ustedes**) **beberían.**	İçerdiniz.

desayunar "Kahvaltı yapmak" fiilinin **condicional simple** çekimi:

Olumlu:

(Yo) desayunaría.	Kahvaltı yapardım.
(Tú) desayunarías.	Kahvaltı yapardın.
(Él, ella) desayunaría.	Kahvaltı yapardı.
(Usted) desayunaría.	Kahvaltı yapardınız.
(Nosotros) desayunaríamos.	Kahvaltı yapardık.
(Vosotros) desayunaríais.	Kahvaltı yapardınız.
(Ellos, ellas) desayunarían.	Kahvaltı yaparlardı.
(Ustedes) desayunarían.	Kahvaltı yapardınız.

Şimdi de bazı düzensiz fiillerin **condicional simple** çekimini verelim:

decir "söylemek, demek" fiilinin **condicional simple** çekimi:

Olumlu:

(Yo) diría.	Söylerdim.
(Tú) dirías.	Söylerdin.
(Él, ella) diría.	Söylerdi.
(Usted) diría.	Söylerdiniz.
(Nosotros) diríamos.	Söylerdik.
(Vosotros) diríais.	Söylerdiniz.
(Ellos, ellas) dirían.	Söylerlerdi.
(Ustedes) dirían.	Söylerdiniz.

hacer "yapmak" fiilinin **condicional simple** çekimi:

Olumlu:

(Yo) haría.	Yapardım.
(Tú) harías.	Yapardın.
(Él, ella) haría.	Yapardı.
(Usted) haría.	Yapardınız.
(Nosotros) haríamos.	Yapardık.
(Vosotros) haríais.	Yapardınız.
(Ellos, ellas) harían.	Yaparlardı.
(Ustedes) harían.	Yapardınız.

poner "koymak" fiilinin **condicional simple** çekimi:

Olumlu:

(**Yo**) **pondría.**	Koyardım.
(**Tú**) **pondrías.**	Koyardın.
(**Él**, **ella**) **pondría.**	Koyardı.
(**Usted**) **pondría.**	Koyardınız.
(**Nosotros**) **pondríamos.**	Koyardık.
(**Vosotros**) **pondríais.**	Koyardınız.
(**Ellos**, **ellas**) **pondrían.**	Koyarlardı.
(**Ustedes**) **pondrían.**	Koyardınız.

poder "yapabilmek" fiilinin **condicional simple** çekimi:

Olumlu:

(**Yo**) **podría.**	Yapabilirdim.
(**Tú**) **podrías.**	Yapabilirdin.
(**Él**, **ella**) **podría.**	Yapabilirdi.
(**Usted**) **podría.**	Yapabilirdiniz.
(**Nosotros**) **podríamos.**	Yapabilirdik.
(**Vosotros**) **podríais.**	Yapabilirdiniz.
(**Ellos**, **ellas**) **podrían.**	Yapabilirlerdi.
(**Ustedes**) **podrían.**	Yapabilirdiniz.

venir "gelmek" fiilinin **condicional simple** çekimi:

Olumlu:

(**Yo**) **vendría.**	Gelirdim.
(**Tú**) **vendrías.**	Gelirdin.
(**Él**, **ella**) **vendría.**	Gelirdi.
(**Usted**) **vendría.**	Gelirdiniz.
(**Nosotros**) **vendríamos.**	Gelirdik.
(**Vosotros**) **vendríais.**	Gelirdiniz.
(**Ellos**, **ellas**) **vendrían.**	Gelirlerdi.
(**Ustedes**) **vendrían.**	Gelirdiniz.

salir "çıkmak" fiilinin **condicional simple** çekimi:

Olumlu:

(**Yo**) **saldría.**	Çıkardım.

(Tú) saldrías.	Çıkardım.
(Él, ella) saldría.	Çıkardı.
(Usted) saldría.	Çıkardınız.
(Nosotros) saldríamos.	Çıkardık.
(Vosotros) saldríais.	Çıkardınız.
(Ellos, ellas) saldrían.	Çıkarlardı.
(Ustedes) saldrían.	Çıkardınız.

tener "sahip olmak" fiilinin **condicional simple** çekimi:

Olumlu:

(Yo) tendría.	Sahip olurdum.
(Tú) tendrías.	Sahip olurdun.
(Él, ella) tendría.	Sahip olurdu.
(Usted) tendría.	Sahip olurdunuz.
(Nosotros) tendríamos.	Sahip olurduk.
(Vosotros) tendríais.	Sahip olurdunuz.
(Ellos, ellas) tendrían.	Sahip olurlardı.
(Ustedes) tendrían.	Sahip olurlardı.

Şimdi de birkaç çift zamirli fiilin **condicional simple** çekimini görelim:

despertarse "uyanmak, kalkmak" fiilinin **condicional simple** çekimi:

Olumlu:

(Yo) me despertaría.	Kalkardım.
(Tú) te despertarías.	Kalkardın.
(Él, ella) se despertaría.	Kalkardı.
(Usted) se despertaría.	Kalkardınız.
(Nosotros) nos despertaríamos.	Kalkardık.
(Vosotros) os despertaríais.	Kalkardınız.
(Ellos, ellas) se despertarían.	Kalkarlardı.
(Ustedes) se despertarían.	Kalkardınız.

acostarse "yatmak" fiilinin **condicional simple** çekimi:

Olumlu:

(Yo) me acostaría.	Yatardım.
(Tú) te acostarías.	Yatardın.
(Él, ella) se acostaría.	Yatardı.
(Usted) se acostaría.	Yatardınız.

(Nosotros) nos acostaríamos.	Yatardık.
(Vosotros) os acostaríais.	Yatardınız.
(Ellos, ellas) se acostarían.	Yatarlardı.
(Ustedes) se acostarían.	Yatardınız.

sentarse "oturmak" fiilinin **condicional simple** çekimi:

Olumlu:

(Yo) me sentaría.	Otururdum.
(Tú) te sentarías.	Otururdun.
(Él, ella) se sentaría.	Otururdu.
(Usted) se sentaría.	Otururdunuz.
(Nosotros) nos sentaríamos.	Otururduk.
(Vosotros) os sentaríais.	Otururdunuz.
(Ellos, ellas) se sentarían.	Otururlardı.
(Ustedes) se sentarían.	Otururdunuz.

afeitarse "tıraş olmak" fiilinin **condicional simple** çekimi:

Olumlu:

(Yo) me afeitaría.	Tıraş olurdum.
(Tú) te afeitarías.	Tıraş olurdun.
(Él, ella) se afeitaría.	Tıraş olurdu.
(Usted) se afeitaría.	Tıraş olurdunuz.
(Nosotros) nos afeitaríamos.	Tıraş olurduk.
(Vosotros) os afeitaríais.	Tıraş olurdunuz.
(Ellos, ellas) se afeitarían.	Tıraş olurlardı.
(Ustedes) se afeitarían.	Tıraş olurdunuz.

Cümleler:

¿Podrías llamar a Carlos?	Carlos'u çağırabilir miydin?(Carlos'u çağırabilir misin?)
Sí, puedo llamarlo.	Evet, onu çağırabilirim.
¿Podrían ustedes llevarme a casa?	Beni eve götürebilir miydiniz? (Beni eve götürebilir misiniz?)
Sí, podemos llevarte.	Evet, seni götürebiliriz.
¿Podríamos entrar un momento?	Bir dakika girebilir miydik? (Bir dakika girebilir miyiz?)
Sí, podéis entrar.	Evet, girebilirsiniz.

¿Podría él arreglarme la radio? **Sí, puede arreglarle la radio.**	Radyoyu tamir edebilir mi? Evet, radyoyu tamir edebilir.
¿Podríais ayudarme un poco? **Sí, podemos ayudarle un poco.**	Bana biraz yardım edebilir misiniz? Evet, size biraz yardım edebiliriz.
¿Podrías hablar más claro? **Sí, puedo hablar más claro.**	Daha açık konuşabilir misin? Evet, daha açık konuşabilirim.
Yo en tú lugar no lo haría.	Ben senin yerinde olsaydım bunu yapmazdım.
Nosotros en vuestro lugar iríamos a Italia.	Biz sizin yerinizde olsaydık İtalya'ya giderdik.
Yo en tú lugar le pediría ayuda.	Ben senin yerinde olsaydım ondan yardım isterdim.

MODO IMPERATIVO – Emir Kipi

Türkçede "konuşmak, dinlemek, beklemek" gibi mastar halindeki fiillerin mastar ekleri olan "-mak, -mek" kaldırıldığında geriye kalan fiil kökü emir olur.

konuşmak	Konuş! (Sen konuş anlamında)
dinlemek	Dinle! (Sen dinle anlamında)
beklemek	Bekle (Sen bekle anlamında)

Yukarıdaki örneklerde de görüldüğü gibi "Konuş. Dinle. Bekle." emirleri "sen" le başlayan ikinci tekil şahıstan yapılmıştır.

Türkçede bir de "siz"le başlayan ikinci çoğul şahıstan emir yapılır.

kapatmak	Kapatınız. (Siz kapatınız anlamında)
açmak	Açınız. (Siz açınız anlamında)
yürümek	Yürüyünüz. (Siz yürüyünüz anlamında)

Böylece Türkçede, "ben, sen, o, biz, siz, onlar" gibi şahıs zamirleriyle başlayan, üçü tekil, üçü çoğul olmak üzere altı şahıstan yalnız "sen" ve "siz" gibi ikinci tekil şahıs ve üçüncü çoğul şahıstan emir yapılmaktadır. Bu Türkçenin bir özelliğidir.

İspanyolcada ise durum biraz farklıdır. Şimdi üç grup fiilin nasıl emir yapıldıklarını öğrenelim:

Birinci grup fiillerde emir:

İspanyolcada fiillerin, Türkçedekinden farklı olarak, mastar eklerine göre başlıca üç çekim grubuna ayrıldıklarını biliyoruz. Bu üç grup fiilden **–ar** mastar eki alan birinci grup fiillerin emir yapılması için, kök halindeki fiile bazı ekler gelir. Aynı şekilde **–er** mastar eki alan ikinci ve **–ir** mastar eki olan üçüncü grup fiilleri emir yapmak için de fiil köküne bazı ekler gelir. Bu iki grubun aldıkları ekler ikinci çoğul şahsın dışında aynıdır. Sadece birinci grup fiillerin ekleri farklıdır.

Ayrıca İspanyolcada, Türkçedekinden farklı olarak, "biz" şahıs zamiriyle başlayan birinci çoğul şahıstan (kullanımı pek sık olmamakla beraber), kibar hitap sözcüğü olan "siz" (tekil) anlamındaki **usted** ve bunun çoğulu olan **ustedes**'ten de emir yapılır.

Şimdi örnek cümlelerle birinci grup fiilleri emir yapmayı ve aldıkları ekleri görelim:

(**Tú**) **miras los dibujos de su padre.** — (Sen) onun babasının resimlerine bakıyorsun.

MirA los dibujos de su padre. — Onun babasının resimlerine bak.

(**Vosotros**) **miráis el mapa.** — (Siz-çoğul) haritaya bakıyorsunuz.
MirAD el mapa. — Haritaya bakın.

(**Nosotros**) **miramos la alfombra.** — (Biz) halıya bakıyoruz.
MirEMOS las alfombras. — Halılara bakalım.

(**Usted**) **mira los niños.** — (Siz-tekil) çocuklara bakıyorsunuz.
MirE los niños. — Çocuklara bakınız.

(**Ustedes**) **miran el perro.** — (Sizler-kibar) köpeğe bakıyorsunuz.

MirEN el perro. — Köpeğe bakınız.

Şimdi yukarıdaki örneklerdeki önemli noktaları açıklayalım:

Birincisi; fiil eklenen emir ekleri kolayca görülmeleri için büyük harfle yazılmıştır.

İkincisi; emir cümlelerinde şahıs zamirleri yazılmamıştır. Çünkü fiil köküne gelen ekler zaten emrin hangi şahsa yönelik olduğunu göstermektedir.

Üçüncüsü; fiilin cümledeki yeri değişmemiştir. Türkçede fiilin emir hali cümlenin sonunda, İspanyolcada ise, cümlenin başında yer almaktadır.

Şimdi birinci grup fiillerden **mirar** fiilinin şahıslara göre emir halini kalıp içinde bir kez daha tekrarlayalım:

Fiil kökü	emir eki	(şahıs zamiri)
mir	**-A**	**(tú)**
mir	**-AD**	**(vosotros)**
mir	**-EMOS**	**(nosotros)**
mir	**-E**	**(usted)**
mir	**-EN**	**(ustedes)**

Bütün birinci grup fiillerde emir aynı biçimde yapılır.

nadar fiilinin şahıslara göre emir halini kalıp içinde görelim:

Fiil kökü	emir eki	(şahıs zamiri)
nad	**-A**	**(tú)**
nad	**-AD**	**(vosotros)**
nad	**-EMOS**	**(nosotros)**
nad	**-E**	**(usted)**
nad	**-EN**	**(ustedes)**

(Tú) nadas en el mar.
NadA en el mar.

(Sen) debizde yüzüyorsun.
Denizde yüz.

(Vosotros) nadáis en el lago.
NadAD en el lago.

(Siz-çoğul) gölde yüzüyorsunuz.
Gölde yüzün.

(Nosotros) nadamos en el mar.
NadEMOS en el mar.

(Biz) denizde yüzüyoruz.
Denizde yüzelim.

(Usted) nada.
NadE.

(Siz-tekil) yüzüyorsunuz.
Yüzünüz.

(Ustedes) nadan en el río.
NadEN en el río.

(Sizler-kibar) nehirde yüzüyorsunuz.
Nehirde yüzünüz.

Şimdi de düzensiz bir fiil olan **cerrar** fiili ile örnekler verelim:

(Tú) cierras la puerta de la tienda.
CierrA la puerta de la tienda.

(Sen) dükkanın kapısını kapatıyorsun.
Dükkanın kapısını kapat.

(Vosotros) cerráis las ventanas.
CerrAD las ventanas.

(Siz-çoğul) pencereleri kapatıyorsunuz.
Pencereleri kapatın.

(Nosotros) cerramos la puerta del hotel.	(Biz) otelin kapısını kapatıyoruz.
CerrEMOS la puerta del hotel.	Otelin kapısını kapatalım.
(Usted) cierra su libro.	(Siz-tekil) kitabınızı kapatıyorsunuz.
CierrE su libro.	Kitabınızı kapatınız.
(Ustedes) cierran las ventanas de la escuela.	(Sizler-kibar) okulun pencerelerini kapatıyorsunuz.
CierrEN las ventanas de la escuela.	Okulun pencerelerini kapatınız.

Şimdi de **cerrar** fiilinin şahıslara göre emir halini kalıp içinde bir kez daha tekrarlayalım:

cerrar fiilinin emir hali

Fiil kökü	emir eki	(şahıs zamiri)
c*ie*rr	**-A**	**(tú)**
cerr	**-AD**	**(vosotros)**
cerr	**-EMOS**	**(nosotros)**
c*ie*rr	**-E**	**(usted)**
c*ie*rr	**-EN**	**(ustedes)**

"Konuşmak" anlamındaki **hablar** fiilinin emir halini kalıp halinde verelim:

Fiil kökü	emir eki	(şahıs zamiri)
habl	**-A**	**(tú)**
habl	**-AD**	**(vosotros)**
habl	**-EMOS**	**(nosotros)**
habl	**-E**	**(usted)**
habl	**-EN**	**(ustedes)**

Birinci grup fiillerde olumsuz emir:

İspanyolcada, emir halindeki bir fiili olumsuz yaparken fiilin önüne **no** getirmek yeterlidir. Ancak, bu kural sadece **usted** ve **ustedes** şahıslarına yönelik emir durumundaki fiillerde geçerlidir. Bu şahıslara yönelik fiillerin emir halleri hiç değişmeden önüne sadece **no** getirilir. **Tú** ve **vosotros** şahıslarına yönelik emir cümlelerindeki fiili olumsuz yaparken yine fiilin önüne **no** getirilir fakat fiil çekimi **tú** ve **vosotros** şahıslarında değişir.

(Tú) mirA las alfombras. **No mirES las alfombras.**	(Sen) halılara bak. Halılara bakma.
(Vosotros) mirAD los pájaros. **No mirÉIS los pájaros.**	(Siz-çoğul) kuşlara bakın. Kuşlara bakmayın.
(Usted) escuchE la radio. **No escuchE la radio.**	(Siz-tekil) radyo dinleyiniz. Radyo dinlemeyiniz.
(Ustedes) cierrEN las ventanas. **No cierrEN las ventanas.**	(Sizler) pencereleri kapatınız. Pencereleri kapatmayınız.

mirar fiilinin olumlu ve olumsuz emir hali

Şahıs zamiri	olumlu emir	olumsuz emir
(Tú) **(Nosotros)** **(Usted)** **(Ustedes)**	**mir–A** **mir–AD** **mir–E** **mir–EN**	**no mir–ES** **no mir–ÉIS** **no mir–E** **no mir–EN**

escuchar fiilinin olumlu ve olumsuz emir hali

Şahıs zamiri	olumlu emir	olumsuz emir
(Tú) **(Nosotros)** **(Usted)** **(Ustedes)**	**escuch–A** **escuch–AD** **escuch–E** **escuch–EN**	**no escuch–ES** **no escuch–ÉIS** **no escuch–E** **no escuch–EN**

jugar fiilinin olumlu ve olumsuz emir hali

Şahıs zamiri	olumlu emir	olumsuz emir
(Tú) **(Nosotros)** **(Usted)** **(Ustedes)**	**jueg–A** **jug–AD** **juegu–E** **juegu–EN**	**no jueg–ES** **no jug–ÉIS** **no juegu–E** **no juegu–EN**

nadar fiilinin olumlu ve olumsuz emir hali

Şahıs zamiri	olumlu emir	olumsuz emir
(**Tú**)	**nad–A**	**no nad–ES**
(**Nosotros**)	**nad–AD**	**no nad–ÉIS**
(**Usted**)	**nad–E**	**no nad–E**
(**Ustedes**)	**nad–EN**	**no nad–EN**

tirar fiilinin olumlu ve olumsuz emir hali

Şahıs zamiri	olumlu emir	olumsuz emir
(**Tú**)	**tir–A**	**no tir–E**
(**Vosotros**)	**tir–AD**	**no tir–ES**
(**Usted**)	**tir–E**	**no tir–E**
(**Ustedes**)	**tir–EN**	**no tir–EN**

limpiar fiilinin olumlu ve olumsuz emir hali

Şahıs zamiri	olumlu emir	olumsuz emir
(**Tú**)	**limpi–A**	**no limpi–E**
(**Vosotros**)	**limpi–AD**	**no limpi–ES**
(**Usted**)	**limpi–E**	**no limpi–E**
(**Ustedes**)	**limpi–EN**	**no limpi–EN**

esperar fiilinin olumlu ve olumsuz emir hali

Şahıs zamiri	olumlu emir	olumsuz emir
(**Tú**)	**esper–A**	**no esper–**
(**Vosotros**)	**esper–AD**	**no esper–ES**
(**Usted**)	**esper–E**	**no esper–E**
(**Ustedes**)	**esper–EN**	**no esper–EN**

visitar fiilinin olumlu ve olumsuz emir hali

Şahıs zamiri	olumlu emir	olumsuz emir
(Tú) (Vosotros) (Usted) (Ustedes)	**visit-A** **visit–AD** **visit–E** **visit–EN**	**no visit–ES** **no visit–ÉIS** **no visit–E** **no visit–EN**

hablar fiilinin olumlu ve olumsuz emir hali

Şahıs zamiri	olumlu emir	olumsuz emir
(Tú) (Vosotros) (Usted) (Ustedes)	**habl–A** **habl–AD** **habl–E** **habl–EN**	**no habl–ES** **no habl–ÉIS** **no habl–E** **no habl–EN**

Yukarıdaki tabloda "konuşmak" fiilinin şahıslara göre emir hali verilmiştir. Tabloda parantez içinde verilen şahıs zamirleri cümlede fiilden sonra yer alır.

İkinci grup fiillerde emir:

Birinci grup fiillerde olduğu gibi, ikinci ve üçüncü grup fiillerde de emir, ikinci tekil (**tú**), ikinci çoğul (**vosotros**), **usted**, **ustedes** ve kullanımı çok nadir olmakla beraber birinci çoğul (**nosotros**) şahıslarla yapılır.

Şimdi bu iki gruptan fiillerin emir hallerini örneklerle görelim:

(Tú) corres por el jardín.
CorrE por el jardín.

(Sen) bahçede koşuyorsun.
Bahçede koş.

(Nosotros) corremos por la calle.
CorrAMOS por la calle.

(Biz) caddede koşuyoruz.
Caddede koşalım.

(Vosotros) coméis tres naranjas.
ComED tres naranjas.

(Siz-çoğul) üç portakal yiyorsunuz.
Üç portakal yiyin.

(Usted) come un huevo.
ComA un huevo.

(Siz-tekil) bir yumurta yiyorsunuz.
Bir yumurta yiyiniz.

(Ustedes) comen unas manzanas. (Sizler-kibar) birkaç elma yiyorsunuz.
ComAN unas manzanas. Birkaç elma yiyiniz.

Şimdi de ikinci grup fiillerin emir yapılırken aldıkları ekleri kalıp halinde görelim:

correr fiilinin olumlu emir hali

Fiil kökü	emir eki	(şahıs zamiri)
corr	**-E**	**(tú)**
corr	**-ED**	**(vosotros)**
corr	**-AMOS**	**(nosotros)**
corr	**-A**	**(usted)**
corr	**-AN**	**(ustedes)**

comer fiilinin olumlu emir hali

Fiil kökü	emir eki	(şahıs zamiri)
com	**-E**	**(tú)**
com	**-ED**	**(vosotros)**
com	**-AMOS**	**(nosotros)**
com	**-A**	**(usted)**
com	**-AN**	**(ustedes)**

İkinci grup fiillerde olumsuz emir:

İkinci grup fiillerde emir halinin olumsuzunu yapmak için fiilin önüne **no** getirilir ve fiilin aldığı ekler değişir.

ComE (tú)una manzana. (Sen) bir elma ye.
No comAS una manzana. Bir elma yeme.

ComED (vosotros) unas naranjas. (Siz-çoğul) birkaç portakal yiyin.
No comÁIS unas naranjas. Birkaç portakal yemeyin.

CorrA (usted) por la calle. (Siz-tekil) caddede koşunuz.
No corrA por la calle. Caddede koşmayınız.

CorrAN (**ustedes**) **en el jardín.** (Sizler-kibar) bahçede koşunuz.
No corrAN en el jardín. Bahçede koşmayınız.

Yukarıdaki örneklerde de görüldüğü gibi **usted** ve **ustedes** şahıslarına yönelik fiillerin olumlu ve olumsuz halleri aynıdır. Şimdi daha iyi görülebilmesi için ikinci grup fiillerin olumsuz emir halini kalıp halinde tekrarlayalım:

comer fiilinin olumlu ve olumsuz hali

Şahıs zamiri	olumlu emir	olumsuz emir
(**Tú**)	**com–E**	**no com–AS**
(**Vosotros**)	**com–ED**	**no com–ÁIS**
(**Usted**)	**com–A**	**no com–A**
(**Ustedes**)	**com–AN**	**no com–AN**

correr fiilinin olumlu ve olumsuz hali

Şahıs zamiri	olumlu emir	olumsuz emir
(**Tú**)	**corr–E**	**no corr–AS**
(**Nosotros**)	**corr–ED**	**no corr–ÁIS**
(**Usted**)	**corr–A**	**no corr–A**
(**Ustedes**)	**corr–AN**	**no corr–AN**

poner fiilinin olumlu ve olumsuz hali

Şahıs zamiri	olumlu emir	olumsuz emir
(**Tú**)	**pon**	**no pon–GAS**
(**Nosotros**)	**pon–ED**	**no pon–GÁIS**
(**Usted**)	**pon–GA**	**no pon–GA**
(**Ustedes**)	**pon–GAN**	**no pon–GAN**

tener fiilinin olumlu ve olumsuz emir hali

Şahıs zamiri	olumlu emir	olumsuz emir
(**Tú**) (**Nosotros**) (**Usted**) (**Ustedes**)	**ten** **ten–ED** **ten–GA** **ten–GAN**	**no ten–GAS** **no ten–GÁIS** **no ten–GA** **no ten–GAN**

ser fiilinin olumlu ve olumsuz emir hali

Şahıs zamiri	olumlu emir	olumsuz emir
(**Tú**) (**Nosotros**) (**Usted**) (**Ustedes**)	**sé** **sed** **sea** **sean**	**no seas** **no seáis** **no sea** **no sean**

saber fiilinin olumlu ve olumsuz emir hali

Şahıs zamiri	olumlu emir	olumsuz emir
(**Tú**) (**Vosotros**) (**Usted**) (**Ustedes**)	**sab–E** **sab–ED** ***sep*–A** ***sep*–AN**	**no *sep*–AS** **no *sep*–ÁIS** **no *sep*–A** **no *sep*–AN**

hacer fiilinin olumlu ve olumsuz emir hali

Şahıs zamiri	olumlu emir	olumsuz emir
(**Tú**) (**Vosotros**) (**Usted**) (**Ustedes**)	**haz** **hac–ED** **ha–GA** **ha–GAN**	**no ha–GAS** **no ha–GÁIS** **no ha–GA** **no ha–GAN**

pertenecer fiilinin olumlu ve olumsuz emir hali

Şahıs zamiri	olumlu emir	olumsuz emir
(**Tú**) (**Vosotros**) (**Usted**) (**Ustedes**)	**pertenec–E** **pertenec–ED** **pertenezc–A** **pertenezc–AN**	**no pertenezc–AS** **no pertenezc–ÁIS** **no pertenezc–A** **no pertenezc–AN**

Üçüncü grup fiillerde emir:

Üçüncü grup fiillerin emir hali, ikinci çoğul şahıs hariç, ikinci grup fiillerinki gibidir.

(**Tú**) **escribes una carta.** — (Sen) bir mektup yazıyorsun.
EscribE una carta. — Bir mektup yaz.

(**Nosotros**) **escribimos un libro.** — (Biz) bir kitap yazıyoruz.
EscribAMOS un libro. — Bir kitap yazalım.

(**Vosotros**) **escribís una historia.** — (Siz-çoğul) bir hikaye yazıyorsunuz.
EscribID una historia. — Bir hikaye yazın.
(**Usted**) **escribe una carta a su madre.** — (Siz-tekil) annenize mektup yazıyorsunuz.
EscribA una carta a su madre. — Annenize mektup yazınız.

(**Ustedes**) **escriben una historia.** — (Sizler-kibar) hikaye yazıyorsunuz.
EscribAN una historia. — Hikaye yazınız.

dormir fiilinin olumlu emir hali

Fiil kökü	emir eki	(şahıs zamiri)
duerm	**-E**	(**tú**)
dor	**-ID**	(**vosotros**)
durm	**-AMOS**	(**nosotros**)
duerm	**-A**	(**usted**)
duerm	**-AN**	(**ustedes**)

Üçüncü grup fiillerde olumsuz emir:

Bu grup fiillerin emir hallerinin olumsuzu tıpkı ikinci grup fiillerinki gibidir. Fiil köküne gelen ekler aynıdır. Şimdi üçüncü grup fiillerin olumlu ve olumsuz emir hallerini kalıp halinde görelim:

escribir fiilinin olumlu ve olumsuz emir hali

Şahıs zamiri	olumlu emir	olumsuz emir
(**Tú**)	**escrib–E**	**no escrib–AS**
(**Vosotros**)	**escrib–ID**	**no escrib–ÁIS**
(**Usted**)	**escrib–A**	**no escrib–A**
(**Ustedes**)	**escrib–AN**	**no escrib–AN**

venir fiilinin olumlu ve olumsuz emir hali

Şahıs zamiri	olumlu emir	olumsuz emir
(**Tú**)	**ven**	**no ven–GAS**
(**Nosotros**)	**ven–ID**	**no ven–GÁIS**
(**Usted**)	**ven–GA**	**no ven–GA**
(**Ustedes**)	**ven–GAN**	**no ven–GAN**

ir fiilinin olumlu ve olumsuz emir hali

Şahıs zamiri	olumlu emir	olumsuz emir
(**Tú**)	**ve**	**no vayas**
(**Nosotros**)	**id**	**no vayáis**
(**Usted**)	**vaya**	**no vaya**
(**Ustedes**)	**vayan**	**no vayan**

recibir fiilinin olumlu ve olumsuz emir hali

Şahıs zamiri	olumlu emir	olumsuz emir
(Tú)	**recib–E**	**no recib–AS**
(Vosotros)	**recib–ID**	**no recib–ÁIS**
(Usted)	**recib–A**	**no recib–A**
(Ustedes)	**recib–AN**	**no recibib–AN**

decir fiilinin olumlu ve olumsuz emir hali

Şahıs zamiri	olumlu emir	olumsuz emir
(Tú)	**di**	**no di–GAS**
(Vosotros)	**dec–ID**	**no di–GÁIS**
(Usted)	**di–GA**	**no di–GA**
(Ustedes)	**di–GAN**	**no di–GAN**

permitir fiilinin olumlu ve olumsuz emir hali

Şahıs zamiri	olumlu emir	olumsuz emir
(Tú)	**permit-E**	**no permit–AS**
(Vosotros)	**permit–ID**	**no permit–ÁIS**
(Usted)	**permit–A**	**no permit–A**
(Ustedes)	**permit–AN**	**no permit–AN**

vivir fiilinin olumlu ve olumsuz emir hali

Şahıs zamiri	olumlu emir	olumsuz emir
(Tú)	**viv-E**	**no viv–AS**
(Vosotros)	**viv–ID**	**no viv–ÁIS**
(Usted)	**viv–A**	**no viv–A**
(Ustedes)	**viv–AN**	**no viv–AN**

seguir fiilinin olumlu ve olumsuz emir hali

Şahıs zamiri	olumlu emir	olumsuz emir
(Tú)	**sigu-E**	**no sig–AS**
(Vosotros)	**segu–ID**	**no sig–ÁIS**
(Usted)	**sig–A**	**no sig–A**
(Ustedes)	**sig–AN**	**no sig–AN**

pedir fiilinin olumlu ve olumsuz emir hali

Şahıs zamiri	olumlu emir	olumsuz emir
(Tú)	**pid-E**	**no pid–AS**
(Vosotros)	**ped–ID**	**no pid–ÁIS**
(Usted)	**pid–A**	**no pid–A**
(Ustedes)	**pid–AN**	**no pid–AN**

Cümleler:

¡Abre la puerta! — Kapıyı aç!
¡No abras la puerta! — Kapıyı açma!

¡Bebe el agua! — Suyu iç!
¡No bebas el agua! — Suyu içme!

¡Comed estas manzanas! — Bu elmaları yiyin!
¡No comáis estas manzanas! — Bu elmaları yemeyin!

¡Abre las cajas! — Kutuları aç!
¡No abras las cajas! — Kutuları açma!

¡No abras la ventana! — Pencereyi açma!
¡No pongas el perro sobre mi cama! — Köpeği yatağımın üstüne koyma!
¡No vengas, por favor! — Gelme, lütfen.

Şimdi de bazı çift zamirli fiillerin olumlu ve olumsuz emir hallerini tablo içinde görelim:

bañarse fiilinin olumlu ve olumsuz emir hali

Şahıs zamiri	olumlu emir	olumsuz emir
(**Tú**)	**báñate**	**no te bañes**
(**Vosotros**)	**báñaos**	**no os bañéis**
(**Usted**)	**báñese**	**no se bañe**
(**Ustedes**)	**báñense**	**no se bañen**

vestirse fiilinin olumlu ve olumsuz emir hali

Şahıs zamiri	olumlu emir	olumsuz emir
(**Tú**)	**vístete**	**no te vistas**
(**Vosotros**)	**vestíos**	**no os vistáis**
(**Usted**)	**vístase**	**no se vista**
(**Ustedes**)	**vístanse**	**no se vistan**

desnudarse fiilinin olumlu ve olumsuz emir hali

Şahıs zamiri	olumlu emir	olumsuz emir
(**Tú**)	**desnúdate**	**no te desnudes**
(**Vosotros**)	**desnúdaos**	**no os desnudéis**
(**Usted**)	**desnúdese**	**no se desnude**
(**Ustedes**)	**desnúdense**	**no se desnuden**

MODO SUBJUNTIVO – Dilek Kipi

Dilek kipinde kulanılan fiiller henüz gerçekleşmemiş ve gerçekleşmesi bir isteğe bağlı ya da kuşkulu ve olası eylemleri ifade eder, yani eylem objektif olarak yapılmış, yapılmakta veya yaplacak olmayıp, gerçekleşmesi konuşan kimsenin kendi görüş açısına bağlıdır.

Dilek kipine bağlı zamanlar, emir kipi (**imperativo**) dışında, hiçbir zaman temel cümlede kullanılmaz: dilek, istek, amaç, kuşku, sevinç, korku, üzüntü, ümit veya şaşkınlık gibi gerçek değil "duygusal" olayları bildiren eylemler, **QUE** (ki) bağlacı ve bazı zarf, edat ve deyimler aracılığıyla temel cüleye bağlanan yan cümleler içinde yer alırlar.

Dilek kipine bağlı zamanlar şunlardır:

1. **Presente** (Şimdiki zaman)
2. **Pretérito imperfecto** (Geçmiş zaman)
3. **Pretérito perfecto** (Yakın geçmiş zaman)
4. **Pretérito pluscuamperfecto** (-miş'li geçmişin hikayesi)
5. **Futuro imperfecto** (Gelecek zaman)
6. **Futuro perfecto** (Gelecekte geçmiş zaman)

USO DEL MODO SUBJUNTIVO – dilek kipinin kullanımı

Dilek kipi, İspanyolca dilbilgisinde çok geniş ve önemli bir yer tutar. Dilek Kipi zamanlarında Haber Kipine kıyasla yarı yarıya bir azalma görülür, çünkü Dilek Kipinin gelecek zamanları artık kullanılmadığı için Haber Kipinin sekiz zamanına karşılık Dilek Kipinde sadece dört zaman vadır ve bunların her biri Haber Kipinin iki zamanını karşılar. Yani "**Creo que viene.**" (Sanıyorum ki geliyor.) ve "**Creo que vendrá.**" (Sanıyorum ki gelecek.) şeklinde iki Haber Kipi cümlesi, Dilek Kipinde tek şekilde ifade edilebilir: "**No creo que venga.**" (Sanmıyorum ki gelsin.) Bu durum aşağıdaki tabloda gösterilmiştir:

Dilek Kipi **(Subjuntivo)**	Eylemin zamanı	Haber Kipinde karşılığı **(Indicativo)**
1. **PRESENTE** **hable** (konuşayım, konuşsam)	Şimdiki zaman	**hablo** (konuşuyorum) **hablaré** (konuşacağım)
2. **PRETÉRITO IMPERFECTO** **hablara o hablase** (konuşsaydım)	Geçmiş zaman Gelecek zaman	**hablaba** (konuşuyordum) **hablé** (konuştum) **hablaría** (konuşurdum)
3. **PRETÉRITO PERFECTO** **haya hablado** (konuşmuş olayım)	Geçmiş zaman Gelecek zaman	**he hablado** (konuştum) **habré hablado** (konuşmuş olacağım)

4. **PRETÉRITO PLUSCUAMPERFECTO**

hubiera o hubiese hablado (konuşmuş olsaydım)	Geçmiş zaman	**había hablado** (konuşmuştum)
	Gelecek zaman	**habría hablado** (konuşmuş olurdum)

Dilek kipinin kullanıldığı yerler şöyle özetlenebilir:

1. DİLEK ve İSTEK gösteren haller:

Quiero que hable.
(Konuşmasını istiyorum.)

Dije que viniese temprano.
(Erken gelmesini söyledim.)

2. KUŞKU ve YADSIMA bildiren cümleler:

Dudo que haya terminado.
(Bitirdiğinden kuşkuluyum.)

Niega que os haya visto.
(Sizi görmüş olduğunu yadsıyor.)

3. SORU cümleleri ve OLUMSUZ fikir beyanları:

¿Crees que haya llegado?
(Varmış olduğunu sanıyor musun?)

No creo que haya llegado.
(Varmış olduğunu sanmıyorum.)

4. Sevinç, korku, üzüntü gibi DUYGUSAL durumları gösteren haller:

Me alegro de que haya venido.
(Gelmiş olmasına sevindim.)

Siento que sea así.
(Böyle olmasına üzüldüm.)

5. GEREKLİLİK gösteren şahıssız fiillerde:

Es necesario que trabajes.
(Çalışman gerekli.)

6. GELECEK ZAMAN bildiren yan cümlelerde:

Cuando venga, jugaremos.
(Geldiği zaman oynayacağız.)

Saldré mientras estudias.
(Sen çalışırken dışarı çıkacağım.)

7. AMAÇ bildiren yan cümlelerde:

Le llamé para que me ayudara.
(Bana yardım etmesi için onu çağırdım.)

8. BELİRSİZ bir şahıs veya eşyayı açıklayan yan cümlelerde:

Busco una secretaria que sepa inglés.
(İngilizce bilen bir sekreter arıyorum.)

9. OLUMSUZ bir OLASILIK bildiren cümlelerde:

No hay nadie que lo crea.
(Buna inanacak kimse yok.)

10. Bazı BELİRSİZ ZAMİRLER'den sonra:

Hablaré con quienquiera que sea.
(Kiminle olursa olsun konuşacağım.)

11. ŞART cümlelerinde:

Si tuviese tiempo, iría al teatro.
(Eğer vaktim olsaydı tiyatroya giderdim.)

Si tuviera tiempo, visitaría a mi abuela.
(Eğer vaktim olsaydı büyükannemi ziyaret ederdim.)

Not: Şart cümlelerinde **Presente de Subjuntivo** kullanılmaz.

Dilek kipinin hangi zamanlarda ve hangi durumlarda kullanıldoğını özetle gördük. Şimdi bu zamanları sırasıyla ayrıntılı olarak görelim:

PRESENTE DE SUBJUNTIVO – dilek kipinin şimdiki zamanı

Bu zaman, şimdiki veya gelecek zamanlar içinde gerçekleşmesi istenen veya bir kuşku ya da olasılığa bağlı olan eylemleri anlatır.

(**Quiero que hable.** –Konuşmasını istiyorum.)

(**Dudo que venga temprano.** –Erken geleceğinden kuşkuluyum.)

(**Temo que tarde mucho.** –Çok gecikeceğinden korkuyorum.)

Es posible que nos escuchen. –Bizi dinlemeleri mümkün.)

İspanyolcada çok önemli bir yeri olan ve çok sık kullanılan bu zamanın temel cümlede bağlı olduğu fiil, **Presente**, **Pretérito Perfecto** veya **Futuro** zamanlarında olabilir:

Te prohibo
(Sana yasaklıyorum

Te he prohibido
(Sana yasakladım

Te prohibiré
(Sana yasaklayacağım

Te habré prohibido
(Sana yasaklamış olacağım

} **que fumes.**
ki sagara içesin.)

Presente de Subjuntivo, sadece şimdiki zamanda değil, gelecek zaman içimde de yapılması istenen veya muhtemel olan bir eylemi anlattığından, kuşku bildiren cümlelerde;
(**Tal vez venga esta noche.** –Belki bu gece gelir.), dilek cümlelerinde;
(**Ojalá que venga.** –Keşke gelse.), tavsiye cümlelerinde;
(**Viva deportivamente.** –Sportmence yaşa.), emir şekli olmayan şahıslar için emir cümlelerinde;
(**Venga usted temprano.** –Erken gelin.), (**Salgamos a las siete.** –Saat yedide yola çıkalım.), Ve olumsuz istek cümlelerinde de;
(**No juguéis en la calle.** –Caddede oynamayın.) kullanılır.

Fiillerin **PRESENTE DE SUBJUNTIVO** çekimleri

Birinci grup fiillerin **presente de subjuntivo** çekimleri:

Mastar eki –**ar** olan fiillerin, fiil köküne aldığı ekler şunlardır:

(**Yo**) **-e**
(**Tú**) **-es**
(**Él**, **ella**) **-e**
(**Usted**) **-e**
(**Nosotros**) **-emos**
(**Vosotros**) **-éis**
(**Ellos**, **ellas**) **-en**
(**Ustedes**) **-en**

Estudiar "çalışmak" fiilinin **Presente de Subjuntivo** çekimi:

Olumlu:

(**Yo**) **estudie**	Çalışayım, çalışsam
(**Tú**) **estudies**	Çalışasın, çalışsan
(**Él**, **ella**) **estudie**	Çalışsa
(**Usted**) **estudie**	Çalışsanız
(**Nosotros**) **estudiemos**	Çalışalım, çalışsak
(**Vosotros**) **estudiéis**	Çalışsanız
(**Ellos**, **ellas**) **estudien**	Çalışsalar
(**Ustedes**) **estudien**	Çalışsanız

Limpiar "temizlemek" fiilinin **Presente de Subjuntivo** çekimi:

Olumlu:

(**Yo**) **limpie**	Temizleyeyim, temizlesem
(**Tú**) **limpies**	Temizleyesin, temizlesen
(**Él**, **ella**) **limpie**	Temizlese
(**Usted**) **limpie**	Temizleseniz
(**Nosotros**) **limpiemos**	Temizleyelim, Temizlesek
(**Vosotros**) **limpiéis**	Temizleseniz
(**Ellos**, **ellas**) **limpien**	Temizleseler
(**Ustedes**) **limpien**	Temizleseniz

Andar "yürümek" fiilinin **Presente de Subjuntivo** çekimi:

Olumlu:

(**Yo**) **ande**	Yürüyeyim, yürüsem
(**Tú**) **andes**	Yürüyesin, yürüsen
(**Él**, **ella**) **ande**	Yürüse

(Usted) ande	Yürüseniz
(Nosotros) andemos	Yürüyelim, yürüsek
(Vosotros) andéis	Yürüseniz
(Ellos, ellas) anden	Yürüseler
(Ustedes) anden	Yürüseniz

Estudiar "çalışmak" fiilinin **Presente de Subjuntivo** çekimi:

Olumlu:

(Yo) estudie	Çalışayım, çalışsam
(Tú) estudies	Çalışasın, çalışsan
(Él, ella) estudie	Çalışsa
(Usted) estudie	Çalışsanız
(Nosotros) estudiemos	Çalışalım, çalışsak
(Vosotros) estudiéis	Çalışsanız
(Ellos, ellas) estudien	Çalışsalar
(Ustedes) estudien	Çalışsanız

Hablar "konuşmak" fiilinin **Presente de Subjuntivo** çekimi:

Olumlu:

(Yo) hable	Konuşayım, konuşsam
(Tú) hables	Konuşasın, konuşsan
(Él, ella) hable.	Konuşsa
(Usted) hable	Konuşsanız
(Nosotros) hablemos	Konuşalım, konuşsak
(Vosotros) habléis	Konuşsanız
(Ellos, ellas) hablen	Konuşsalar
(Ustedes) hablen	Konuşsanız

Escuchar "dinlemek" fiilinin **Presente de Subjuntivo** çekimi:

Olumlu:

(Yo) escuche	Dinleyeyim, dinlesem
(Tú) escuches	Dinleyesin, dinlesen
(Él, ella) escuche	Dinlese
(Usted) escuche	Dinleseniz
(Nosotros) escuchemos	Dinleyelim, dinlesek
(Vosotros) escuchéis	Dinleseniz
(Ellos, ellas) escuchen	Dinleseler
(Ustedes) escuchen	Dinleseniz

Trabajar "çalışmak" fiilinin **Presente de Subjuntivo** çekimi:

Olumlu:

(**Yo**) **trabaje**	Çalışayım, çalışsam
(**Tú**) **trabajes**	Çalışasın, çalışsan
(**Él**, **ella**) **trabaje**	Çalışsa
(**Usted**) **trabaje**	Çalışsanız
(**Nosotros**) **trabajemos**	Çalışalım, çalışsak
(**Vosotros**) **trabajéis**	Çalışsanız
(**Ellos**, **ellas**) **trabajen**	Çalışsalar
(**Ustedes**) **trabajen**	Çalışsanız

Terminar "bitirmek" fiilinin **Presente de Subjuntivo** çekimi:

Olumlu:

(**Yo**) **termine**	Bitireyim, bitirsem
(**Tú**) **termines**	Bitiresin, bitirsen
(**Él**, **ella**) **termine**	Bitirse
(**Usted**) **termine**	Bitirseniz
(**Nosotros**) **terminemos**	Bitirelim, bitirsek
(**Vosotros**) **terminéis**	Bitirseniz
(**Ellos**, **ellas**) **terminen**	Bitirseler
(**Ustedes**) **terminen**	Bitirseniz

Nadar "yüzmek" fiilinin **Presente de Subjuntivo** çekimi:

Olumlu:

(**Yo**) **nade**	Yüzeyim, yüzsem
(**Tú**) **nades**	Yüzesin, yüzsen
(**Él**, **ella**) **nade**	Yüzse
(**Usted**) **nade**	Yüzseniz
(**Nosotros**) **nademos**	Yüzelim, yüzsek
(**Vosotros**) **nadéis**	Yüzseniz
(**Ellos**, **ellas**) **naden**	Yüzseler
(**Ustedes**) **neden**	Yüzseniz

Esperar "beklemek" fiilinin **Presente de Subjuntivo** çekimi:

Olumlu:

(**Yo**) **espere**	Bekleyeyim, beklesem
(**Tú**) **esperes**	Bekleyesin, beklesen

(**Él**, **ella**) **espere**	Beklese
(**Usted**) **espere**	Bekleseniz
(**Nosotros**) **esperemos**	Bekleyelim, beklesek
(**Vosotros**) **esperéis**	Bekleseniz
(**Ellos**, **ellas**) **esperen**	Bekleseler
(**Ustedes**) **esperen**	Bekleseniz

Entrar "girmek" fiilinin **Presente de Subjuntivo** çekimi:

Olumlu:

(**Yo**) **entre**	Gireyim, girsem
(**Tú**) **entres**	Giresin, girsen
(**Él**, **ella**) **entre**	Girse
(**Usted**) **entre**	Girseniz
(**Nosotros**) **entremos**	Girelim, girsek
(**Vosotros**) **entréis**	Girseniz
(**Ellos**, **ellas**) **entren**	Girseler
(**Ustedes**) **entren**	Girseniz

Tirar "atmak, fırlatmak" fiilinin **Presente de Subjuntivo** çekimi:

Olumlu:

(**Yo**) **tire**	Atayım, atsam
(**Tú**) **tires**	Atasın, atsan
(**Él**, **ella**) **tire**	Atsa
(**Usted**) **tire**	Atsanız
(**Nosotros**) **tiremos**	Atalım, atsak
(**Vosotros**) **tiréis**	Atsanız
(**Ellos**, **ellas**) **tiren**	Atsalar
(**Ustedes**) **tiren**	Atsanız

Bazı düzensizler:

Estar "olmak, bulunmak" fiilinin **Presente de Subjuntivo** çekimi:

Olumlu:

(**Yo**) **esté**	Olayım, olsam
(**Tú**) **estés**	Olasın, olsan
(**Él**, **ella**) **esté**	Olsa
(**Usted**) **esté**	Olsanız
(**Nosotros**) **estemos**	Olalım, olsak
(**Vosotros**) **estéis**	Olsanız

(**Ellos**, **ellas**) **estén**	Olsalar
(**Ustedes**) **estén**	Olsanız

Dar "vermek" fiilinin **Presente de Subjuntivo** çekimi:

Olumlu:

(**Yo**) **dé**	Vereyim, versem
(**Tú**) **des**	Veresin, versen
(**Él**, **ella**) **dé**	Verse
(**Usted**) **dé**	Verseniz
(**Nosotros**) **demos**	Verelim, versek
(**Vosotros**) **déis**	Verseniz
(**Ellos**, **ellas**) **den**	Verseler
(**Ustedes**) **den**	Verseniz

Jugar "oynamak" fiilinin **Presente de Subjuntivo** çekimi:

Olumlu:

(**Yo**) **juegue**	Oynayayım, oynasam
(**Tú**) **juegues**	Oynayasın, oynasan
(**Él**, **ella**) **juegue**	Oynasa
(**Usted**) **juegue**	Oynasanız
(**Nosotros**) **juguemos**	Oynayalım, oynasak
(**Vosotros**) **juguéis**	Oynasanız
(**Ellos**, **ellas**) **jueguen**	Oynasalar
(**Ustedes**) **jueguen**	Oynasanız

İkinci ve üçüncü grup fiillerin **presente de subjuntivo** çekimleri:

Mastar eki **–er** ve **–ir** olan fiillerin, fiil köküne aldığı ekler şunlardır:

(**Yo**) **-a**
(**Tú**) **-as**
(**Él**, **ella**) **-a**
(**Usted**) **-a**
(**Nosotros**) **-amos**
(**Vosotros**) **-áis**
(**Ellos**, **ellas**) **-an**
(**Ustedes**) **-an**

Beber "içmek" fiilinin **Presente de Subjuntivo** çekimi:

Olumlu:

(Yo) beba	İçeyim, içsem
(Tú) bebas	İçesin, içsen
(Él, ella) beba	İçse
(Usted) beba	İçseniz
(Nosotros) bebamos	İçelim, içsek
(Vosotros) bebáis	İçseniz
(Ellos, ellas) beban	İçseler
(Ustedes) beban	İçseniz

Comer "yemek" fiilinin **Presente de Subjuntivo** çekimi:

Olumlu:

(Yo) coma	Yiyeyim, yesem
(Tú) comas	Yiyesin, yesen
(Él, ella) coma	Yese
(Usted) coma	Yeseniz
(Nosotros) comamos	Yiyelim, yesek
(Vosotros) comáis	Yeseniz
(Ellos, ellas) coman	Yeseler
(Ustedes) coman	Yeseniz

Leer "okumak" fiilinin **Presente de Subjuntivo** çekimi:

Olumlu:

(Yo) lea	Okuyayım, okusam
(Tú) leas	Okuyasın, Okusan
(Él, ella) lea	Okusa
(Usted) lea	Okusanız
(Nosotros) leamos	Okuyalım, okusak
(Vosotros) leáis	Okusanız
(Ellos, ellas) lean	Okusalar
(Ustedes) lean	Okusanız

Abrir "açmak" fiilinin **Presente de Subjuntivo** çekimi:

Olumlu:

(Yo) abra	Açayım, açsam
(Tú) abras	Açasın, açsan

(**Él**, **ella**) **abra**	Açsa
(**Usted**) **abra**	Açsanız
(**Nosotros**) **abramos**	Açalım, açsak
(**Vosotros**) **abráis**	Açsanız
(**Ellos**, **ellas**) **abran**	Açsalar
(**Ustedes**) **abran**	Açsanız

Vivir "yaşamak" fiilinin **Presente de Subjuntivo** çekimi:

Olumlu:

(**Yo**) **viva**	Yaşayayım, yaşasam
(**Tú**) **vivas**	Yaşayasın, yaşasan
(**Él**, **ella**) **viva**	Yaşasa
(**Usted**) **viva**	Yaşasanız
(**Nosotros**) **vivamos**	Yaşayalım, yaşasak
(**Vosotros**) **viváis**	Yaşasanız
(**Ellos**, **ellas**) **vivan**	Yaşasalar
(**Ustedes**) **vivan**	Yaşasanız

Escribir "yazmak" fiilinin **Presente de Subjuntivo** çekimi:

Olumlu:

(**Yo**) **escriba**	Yazayım, yazsam
(**Tú**) **escribas**	Yazasın, yazsan
(**Él**, **ella**) **escriba**	Yazsa
(**Usted**) **escriba**	Yazsanız
(**Nosotros**) **escribamos**	Yazalım, Yazsak
(**Vosotros**) **escribáis**	Yazsanız
(**Ellos**, **ellas**) **escriban**	Yazsalar
(**Ustedes**) **escriban**	Yazsanız

Correr "koşmak" fiilinin **Presente de Subjuntivo** çekimi:

Olumlu:

(**Yo**) **corra**	Koşayım, koşsam
(**Tú**) **corras**	Koşasın, koşsan
(**Él**, **ella**) **corra**	Koşsa
(**Usted**) **corra**	Koşsanız
(**Nosotros**) **corramos**	Koşalım, koşsak
(**Vosotros**) **corráis**	Koşsanız
(**Ellos**, **ellas**) **corran**	Koşsalar
(**Ustedes**) **corran**	Koşsanız

Bazı düzensiz fiiller:

Saber "bilmek" fiilinin **Presente de Subjuntivo** çekimi:

Olumlu:

(**Yo**) **sepa**	Bileyim, bilsem
(**Tú**) **sepas**	Bilesin, bilsen
(**Él**, **ella**) **sepa**	Bilse
(**Usted**) **sepa**	Bilseniz
(**Nosotros**) **sepamos**	Bilelim, bilsek
(**Vosotros**) **sepáis**	Bilseniz
(**Ellos**, **ellas**) **sepan**	Bilseler
(**Ustedes**) **sepan**	Bilseniz

Ser "olmak" fiilinin **Presente de Subjuntivo** çekimi:

Olumlu:

(**Yo**) **sea**	Olayım, olsam
(**Tú**) **seas**	Olasın, olsan
(**Él**, **ella**) **sea**	Olsa
(**Usted**) **sea**	Olsanız
(**Nosotros**) **seamos**	Olalım, olsak
(**Vosotros**) **seáis**	Olsanız
(**Ellos**, **ellas**) **sean**	Olsalar
(**Ustedes**) **sean**	Olsanız

Ir "gitmek" fiilinin **Presente de Subjuntivo** çekimi:

Olumlu:

(**Yo**) **vaya**	Gideyim, gitsem
(**Tú**) **vayas**	Gidesin, gitsen
(**Él**, **ella**) **vaya**	Gitse
(**Usted**) **vaya**	Gitseniz
(**Nosotros**) **vayamos**	Gidelim, gitsek
(**Vosotros**) **vayáis**	Gitseniz
(**Ellos**, **ellas**) **vayan**	Gitseler
(**Ustedes**) **vayan**	Gitseniz

Venir "gelmek" fiilinin **Presente de Subjuntivo** çekimi:

Olumlu:

(**Yo**) **venga**	Geleyim, gelsem
(**Tú**) **vengas**	Gelesin, gelsen
(**Él**, **ella**) **venga**	Gelse
(**Usted**) **venga**	Gelseniz
(**Nosotros**) **vengamos**	Gelelim, gelsek
(**Vosotros**) **vengáis**	Gelseniz
(**Ellos**, **ellas**) **vengan**	Gelseler
(**Ustedes**) **vengan**	Gelseniz

Salir "çıkmak" fiilinin **Presente de Subjuntivo** çekimi:

Olumlu:

(**Yo**) **salga**	Çıkayım, çıksam
(**Tú**) **salgas**	Çıkasın, çıksan
(**Él**, **ella**) **salga**	Çıksa
(**Usted**) **salga**	Çıksanı
(**Nosotros**) **salgamos**	Çıkalım, çıksak
(**Vosotros**) **salgáis**	Çıksanız
(**Ellos**, **ellas**) **salgan**	Çıksalar
(**Ustedes**) **salgan**	Çıksanız

Hacer "yapmak" fiilinin **Presente de Subjuntivo** çekimi:

Olumlu:

(**Yo**) **haga**	Yapayım, yapsam
(**Tú**) **hagas**	Yapasın, yapsan
(**Él**, **ella**) **haga**	Yapsa
(**Usted**) **haga**	Yapsanız
(**Nosotros**) **hagamos**	Yapalım, yapsak
(**Vosotros**) **hagáis**	Yapsanız
(**Ellos**, **ellas**) **hagan**	Yapsalar
(**Ustedes**) **hagan**	Yapsanız

Tener "sahip olmak" fiilinin **Presente de Subjuntivo** çekimi:

Olumlu:

(**Yo**) **tenga**	Sahip olayım, sahip olsam
(**Tú**) **tengas**	Sahip olasın, sahip olsan

(**Él, ella**) **tenga**	Sahip olsa
(**Usted**) **tenga**	Sahip olsanız
(**Nosotros**) **tengamos**	Sahip olalım, sahip olsak
(**Vosotros**) **tengáis**	Sahip olsanız
(**Ellos, ellas**) **tengan**	Sahip olsalar
(**Ustedes**) **tengan**	Sahip olsanız

Şimdi dilek kipini gerektiren fiiller ve ifadelerden bazılarını tablo içinde verelim:

Subjuntivo'yu (Dilek Kipi'ni) gerektiren bazı fiiller:

Agradecer (teşekkür etmek) **Alegrarse de** (sevinmek) **No creer** (sanmamak) **Dudar** (şüpha etmek) **Esperar** (ummak) **Extrañarse** (şaşmak) **Lamentar** (üzülmek) **Sentir** (üzülmek, duygulanmak) **Perdonar** (özür dilemek) **Tener miedo de / Temer** (korkmak)	**+ Que + Subjuntivo**

Subjuntivo'yu gerektiren diğer ifadeler:

Quizás/ Quizá /Tal vez (belki) **Ojalá que** (inşallah) (**No**) **es conveniente que** (uygundur ki) (**No**) **es importante que** (önemlidir ki) (**No**) **es imprescindible que** (zorunludur ki) (**No**) **es interesante que** (ilginçtir ki) (**No**) **es necesario que** (gereklidir ki) (**No**) **es posible que** (mümkündür ki) (**No**) **es probable que** (muhtemeldir ki) (**No**) **es seguro que** (şüphesiz, garantidir ki)	**+ Subjuntivo**

dilek kipinin şimdiki zamanı ile ilgili cümleler:

Bazı düzenli ve düzensiz fiillerin Dilek Kipi'nin şimdiki zamanında nasıl çekildiklerini ve yine Dilek Kipi'ni gerektiren bazı fiil ve ifadeleri gördük. Şimdi bu ifedelerle birlikte Dilek Kipi'yle ilgili cümleler yazalım:

Quizá nos quedemos en casa hoy.	Belki bugün evde kalırız.
Ojalá el telegrama llegue a tiempo.	İnşallah telgraf vaktinde varır.
Tal vez usted pueda ayudarnos.	Belki siz bize yardım edebilirsiniz.
Quizá llueva mañana.	Belki yarın yağmur yağar.
Posiblemente vaya esta tarde con mi madre al médico.	Muhtemelen bu öğlen annemle doktora giderim.
No es probable que él esté en casa.	Onun evde olması muhtemel değil.
Es posible que el tren venga tarde.	Trenin geç gelmesi mümkündür.
Tal vez tenga ella la culpa.	Belki suç ondadır.
Ojalá nos volvamos a ver pronto.	İnşallah yeniden görüşürüz.
Me alegro de que estés bien.	İyi olduğuna sevindim.
Espero que sea interesante la película.	Filmin ilginç olacağını umuyorum.
Dudo que sepa Pedro la verdad.	Pedro'nun gerçeği bildiğinden şüpheliyim. (şüphe duyuyorum.)
Me temo que haya mucha cola delante de correo.	Postanenin önünde çok sıra olmasından korkuyorum.
Lamento que esté enfermo su padre.	Babanın hasta olmasına üzülüyorum.
No creo que haya aquí buenos hoteles.	Burada iyi oteller olduğunu sanmıyorum.
Me alegro de que os vayáis de vacaciones.	Tatile gitmenize seviniyorum.
Espero que haya buen tiempo en verano.	Umarım yazın hava güzel olur.
Te pido que me des un poco de dinero.	Senden bana biraz para vermeni istiyorum.

Creer "sanmak" fiili olumlu bir cümlede kullanılıyorsa ondan sonra gelen fiil Haber Kipi'nde (**Indicativo**); olumsuz bir anlam taşıyorsa ardından gelen fiil Dilek Kipi'nde (**Subjuntivo**) olur:

Creo que + indicativo: Creo que él ha encontrado ya trabajo.
(Sanırım o bir iş buldu.)
No creo que + subjuntivo: No creo que él haya encontrado ya el trabajo.
(İş bilduğunu sanmıyorum.)

Creo que Luis trabaja mucho.
No creo que Luis trabaje mucho.

Sanırım Luis çok çalışıyor.
Luis'in çok çalıştığını sanmıyorum.

Creo que ellos saben la verdad.
No creo que ellos sepan la verdad.

Sanırım onlar gerçeği biliyorlar.
Onların gerçeği bildiğini sanmıyorum.

Creo que él va hoy por la mañana a la playa.

Sanırım o bu sabah plaja gidecek.

No creo que él vaya hoy por la mañana a la playa.

Onun bu sabah plaja gideceğini sanmıyorum.

Creo que el trabajo ya está terminado.
No creo que el trabajo esté terminado.

Sanırım iş bitti.
İşin bittiğini sanmıyorum.

Creo que esta pregunta es muy difícil.
No creo que esta pregunta sea muy difícil.

Sanırım bu soru çok zor.
Bu sorunun çok zor olduğunu sanmıyorum.

Creo que Pilar es Italiana.
No creo que Pilar sea Italiana.

Sanırım Pilar İtalyan.
Pilar'ın İtalyan olduğunu sanmıyorum.

Creo que ellos dicen la verdad.
No creo que ellos digan la verdad.

Sanırım doğruyu söylüyorlar.
Doğruyu söylediklerini sanmıyorum.

Creo que en Italia hace mal tiempo en verano.

Sanırım İtalya'da yazın hava kötü oluyor.

No creo que en Italia haga mal tiempo en verano.

İtalya'da yazın havanın kötü olduğunu sanmıyorum.

Creo que ellos van mañana a Ankara.

Sanırım onlar yarın Ankara'ya gidiyorlar.

No creo que ellos vayan mañana a Ankara.

Onların yarın Ankara'ya gideceklerini sanmıyorum.

Para que "için, -.... diye" kalıbı daima **presente de subjuntivo** ile kullanılır:

Para que + presente de subjuntivo
Te lo digo para que lo sepas. (Sana bunu bilesin diye söylüyorum.) (Sana bunu bilmen için söylüyorum.)

Cümleler:

Te he comprado un reloj para que sepas la hora.	Saati bilmen için sana bir saat satın aldım.
Me ha comprado un billete para que vaya con él al cine.	Onunla sinemaya gitmem için bana bir bilet satın aldı.
Les cuento una novela a los niños para que duerman.	Çocuklara uyumaları için bir hikaye anlattım.
Hemos abierto la ventana para que entre el aire.	Hava içeri girsin diye pencereyi açtık.
Le he llamado a usted para que me diga la verdad.	Sizi bana doğruyu söylemaniz için çağırdım.
Les hemos escrito para que vengan a vernos.	Size bizi görmeye gelin diye yazdık.
Han llevado a los niños al zoo para que vean a los animales.	Hayvanları görmeleri için çoculari hayvanat bahçesine götürdüler.
Te he comprado un vestido para que te lo pongas en la fiesta.	Sana bayramda giymen için bir elbise satın aldım.
Os he alquilado un coche para que vayáis de excursión.	Geziye gitmeniz için size bir otomobil kiraladım.
Te he traído un disco para que lo escuches.	Sana dinlemen için bir plak getirdim.
Te he traído unos libros para que los leas.	Sana okuman için birkaç kitap getirdim.
Te he comprado un estilográfica para que escribas.	Sana yazman için bir dolmakalem satın aldım.
Le he dado una corbata a José para que se la ponga.	José'ye takması için bir kravat verdim.
Le he dado un paquete de cigarrillos para que los fume.	İçmesi için ona bir paket sigara verdim.
Os he traído unos sandwiches para que los comáis.	Yemeniz için size birkeç sandviç getirdim.

Me han comprado una pelota para que juegue.	Oynamam için bana bir top satın aldılar.
Carmen tiene que lavar la ropa. **Dile que la lave.**	Carmen çamaşır yıkamalı. Ona onu yıkamasını söyle.
Julio tiene que estudiar más. **Dile que estudie más.**	Julio daha fazla çalışmalı. Ona daha fazla çalışmasını söyle.
Los niños tienen que hacer los deberes. **Diles que los hagan.**	Çocuklar ödevleri yapmalı. Onlara onları yapmalarını söyle.
Pedro tiene que arreglar la radio. **Dile que la arregle.**	Pedro radyoyu tamir etmeli. Ona onu tamir etmesini söyle.
Antonio tiene que estar aquí a las 7. **Dile que esté aquí a las siete.**	Antonio saat yedide burada olmalı. Ona saat yedide burada olmasını söyle.
Ellos tienen que ir esta tarde a clase. **Diles que vayan.**	Bu öğlen okula gitmeliler. Diles que vayan.
Felipe tiene que darme el dinero. **Dile que me lo dé.**	Felipe bana para vermeli. Onu bana vermesini söyle.
Marisa tiene que poner la mesa. **Dile que la ponga.**	Marisa sofrayı kurmalı. Ona onu kurmasını söyle.

Dilek Kipi'nde olan olumsuz bir fiil, olumsuz emirle aynı anlamdadır:

No + subjuntivo = imperativo negativo	
(Tú) No corras.	Koşma!
(Usted) No corra.	Koşmayın!
(Vosotros) No corráis.	Koşmayın!
(Ustedes) No corran.	Koşmayınız!

Cümleler:

Abre la puerta. (Tú)	Kapıyı aç.
No abras la puerta.	Kapıyı açma.

Cerrad la ventana. (Vosotros) **No cerréis la ventana.**	Pencereyi kapatın. Pencereyi kapatmayın.
Ponte el abrigo. (Tú) **No te pongas el abrigo.**	Paltoyu giy. Paltoyu giyme.
Levántese. (Usted) **No se levante.**	Kalkın. Kalkmayın.
Quédate aquí. (Tú) **No te quedes aquí.**	Burada kal. Burada kalma.
Leed este libro. (Vosotros) **No leais este libro.**	Bu kitabı okuyun. Bu kitabı okumayın.
Entren en esta habitación. (Uds.) **No entren en esta habitación.**	Bu odaya girin. Bu odaya girmeyin.
Pasad por la puerta. (Vosotros) **No paséis por la puerta.**	Kapıdan geçin. Kapıdan geçmeyin.
Escucha la radio. (Tú) **No escuches la radio.**	Radyo dinle. Radyo dinleme.
Haced los deberes. (Vosotros) **No hagáis los deberes.**	Ödevleri yapın. Ödevleri yapmayın.
Ve la tele. (Tú) **No veas la tele.**	Televizyon seyret. Televizyon seyretme.

Şimdi **subjuntivo**'yu gerektiren birkaç fiil daha öğrenelim:

Aconsejar (tavsiye etmek) **Decir** (söylemek) **Dudar** (şüphelenmek) **Esperar** (ummak) **Mandar** (emretmek) **Pedir** (istemek) **Prohibir** (yasaklamak) **Recomendar** (tavsiye etmek) **Rogar** (rica etmek) **Suplicar** (rica etmek, yalvarmak)	} **Que + Subjuntivo**

Cümleler:

No compres el coche. / Decir **Él me dice que no compre el coche.**	Otomobili satın alma. Bana otomobili satın almamamı söylüyor.
No estudies por la noche./Aconsejar **Él me aconseja que no estudie por la noche.**	Geceleyin çalışma. Bana geceleyin çalışmamamı tavsiye ediyor.
No fumen en clase. / Pedir **Él les pide que no fumen en clase.**	Sınıfta sigara içmeyin. Onlardan sınıfta sigara içmemelerini istiyor.
No digáis nada. / Mandar **Él nos manda que no digamos nada.**	Hiçbir şey söylemeyin. Bize hibir şey söylemememizi emrediyor.
No hagas ruido. / Pedir **Él me pide que no haga ruido.**	Gürültü yapma. Benden gürültü yapmamamı istiyor.
No conduzca tan rápido. /Decir **Él me dice que no conduzca tan rápido.**	Bu kadar hızlı kullanma. Bana bu kadar hızlı kullanmamamı söylüyor.
No veas esta película. /Recomendar **Él me recomienda que no vea esta película.**	Bu filmi seyretme. Bana bu filmi izlemememi tavsiye ediyor.
No vengáis tarde. / Rogar. **Él nos ruega que no vengamos tarde.**	Geç gelmeyin. Bizden geç gelmememizi rica ediyor.
No abras la puerta. / Pedir **Él me pide que no abra la puerta.**	Kapıyı açma. Benden kapıyı açmamamı istiyor.
¿Comprará Pepe la bicicleta? **¡Ojalá la compre!**	Pepe bisikleti satın alacak mı? İnşallah onu satın alır.
¿Vendrá hoy Paco? **Quizás venga.**	Paco bugün gelecek mi? Belki gelir.
¿Hará mañana buen tiempo? **Quizás lo haga.**	Yarın hava güzel olacak mı? Belki olur.
¿Será interesante la película? **Quizá lo sea.**	Film ilginç olacak mı Belki olur.

¿Estarás mañana a las 8 en la oficina?
Es posible que esté.
Probablemente esté.

Yarın saat sekizde büroda olacak mısın?
Olmam mümkün.
Muhtemelen olurum.

¿Verás a José?
Quizá lo vea.

José'yi görecek misin?
Onu belki görürüm.

¿Llamará Carmen?
Quizá llame.

Carmen arayacak mı?
Belki arar.

¿Recibirás una carta?
Quizá (la) reciba.

Mektup alacak mısın?
(Onu) belki alırım.

¿Comprarán la casa?
Quizás (la) compren.

Ev satın alacaklar mı?
(Onu) belki alırlar.

¿Venderéis el coche?
Quizá lo vendamos.

Otomobili satacak mısınız?
Onu belki satarız.

¿Nadaréis en el río?
Quizás nademos.

Nehirde yüzecek misiniz?
Belki yüzeriz.

¿Estudiará Carmen la lección?
Quizá la estudie.

Carmen ders çalışacak mı?
Onu belki çalışır.

¿Escucharán ellos la radio?
Quizá la escuchen.

Radyo dinleyecekler mi?
Onu belki dinlerler.

¿Escribirá Luis una carta?
Quizás la escriba.

Luis mektup yazacak mı?
Onu belki yazar.

¿Lo verás?
Quizá lo vea.
Ojalá lo vea.

Onu görecek misin?
Onu belki görürüm.
Onu inşallah görürüm.

¿Aprobarás el examen?
Ojalá lo apruebe.

Sınavdan geçecek misin?
Onu inşallah geçerim.

¿Tendrás vacaciones en agosto?
Ojalá tenga.

Ağustosta tatile çıkacak mısın?
İnşallah çıkarım.

¿Traerá José muchos regalos?
Ojalá traiga.

José öok hediye getirecek mi?
İnşallah getirir.

¿Harán otro puente sobre el río?
Ojalá hagan.

Nehrin üzerine başka köprü yapacaklar mı?
İnşallah yaparlar.

¿Dirá Isabel la verdad? **Ojalá la diga.**	Isabel doğruyu söyleyecek mi? İnşallah söyler.
¿Será feliz con su mujer? **Ojalá sea.**	Karısıyla mutlu olacak mı? İnşallah olur.
¿Crees que lloverá? **Espero que no llueva.**	Yağmur yağacağını sanıyor musun? Umarım yağmaz.
¿Crees que perderán el tren? **Espero que no lo pierdan.**	Treni kaçıracaklarını sanıyor musun? Umarım kaçırmazlar.
¿Cree que llegaremos tarde? **Espero que no lleguemos tarde.**	Geç varacağımızı sanıyor musunuz? Umarım geç varmayız.
¿Creéis que vendrá Marta? **Esperamos que venga.**	Marta'nın geleceğini sanıyor musunuz? Umarız gelir.
¿Crees que irá a trabajar? **Espero que no irá.**	Çalışmaya gideceğini sanıyor musun? Umarım gitmez.

PRETÉRITO IMPERFECTO DE SUBJUNTIVO

Geçmiş, şimdiki veya gelecek zamanlar içinde yapılması istenen veya gerçekleşmesi kuşkulu ya da muhtemel olan eylemleri anlatır. Yan cümledeki fiil, temel cümlede **Pretérito Indefinido**, **Imperfecto**, **Pluscuamperfecto de Indicativo** ya da **Condicional** zamanlarında bir ile bağlıdır.

Te dije
(Sana söyledim

Te decía
(Sana söylüyordum

Te había dicho
(Sana söylemiştim

Te diría
(Sana söylerdim

} **que me escribieras.**
ki bana yazsaydın.)

Pretérito imperfecto de subjuntivo'da fiillerin aldıkları ekler:

Mastar eki –**ar** olan fiillerin aldığı ekler	
(Yo) (Tú) (Él, ella) (Usted) (Nosotros) (Vosotros) (Ellos, ellas) (Ustedes)	**-ara, -ase** **-aras, -ases** **-ara, -ase** **-ara, -ase** **-áramos, -ásemos** **-arais, -aseis** **-aran, -asen** **-aran, -asen**

Mastar eki –**er** ve –**ir** olan fiillerin aldığı ekler	
(Yo) (Tú) (Él, ella) (Usted) (Nosotros) (Vosotros) (Ellos, ellas) (Ustedes)	**-iera, -iese** **-ieras, -ieses** **-iera, -iese** **-iera, -iese** **-iéramos, -iésemos** **-ierais, -ieseis** **-ieran, -iesen** **-ieran, -iesen**

Şimdi bazı fiillerin **imperfecto de subjuntivo** çekimlerini yazalım:

hablar "konuşmak" fiilinin **imperfecto de subjuntivo** çekimi:

(**Yo**) **hablara** **/ hablase**	konuşsaydım
(**Tú**) **hablaras** **/ hablases**	konuşsaydın
(**Él, ella**) **hablara** **/ hablase**	konuşsaydı
(**Usted**) **hablara** **/ hablase**	konuşsaydınız
(**Nosotros**) **habláramos** **/ hablásemos**	konuşsaydık

(Vosotros) hablarais / hablaseis	konuşsaydınız
(Ellos, ellas) hablaran / hablasen	konuşsalardı
(Ustedes) hablaran / hablasen	konuşsaydınız

tomar "almak" fiilinin **imperfecto de subjuntivo** çekimi:

(Yo) tomara / tomase	alsaydım
(Tú) tomaras / tomases	alsaydın
(Él, ella) tomara / tomase	alsaydı
(Usted) tomara / tomase	alsaydınız
(Nosotros) tomáramos / tomásemos	alsaydık
(Vosotros) tomarais / tomaseis	alsaydınız
(Ellos, ellas) tomaran / tomasen	alsalardı
(Ustedes) tomaran / tomasen	alsaydınız

estudiar "çalışmak" fiilinin **imperfecto de subjuntivo** çekimi:

(Yo) estudiara / estudiase	çalışsaydım
(Tú) estudiaras / estudiases	çalışsaydın
(Él, ella) estudiara / estudiase	çalışsaydı
(Usted) estudiara / estudiase	çalışsaydınız
(Nosotros) estudiáramos / estudiásemos	çalışsaydık
(Vosotros) estudiarais / estudiaseis	çalışsaydınız
(Ellos, ellas) estudiaran / estudiasen	çalışsalardı
(Ustedes) estudiaran / estudiasen	çalışsaydınız

cantar "şarkı söylemek" fiilinin **imperfecto de subjuntivo** çekimi:

(**Yo**) **cantara** / **cantase**	şarkı söyleseydim
(**Tú**) **cantaras** / **cantases**	şarkı söyleseydin
(**Él**, **ella**) **cantara** / **cantase**	şarkı söyleseydi
(**Usted**) **cantara** / **cantase**	şarkı söyleseydiniz
(**Nosotros**) **cantáramos** / **cantásemos**	şarkı söyleseydik
(**Vosotros**) **cantarais** / **cantaseis**	şarkı söyleseydiniz
(**Ellos**, **ellas**) **cantaran** / **cantasen**	şarkı söyleselerdi
(**Ustedes**) **cantaran** / **cantasen**	şarkı söyleseydiniz

comer "yemek yemek" fiilinin **imperfecto de subjuntivo** çekimi:

(**Yo**) **comiera** / **comiese**	yeseydim
(**Tú**) **comieras** / **comieses**	yeseydin
(**Él**, **ella**) **comiera** / **comiese**	yeseydi
(**Usted**) **comiera** / **comiese**	yeseydiniz
(**Nosotros**) **comiéramos** / **comiésemos**	yeseydik
(**Vosotros**) **comierais** / **comieseis**	yeseydiniz
(**Ellos**, **ellas**) **comieran** / **comiesen**	yeselerdi
(**Ustedes**) **comieran** / **comiesen**	yeseydiniz

temer "korkmak" fiilinin **imperfecto de subjuntivo** çekimi:

(**Yo**) **temiera** / **temiese**	korksaydım
(**Tú**) **temieras** / **temieses**	korksaydın
(**Él**, **ella**) **temiera** / **temiese**	korksaydı

(Usted) temiera / temiese	korksaydınız
(Nosotros) temiéramos / temiésemos	korksaydık
(Vosotros) temierais / temieseis	korksaydınız
(Ellos, ellas) temieran / temiesen	korksalardı
(Ustedes) temieran / temiesen	korksaydınız

vivir "yaşamak" fiilinin **imperfecto de subjuntivo** çekimi:

(Yo) viviera / viviese	yaşasaydım
(Tú) vivieras / vivieses	yaşasaydın
(Él, ella) viviera / viviese	yaşasaydı
(Usted) viviera / viviese	yaşasaydınız
(Nosotros) viviéramos / viviésemos	yaşasaydık
(Vosotros) vivierais / vivieseis	yaşasaydınız
(Ellos, ellas) vivieran / viviesen	yaşasalardı
(Ustedes) vivieran / viviesen	yaşasaydınız

salir "çıkmak" fiilinin **imperfecto de subjuntivo** çekimi:

(Yo) saliera / saliese	çıksaydım
(Tú) salieras / salieses	çıksaydın
(Él, ella) saliera / saliese	çıksaydı
(Usted) saliera / saliese	çıksaydınız
(Nosotros) saliéramos / saliésemos	çıksaydık
(Vosotros) salierais / salieseis	çıksaydınız
(Ellos, ellas) salieran / saliesen	çıksalardı

(Ustedes) salieran çıksaydınız
/ saliesen

Bazı düzensiz fiiller:

decir "söylemek, demek" fiilinin **imperfecto de subjuntivo** çekimi:

(Yo) dijera / dijese	söyleseydim
(Tú) dijeras / dijeses	söyleseydin
(Él, ella) dijera / dijese	söyleseydi
(Usted) dijera / dijese	söyleseydiniz
(Nosotros) dijéramos / dijésemos	söyleseydik
(Vosotros) dijerais / dijeseis	söyleseydiniz
(Ellos, ellas) dijeran / dijesen	söyleselerdi
(Ustedes) dijeran / dijesen	söyleseydiniz

hacer "yapmak" fiilinin **imperfecto de subjuntivo** çekimi:

(Yo) hiciera / hiciese	yapsaydım
(Tú) hicieras / hicieses	yapsaydın
(Él, ella) hiciera / hiciese	yapsaydı
(Usted) hiciera / hiciese	yapsaydınız
(Nosotros) hiciéramos / hiciésemos	yapsaydık
(Vosotros) hicierais / hicieseis	yapsaydınız
(Ellos, ellas) hicieran / hiciesen	yapsalardı
(Ustedes) hicieran / hiciesen	yapsaydınız

tener "sahip olmak" fiilinin **imperfecto de subjuntivo** çekimi:

(**Yo**) **tuviera** / **tuviese**	sahip olsaydım
(**Tú**) **tuvieras** / **tuvieses**	sahip olsaydın
(**Él, ella**) **tuviera** / **tuviese**	sahip olsaydı
(**Usted**) **tuviera** / **tuviese**	sahip olsaydınız
(**Nosotros**) **tuviéramos** / **tuviésemos**	sahip olsaydık
(**Vosotros**) **tuvierais** / **tuvieseis**	sahip olsaydınız
(**Ellos, ellas**) **tuvieran** / **tuviesen**	sahip olsalardı
(**Ustedes**) **tuvieran** / **tuviesen**	sahip olsaydınız

poner "koymak" fiilinin **imperfecto de subjuntivo** çekimi:

(**Yo**) **pusiera** / **pusiese**	koysaydım
(**Tú**) **pusieras** / **pusieses**	koysaydın
(**Él, ella**) **pusiera** / **pusiese**	koysaydı
(**Usted**) **pusiera** / **pusiese**	koysaydınız
(**Nosotros**) **pusiéramos** / **pusiésemos**	koysaydık
(**Vosotros**) **pusierais** / **pusieseis**	koysaydınız
(**Ellos, ellas**) **pusieran** / **pusiesen**	koysalardı
(**Ustedes**) **pusieran** / **pusiesen**	koysaydınız

saber "bilmek" fiilinin **imperfecto de subjuntivo** çekimi:

(**Yo**) **supiera** / **supiese**	bilseydim
(**Tú**) **supieras** / **supieses**	bilseydin
(**Él, ella**) **supiera** / **supiese**	bilseydi

(Usted) supiera / supiese	bilseydiniz
(Nosotros) supiéramos / supiésemos	bilseydik
(Vosotros) supierais / supieseis	bilseydiniz
(Ellos, ellas) supieran / supiesen	bilselerdi
(Ustedes) supieran / supiesen	bilseydiniz

ser "olmak" ve **ir** "gitmek" fiilinin **imperfecto de subjuntivo** çekimi:

(Yo) fuera / fuese	olsaydım, gitseydim
(Tú) fueras / fueses	olsaydın, gitseydin
(Él, ella) fuera / fuese	olsaydı, gitseydi
(Usted) fuera / fuese	olsaydınız, gitseydiniz
(Nosotros) fuéramos / fuésemos	olsaydık, gitseydik
(Vosotros) fuerais / fueseis	olsaydınız, gitseydiniz
(Ellos, ellas) fueran / fuesen	olsalardı, gitselerdi
(Ustedes) fueran / fuesen	olsaydınız, gitseydiniz

estar "olmak, bulunmak" fiilinin **imperfecto de subjuntivo** çekimi:

(Yo) estuviera / estuviese	olsaydım, bulunsaydım
(Tú) estuvieras / estuvieses	olsaydın, bulunsaydın
(Él, ella) estuviera / estuviese	olsaydı, bulunsaydı
(Usted) estuviera / estuviese	olsaydınız, bulunsaydınız
(Nosotros) estuviéramos / estuviésemos	olsaydık, bulunsaydık
(Vosotros) estuvierais / estuvieseis	olsaydınız, bulunsaydınız
(Ellos, ellas) estuvieran / estuviesen	olsalardı, bulunsalardı

(Ustedes) estuvieran / estuviesen	olsaydınız, bulunsaydınız

dormir "uyumak" fiilinin **imperfecto de subjuntivo** çekimi:

(Yo) durmiera / durmiese	uyusaydım
(Tú) durmieras / durmieses	uyusaydın
(Él, ella) durmiera / durmiese	uyusaydı
(Usted) durmiera / durmiese	uyusaydınız
(Nosotros) durmiéramos / durmiésemos	uyusaydık
(Vosotros) durmierais / durmieseis	uyusaydınız
(Ellos, ellas) durmieran / durmiesen	uyusalardı
(Ustedes) durmieran / durmiesen	uyusaydınız

lavarse "yıkanmak" fiilinin **imperfecto de subjuntivo** çekimi:

(Yo) me lavara / lavase	yıkansaydım
(Tú) te lavaras / lavases	yıkansaydın
(Él, ella) se lavara / lavase	yıkansaydı
(Usted) se lavara / lavase	yıkansaydınız
(Nosotros) nos laváramos / lavásemos	yıkansaydık
(Vosotros) os lavarais / lavaseis	yıkansaydınız
(Ellos, ellas) se lavaran / lavasen	yıkansalardı
(Ustedes) se lavaran / lavasen	yıkansaydınız

Diğer düzensiz fiiller:

pedir	**pidiera / pidiese**
leer	**leyera / leyese**

creer	**creyera / creyese**
andar	**anduviera / anduviese**
ver	**viera / viese**
huir	**huyera / huyese**
leer	**leyera / leyese**
oir	**oyera / oyese**
traer	**trajera / trajese**
caer	**cayera / cayese**
seguir	**siguiera / siguiese**
poder	**pudiera / pudiese**
querer	**quisiera / quisiese**

Cümleler:

Quiero que venga. **¡Ojalá viniera!**	Gelmesini istiyorum. Keşke gelseydi.
Deseo que se vayan. **¡Ojalá se fueran!**	Gitmelerini istiyorum. Keşke gitselerdi.
Espero que llueva. **¡Ojalá lloviera!**	Umarım yağmur yağar. Keşke yağsaydı.
Deseo que cene conmigo.	Akşam yemeğini benimle yemesini istiyorum.
¡Ojalá cenara conmigo!	Keşke akşam yemeğini benimle yeseydi.
Espero que salga el sol. **¡Ojalá saliera el sol!**	Umarım güneş çıkar. Keşke güneş çıksaydı.
Deseo que lo hagan juntos. **¡Ojalá lo hicieran juntos!** **Quiero que duerman más.** **¡Ojalá durmieran más!**	Onu beraber yapmalarını istiyorum. Keşke onu beraber yapsalardı. Daha çok uyumalarını istiyorum. Keşke daha çok uyusalardı.
Espero que sean felices. **¡Ojalá fueran felices!**	Mutlu olmalarını umuyorum. Keşke mutlu olsalardı.
Ellos le contaron todo a Jaime. **No creía que ellos le contaran todo a Jaime.** **No creía que ellos le contasen todo a Jaime.**	Jaime'ye her şeyi anlattılar. Jaime'ye her şeyi anlatacaklarını sanmıyordum. Jaime'ye her şeyi anlatacaklarını sanmıyordum.
Ella supo la verdad. **No creía que ella supiera la verdad.**	Gerçeği öğrendi. Gerçeği öğreneceğini sanmıyordum.

No creía que ella supiese la verdad.	Gerçeği öğreneceğini sanmıyordum.
Tú estuviste en Madrid.	Madrit'teydin.
No creía que estuvieras en Madrid.	Madrit'te olacağını sanmıyordum.
No creía que estuvieses en Madrid.	Madrit'te olacağını sanmıyordum.
Ellos leyeron la novela.	Hikayeyi okudular.
No creía que ellos leyeran la novela.	Hikayeyi okuyacaklarını sanmıyordum.
No creía que ellos leyesen la novela.	Hikayeyi okuyacaklarını sanmıyordum.
Ud. compró el coche.	Otomobili satın aldınız.
No creía que Ud. comprara el coche.	Otomobili satın alacağınızı sanmıyordum.
No creía que Ud. comprase el coche.	Otomobili satın alacağınızı sanmıyordum.
Vosotras fuisteis al cine.	Sinemaya gittiniz.
No creía que vosotras fuerais al cine.	Sinemaya gideceğinizi sanmıyordum.
No creía que vosotras fueseis al cine.	Sinemaya gideceğinizi sanmıyordum.
Él aprobó el examen.	Sınavı geçti.
No creía que él aprobara el examen.	Sınavı geçeceğini sanmıyordum.
No creía que él aprobase el examen.	Sınavı geçeceğini sanmıyordum.
Vosotros recibisteis la carta.	Mektubu aldınız.
No creía que vosotros recibierais la carta.	Mektubu alacağınızı sanmıyordum.
No creía que vosotros recibieseis la carta.	Mektubu alacağınızı sanmıyordum.
Siento que María esté enferma.	María'nın hasta olmasına üzülüyorum.
Sentí que María estuviera enferma.	María'nın hasta olmasına üzüldüm.
Sentí que María estuviese enferma.	María'nın hasta olmasına üzüldüm.
Mi hermana me aconseja que lea el libro.	Kız kardeşim bana kitabı okumamı tavsiye ediyor.

Mi hermana me aconsejó que leyera el libro.	Kız kardeşim bana kitabı okumamı tavsiye etti.
Mi hermana me aconsejó que leyese el libro.	Kız kardeşim bana kitabı okumamı tavsiye etti.
Julia me ordena que traiga el café.	Julia bana kahveyi getirmemi emrediyor.
Julia me ordenó que trajera el café.	Julia bana kahveyi getirmemi emretti.
Julia me ordenó que trajese el café.	Julia bana kahveyi getirmemi emretti.
El profesor me ordena que venga temprano.	Öğretmen bana erken gelmemi emrediyor.
El profesor me ordenó que viniera temprano.	Öğretmen bana erken gelmemi emretti.
El profesor me ordenó que viniese temprano.	Öğretmen bana erken gelmemi emretti.
Te digo que pidas otro té.	Sana başka çay istemeni söylüyorum.
Te dije que pidieras otro té.	Sana başka çay istemeni söyledim.
Te dije que pidieses otro té.	Sana başka çay istemeni söyledim.
Pedro no viene.	Pedro gelmiyor.
¡Ojalá viniera!	Keşke gelseydi.
¡Ojalá viniese!	Keşke gelseydi.
No tenemos tiempo para ir al cine.	Sinemaya gitmek için vaktimiz yok.
¡Ojalá tuviéramos tiempo (para ir al cine)!	Keşke vaktimiz olsaydı.
¡Ojalá tuviésemos tiempo!	Keşke vaktimiz olsaydı.
Yo no sé nada de él.	Onun hakkında hiçbir şey bilmiyorum.
¡Ojalá supiera algo de él!	Keşke onun hakkında bir şey bilseydim.
¡Ojalá supiese algo de él!	Keşke onun hakkında bir şey bilseydim.
Hace mal tiempo.	Hava kötü.
¡Ojalá hiciera buen tiempo.	Keşke hava iyi olsaydı.
¡Ojalá hiciese buen tiempo.	Keşke hava iyi olsaydı.
Ellos no dicen la verdad.	Doğruyu söylemiyorlar.
¡Ojalá dijeran la verdad!	Keşke doğruyu söyleselerdi.
¡Ojalá dijesen la verdad!	Keşke doğruyu söyleselerdi.
No quiere ayudarnos.	Bize yardım etmek istemiyor.
¡Ojalá quisiera ayudarnos!	Keşke bize yardım etmek isteseydi.
¡Ojalá quisiese ayudarnos!	Keşke bize yardım etmek isteseydi.

Nunca nos tocó la lotería.	Bize hiç piyango vurmadı.
¡Ojalá nos tocara la lotería!	Keşke bize piyango vursaydı.
¡Ojalá nos tocase la lotería!	Keşke bize piyango vursaydı.
Esto no es fácil.	Bu kolay değil.
¡Ojalá fuera fácil!	Keşke kolay olsaydı.
¡Ojalá fuese fácil!	Keşke kolay olsaydı.

ORACIONES CONDICIONALES IRREALES

Gerçekleşmesi mümkün olmayan şart cümleleridir.

PRESENTE	
Si + imperfecto de subjuntivo	**Condicional simple**
Si { **tuviera tiempo,**	**iría a verte.**
Si { **tuviese tiempo,**	**iría a verte.**

Cümleler:

No tengo tiempo. No puedo ir a verte.	Zamanım yok. Seni görmeye gelemeyeceğim.
Si tuviera tiempo, iría a verte.	(Eğer) vaktim olsaydı, seni görmeye gelirdim.
No tengo dinero. No puedo comprarlo.	Param yok. Onu satın alamıyorum.
Si tuviera dinero, lo compraría.	Param olsaydı, onu alırdım.
No tengo tabaco. No puedo fumar.	Tütünüm yok. Sigara içemiyorum.
Si tuviera tabaco, fumaría.	Tütünüm olsaydı, sigara içerdim.
No tenemos pelota. No podemos jugar al fútbol.	Topumuz yok. Futbol oynayamıyoruz.
Si tuviéramos pelota, jugaríamos al fútbol.	Topumuz olsaydı, futbol oynardık.
No tengo coche. No puedo viajar.	Arabam yok. Seyahat edemiyorum.
Si tuviera coche, viajaría.	Arabam olsaydı, seyahat ederdim.

No tengo tiempo. No puedo venir contigo.	Vaktim yok. Seninle gelemem.
Si tuviera tiempo, vendría contigo.	Vaktim olsaydı, seninle gelirdim.
No tengo entrada. No puedo ir al teatro.	Biletim yok. Tiyatroya gidemiyorum.
Si tuviera entrada, iría al teatro.	Biletim olsaydı, tiyatroya giderdim.
No tengo su teléfono. No le puedo llamar.	Bende telefonunuz yok. Sizi arayamıyorum.
Si tuviera su teléfono, le llamaría.	Bende telefonunuz olsaydı, sizi arardım.
No hace sol. No podemos ir a la playa.	Hava güneşli değil. Plaja gidemeyiz.
Si hiciera sol, podríamos ir a la playa.	Hava güneşli olsaydı, plaja giderdik.
No tengo la llave. No puedo abrir la puerta.	Anahtarım yok.Kapıyı açamıyorum.
Si tuviera la llave, podría abrir la puerta.	Anahtarım olsaydı, kapıyı açabilirdim.
No tenemos dinero. No podemos ir de vacaciones.	Paramız yok. Tatile gidemiyoruz.
Si tuviéramos dinero, podríamos ir de vacaciones.	Paramız olsaydı, tatile gidebilirdik.
No hay nadie en casa. No podemos entrar.	Evde kimse yok. İçeriye giremiyoruz.
Si hubiera alguien en casa, podríamos entrar.	Evde biri olsaydı, eve girebilirdik.
No tengo pasaporte. No puedo salir al extranjero.	Pasaportum yok. Yabancı ülkeye yıkamıyorum (gidemiyorum).
Si tuviera pasaporte, saldría al extranjero.	Pasaportum olsaydı, yabancı ülkeye çıkardım (giderdim).
Si hiciera calor, podríamos ir a la playa.	Hava sıcak olsaydı, plaja gidebilirdik.
Si supiera inglés, iría a Inglaterra.	İngilizce bilseydim, İngiltere'ye giderdim.
Si nevara, iría a esquiar.	Kar yağsaydı, kayak yapacaktım.
Si supiera su dirección, le podría escribir.	Adresinizi bilseydim, size yazabilirdim.

¿Qué harías si te toca la lotería?	Sana piyango vursaydı ne yapardın?
Si me tocara la lotería, compraría una casa.	Eğer piyango bana vursaydı, bir ev satın alırdım.
¿Qué harías si tuvierais tiempo?	Vaktiniz olsaydı ne yapardın?
Si tuviéramos tiempo, iríamos al parque.	Vaktimiz olsaydı, parka giderdik.
¿Qué harían si tuvieran más dinero?	Daha çok paraları olsaydı ne yaparlardı?
Si tuvieran más dinero, comprarían otro coche.	Daha çok paraları olsaydı, başka bir araba satın alırlardı.
¿Qué harías si aprobaras el examen?	Sınavdan geçseydin ne yapardın?
Si aprobara el examen, haría un viaje.	Sınavdan geçseydim, seyahat ederdim.
¿Qué harías si hiciera buen tiempo?	Hava iyi olsaydı ne yapardın?
Si hiciera buen tiempo, iría a la playa.	Hava iyi olsaydı plaja giderdim.
¿Qué harías si hubiera nieve?	Kar olsaydı ne yapardın?
Si hubiera nieve, iría a esquiar.	Kar olsaydı kayak yapardım.
¿Qué harías si tú estuvieras en mi lugar?	Benim yerimde olsaydın ne yapardın?
Si yo estuviera en tu lugar, estudiaría más.	Senin yerinde olsaydım, daha fazla çalışırdım.
¿Qué harías si fueras famoso?	Ünlü olsaydın ne yapardın?
Si fuera famoso, viviría en París.	Ünlü olsaydım, Paris'te yaşardım.
¿Qué harías si tuvieras mucho dinero?	Çok paran olsaydı ne yapardın?
Si tuviera mucho dinero, no trabajaría.	Çok param olsaydı, çalışmazdım.
¿Qué leerías si tuvieras tiempo?	Zamanın olsaydı ne okurdun?
Si tuviera tiempo, leería una novela de amor.	Zamanım olsaydı bir aşk hikayesi okurdum.
¿A dónde irías si hiciera sol?	Hava güneşli olsaydı nereye giderdin?
Si hiciera sol, iría a la playa con mis amigos.	Hava güneşli olsaydı arkadaşlarımla plaja giderdim.
¿Qué comprarías si tuvieras un millón?	Bir milyonun olsaydı ne satın alırdın?
Si tuviera un millón, compraría un coche.	Bir milyonum olsaydı bir otomobil satın alırdım.

¿Qué harías si tu estuvieras en mi lugar?	Benim yerimde olsaydın ne yapardın?
Si yo estuviera un tu lugar, les diría que se fueran a un hotel.	Senin yerinde olsaydım onlara bir otele gitmelerini söylerdim.
¿Qué harías si tu estuvieras en mi lugar?	Benim yerimde olsaydın ne yapardın?
Si yo estuviera en tu lugar, estudiaría más para el examen.	Senin yerinde olsaydım sınav için daha fazla çalışrdım.
Si tuviera dinero, iría a Madrid.	Param olsaydı Madrit'e giderdim.
¿Irías a Madrid si tuvieras dinero?	Paran olsaydı Madrit'e gider miydin?
Si yo fuera rico, compraría una casa y un coche.	Zengin olsaydım bir ev ve bir otomobil satın alırdım.
¿Comprarías una casa y un coche si fueras rico?	Zengin olsaydın bir ev ve bir otomobil satın alır mıydınız?
Si hiciera sol, iría a la piscina.	Hava güneşli olsaydı havuza giderdim.
¿Irías a la piscina si hiciera sol?	Hava güneşli olsaydı havuza gider miydin?
Si estuviera enfermo, iría al médico.	Hasta olsaydım doktora giderdim.
¿Irías al médico si estuvieras enfermo?	Hasta olsaydın doktora gider miydin?
Si perdiera el tren, cogería un taxi.	Treni kaçırsaydım taksi tutardım.
¿Cogerías un taxi si perdieras el tren?	Treni kaçırsaydın bir taxi tutar mıydın?
Si no lloviera, iría a la playa.	Yağmur yağmasaydı plaja giderdim.
¿Irías a la playa si no lloviera?	Yağmur yağmasaydı plaja gider miydin?

Gerçekleşmesi muhtemel ve muhtemel olmayan şart cümlelerini ve hangi zaman-zamanlarla nasıl kullanıldıklarını tablo içinde verelim:

CONDICIONAL REAL	**PRESENTE**	**Si tengo dinero**	**voy de vacaciones.** **iré de vacaciones.**
	PASADO	**Si ha llegado** **Si llegó**	**dímelo.** **lo habrán visto.** **lo han visto.** **estará en casa.** **tengo que llamarle.**
CONDICIONAL IRREAL	**PRESENTE**	**Si tuviera / tuviese dinero, iría de vacaciones.**	
	PASADO	**Si hubiera /hubiese tenido dinero,**	**habría ido de vacaciones.** **hubiera ido de vac.** **no estaría aquí.**

Cümleler:

Si tuviera hambre, comiera.	Aç olsaydım yerdim.
¿Comerías si tuvieras hambre?	Aç olsaydın yer miydin?
Si hiciera frío, compraría un abrigo.	Soğuk olsaydı bir palto satın alırdım.
¿Comprarías un abrigo si hiciera frío?	Soğuk olsaydı bir palto satın alır mıydın?
Si aprobara el examen, iría de vacaciones.	Sınavı geçseydim tatile giderdim.
¿Irías de vacaciones si aprobaras el examen?	Sınavı geçseydin tatile gider miydin?
Si tuviera sed, bebería agua.	Susasaydım su içerdim.
¿Beberías agua si tuvieras sed?	Susasaydın su içer miydin?
Si tuviera coche, iría al campo.	Arabam olsaydı kıra giderdim.
¿Irías al campo si tuvieras coche?	Araban olsaydı kıra gider miydin?

PASADO	
Si + pluscuamperfecto de Subjuntivo	**Condicional compuesto Condicional simple**
Si { hubiera tenido dinero, / hubiese tenido dinero,	**{ habría ido de excursión. / hubiera ido de excursión. } (C.C) no estaría ahora aquí. (C.S)**

Cümleler:

No he ido a la excursión porque estaba enfermo.	Geziye çıkmadım çünkü hastaydım.
Si no hubiera estado enfermo, habría ido a la excursión.	Hasta olmamış olsaydım, geziye çıkmış olurdum.
No hemos comprado la casa, porque no tenemos dinero.	Evi satın almadık çünkü paramız yok.
Si hubieramos tenido dinero, la habríamos comprado.	Paramız olmuş olsaydı, onu almış olurduk.
Él ha suspendido el examen porque no ha estudiado.	Sınavdan kaldı çünkü çalışmadı.
Si él hubiera estudiado, no lo habría suspendido.	Çalışmış olsaydı, ondan kalmış olmazdı.
No hemos ido al teatro porque no había entradas.	Tiyatroya gitmedik çünkü bilet yoktu.
Si hubieran habido entradas, habríamos ido al teatro.	Onlar olmuş olsaydı, tiyatroya gitmiş olurduk.
Él robó muchos coches y ahora está en la cárcel.	O bir çok araba çaldı ve şimdi hapiste.
Si él no los hubiera robado, ahora no estaría en la cárcel.	Onları çalmamış olsaydı, şimdi hapiste olmazdı.
Mi hermano está en el hospital porque ha tenido un accidente.	Erkek kardeşim hastanede çünkü kaza geçirdi.
Si mi hermano no hubiera tenido un accidente, ahora no estaría en el hospital.	Erkek kardeşim kaza geçirmemiş olsaydı şimdi hastanede olmazdı.

El médico no llegó a tiempo y no pudo salvar al enfermo.	Doktor vaktinde gelmedi ve hastayı kurtaramadı.
Si el médico hubiera llegado a tiempo, habria podido salvar al enfermo.	Doktor vaktinde gelmiş olsaydı, hastayı kurtarmış olurdu.
No tenía dinero. No he hecho el viaje.	Param yoktu. Seyahate çıkmadım.
Si hubiera tenido dinero, habría hecho el viaje.	Param olmuş olsaydı, seyahate çıkmış olurdum.
No he visto a Carmen. No he podido decírselo.	Carmen'i görmedim. Onu na söyleyemedim.
Si la hubiera visto, habría podido decírselo.	Onu görmüş olsaydım, onu ona söylemiş olurdum.
No hemos tenido tiempo. No hemos podido visitaros.	Vaktimiz yoktu. Sizi ziyaret edemedik.
Si hubiéramos tenido tiempo, habríamos podido visitaros.	Vaktimiz olmuş olsaydı, sizi ziyaret edebilmiş olurduk.
Ha llovido mucho. No he ido a pasear.	Çok yağmur yağdı. Dolaşmaya gitmedim.
Si no hubiera llovido tanto, habría ido a pasear.	Bu kadar yağmur yağmamış olsaydı, gezmeye çıkmış olurdum.
Antonio no ha estudiado. No ha aprobado el examen.	Antonio çalışmadı. Sınavı geçemedi.
Si Antonio hubiera estudiado, lo habría aprobado.	Antonio çalışmış olsaydı, onu geçmiş olurdu.
No me han arreglado el coche. He tenido que coger el autobús.	Arabamı tamir etmediler. Otobüse binmek zorunda kaldım.
Si me hubieran areglado el coche, no habría tenido que coger el autobús.	Arabamı tamir etmiş olsalardı, otobüse binmek zorunda kalmamış olurdum.
Han llegado tarde. Han perdido el avión.	Geç geldiler. Uçağı kaçırdılar.
Si no hubieran llegado tarde, no lo habrían perdido.	Geç gelmiş olmasalardı, onu kaçırmış olmazlardı.
No he ido a Madrid. No he visto a Consuelo.	Madrit'e gitmedim. Consuelo'yu görmedim.
Si hubiera ido a Madrid, le habría visto.	Madrit'e gitmiş olsaydım, onu görmüş olurdum.
He perdido su número de teléfono. No le he podido llamar.	Telefon numarasını kaybettim. Onu arayamadım.

Si no hubiera perdido su número de teléfono, le habría podido llamar.	Telefon numarasını kaybetmiş olmasaydım, onu aramış olurdum.
Ha conducido muy rápido. Ha tenido un accidente.	Çok hızlı sürdü. Kaza yaptı.
Si no hubiera conducido tan rápido, no habría tenido un accidente.	Bu kadar hızlı sürmüş olmasaydı, kaza yapmış olmazdı.
Como ha estado lloviendo toda la tarde, no hemos salido de casa.	Bütün öğlen yağmur yağdığından dolayı evden çıkmadık.
Si no hubiera estado lloviendo toda la tarde, habríamos salido de casa.	Bütün öğlen yağmur yağmış olmasaydı, evden çıkmış olurduk.
Como bebía y fumaba mucho, cayó enfermo.	Çok içki ve çok sigara içmesimden dolayı hasta düştü.
Si no hubiera bebido y fumado tanto, no habría caído enfermo.	Bu kadar içki ve sigara içmiş olmasaydı, hasta düşmemiş olurdu.
Como no riegas las flores, se te han secado.	Çiçekleri sulamamandan dolayı kurudular.
Si hubieras regado las flores, no se te habrían secado.	Çiçekleri sulamış olsaydın, kurumamış olurlardı.
Como se acostó tarde, no llegó a tiempo al trabajo.	Çok geç yatmasından dolayı işe vaktinde gidemedi.
Si no se hubiera acostado tarde, habría llegado a tiempo al trabajo.	Çok geç yatmış olmasaydı, işe vaktinde gitmiş olurdu.
Como no cerró bien la puerta, le robaron.	Kapıyı iyi kapatmamasından dolayı onu soydular.
Si hubiera cerrado bien la puerta no le habrían robado.	Kapıyı iyi kapatmış olsaydı onu soymuş olmazlardı.
Como no te pusiste el abrigo, ahora estás enfermo.	Paltonu giymediğinden dolayı şimhastasın.
Si te hubieras puesto el abrigo, ahora no estarías enfermo.	Paltonu giymiş olsaydın şimdi hasta olmazdın.

PRETÉRITO PERFECTO DE SUBJUNTIVO

Pretérito Perfecto de subjuntivo yani Dilek Kipi'nin yakın geçmiş zamanı, geçmişte veya gelecekte tamamlanmış olması istenen, ya da gerçekleşmesi kuşkulu veya muhtemel olan eylemleri anlatılırken kullanılır. Yan cümledeki fiil, temel cümlede **Presente** veya **Futuro de Indicativo** bir fiile bağlıdır. (**Dudo que haya llamado.** Aramış olacağından kuşkuluyum; **Me alegraré de que haya llamado.** Aramış olması beni sevindirecek.)

Bu zamanı teşkil etmek için **haber** yardımcı fiilinin **Presente de Subjuntivo** 'su yani Dilek Kipi'ndeki şimdiki zamanı ile ondan sonra gelen fiilin **participio perfecto**'su yan yana getirilir:

	Presente de subjuntivo de "haber"	**-AR**	**-ER**	**-IR**
(Yo)	**haya**	**-ado**	**-ido**	**-ido**
(Tú)	**hayas**	**-ado**	**-ido**	**-ido**
(Él, ella)	**haya**	**-ado**	**-ido**	**-ido**
(Usted)	**haya**	**-ado**	**-ido**	**-ido**
(Nosotros)	**hayamos**	**-ado**	**-ido**	**-ido**
(Vosotros)	**hayáis**	**-ado**	**-ido**	**-ido**
(Ellos, ellas)	**hayan**	**-ado**	**-ido**	**-ido**
(Ustedes)	**hayan**	**-ado**	**-ido**	**-ido**

cantar "şarkı söylemek" fiilinin **pretérito perfecto de subjuntivo** çekimi:

(Yo) haya cantado	şarkı söylemiş olayım, olsam
(Tú) hayas cantado	şarkı söylemiş olasın, olsan
(Él, ella) haya cantado	şarkı söylemiş ola, olsa
(Usted) haya cantado	şarkı söylemiş olsanız
(Nosotros) hayamos cantado	şarkı söylemiş olalım, olsak
(Vosotros) hayáis cantado	şarkı söylemiş olsanız
(Ellos, ellas) hayan cantado	şarkı söylemiş olsalar
(Ustedes) hayan cantado	şarkı söylemiş olsanız

amar "sevmek" fiilinin **pretérito perfecto de subjuntivo** çekimi:

(Yo) haya amado	sevmiş olayım, olsam
(Tú) hayas amado	sevmiş olasın, olsan
(Él, ella) haya amado	sevmiş ola, olsa
(Usted) haya amado	sevmiş olsanız
(Nosotros) hayamos amado	sevmiş olalım, olsak
(Vosotros) hayáis amado	sevmiş olsanız
(Ellos, ellas) hayan amado	sevmiş olsalar
(Ustedes) hayan amado	sevmiş olsanız

estudiar "çalışmak" fiilinin **pretérito perfecto de subjuntivo** çekimi:

(Yo) haya estudiado	çalışmış olayım, olsam
(Tú) hayas estudiado	çalışmış olasın, olsan
(Él, ella) haya estudiado	çalışmış ola, olsa
(Usted) haya estudiado	çalışmış olsanız
(Nosotros) hayamos estudiado	çalışmış olalım, olsak
(Vosotros) hayáis estudiado	çalışmış olsanız
(Ellos, ellas) hayan estudiado	çalışmış olsalar
(Ustedes) hayan estudiado	çalışmış olsanız

hablar "konuşmak" fiilinin **pretérito perfecto de subjuntivo** çekimi:

(Yo) haya hablado	konuşmuş olayım, olsam
(Tú) hayas hablado	konuşmuş olasın, olsan
(Él, ella) haya hablado	konuşmuş ola, olsa
(Usted) haya hablado	konuşmuş olsanız
(Nosotros) hayamos hablado	konuşmuş olalım, olsak
(Vosotros) hayáis hablado	konuşmuş olsanız
(Ellos, ellas) hayan hablado	konuşmuş olsalar
(Ustedes) hayan hablado	konuşmuş olsanız

andar "yürümek" fiilinin **pretérito perfecto de subjuntivo** çekimi:

(Yo) haya andado	yürümüş olayım, olsam
(Tú) hayas andado	yürümüş olasın, olsan
(Él, ella) haya andado	yürümüş ola, olsa
(Usted) haya andado	yürümüş olsanız
(Nosotros) hayamos andado	yürümüş olalım, olsak
(Vosotros) hayáis andado	yürümüş olsanız
(Ellos, ellas) hayan andado	yürümüş olsalar
(Ustedes) hayan andado	yürümüş olsanız

saber "bilmek" fiilinin **pretérito perfecto de subjuntivo** çekimi:

(Yo) haya sabido	bilmiş olayım, olsam
(Tú) hayas sabido	bilmiş olasın, olsan
(Él, ella) haya sabido	bilmiş ola, olsa
(Usted) haya sabido	bilmiş olsanız
(Nosotros) hayamos sabido	bilmiş olalım, olsak
(Vosotros) hayáis sabido	bilmiş olsanız
(Ellos, ellas) hayan sabido	bilmiş olsalar
(Ustedes) hayan sabido	bilmiş olsanız

comer "yemek yemek" fiilinin **pretérito perfecto de subjuntivo** çekimi:

(Yo) haya comido	yemiş olayım, olsam
(Tú) hayas comido	yemiş olasın, olsan
(Él, ella) haya comido	yemiş ola, olsa
(Usted) haya comido	yemiş olsanız
(Nosotros) hayamos comido	yemiş olalım, olsak
(Vosotros) hayáis comido	yemiş olsanız
(Ellos, ellas) hayan comido	yemiş olsalar
(Ustedes) hayan comido	yemiş olsanız

vivir "yaşamak, oturmak" fiilinin **pretérito perfecto de subjuntivo** çekimi:

(Yo) haya vivido	yaşamış olayım, olsam
(Tú) hayas vivido	yaşamış olasın, olsan
(Él, ella) haya vivido	yaşamış ola, olsa
(Usted) haya vivido	yaşamış olsanız
(Nosotros) hayamos vivido	yaşamış olalım, olsak
(Vosotros) hayáis vivido	yaşamış olsanız
(Ellos, ellas) hayan vivido	yaşamış olsalar
(Ustedes) hayan vivido	yaşamış olsanız

venir "gelmek" fiilinin **pretérito perfecto de subjuntivo** çekimi:

(Yo) haya venido	gelmiş olayım, olsam
(Tú) hayas venido	gelmiş olasın, olsan
(Él, ella) haya venido	gelmiş ola, olsa
(Usted) haya venido	gelmiş olsanız
(Nosotros) hayamos venido	gelmiş olalım, olsak
(Vosotros) hayáis venido	gelmiş olsanız
(Ellos, ellas) hayan venido	gelmiş olsalar
(Ustedes) hayan venido	gelmiş olsanız

ir "gitmek" fiilinin **pretérito perfecto de subjuntivo** çekimi:

(Yo) haya ido	gitmiş olayım, olsam
(Tú) hayas ido	gitmiş olasın, olsan
(Él, ella) haya ido	gitmiş ola, olsa
(Usted) haya ido	gitmiş olsanız
(Nosotros) hayamos ido	gitmiş olalım, olsak
(Vosotros) hayáis ido	gitmiş olsanız
(Ellos, ellas) hayan ido	gitmiş olsalar
(Ustedes) hayan ido	gitmiş olsanız

dormir "uyumak" fiilinin **pretérito perfecto de subjuntivo** çekimi:

(Yo) haya dormido	uyumuş olayım, olsam
(Tú) hayas dormido	uyumuş olasın, olsan
(Él, ella) haya dormido	uyumuş ola, olsa
(Usted) haya dormido	uyumuş olsanız
(Nosotros) hayamos dormido	uyumuş olalım, olsak
(Vosotros) hayáis dormido	uyumuş olsanız
(Ellos, ellas) hayan dormido	uyumuş olsalar
(Ustedes) hayan dormido	uyumuş olsanız

dar "vermek" fiilinin **pretérito perfecto de subjuntivo** çekimi:

(Yo) haya dado	vermiş olayım, olsam
(Tú) hayas dado	vermiş olasın, olsan
(Él, ella) haya dado	vermiş ola, olsa
(Usted) haya dado	vermiş olsanız
(Nosotros) hayamos dado	vermiş olalım, olsak
(Vosotros) hayáis dado	vermiş olsanız
(Ellos, ellas) hayan dado	vermiş olsalar
(Ustedes) hayan dado	vermiş olsanız

desayunar "kahvaltı etmek" fiilinin **pretérito perfecto de subjuntivo** çekimi:

(Yo) haya desayunado	yatmış olayım, olsam
(Tú) hayas desayunado	yatmış olasın, olsan
(Él, ella) haya desayunado	yatmış ola, olsa
(Usted) haya desayunado	yatmış olsanız
(Nosotros) hayamos desayunado	yatmış olalım, olsak
(Vosotros) hayáis desayunado	yatmış olsanız
(Ellos, ellas) hayan desayunado	yatmış olsalar
(Ustedes) hayan desayunado	yatmış olsanız

Çift zamirli fiillerin **Pretérito Perfecto de Subjuntivo** çekimleri:

acostarse "yatmak" fiilinin **pretérito perfecto de subjuntivo** çekimi:

(Yo) me haya acostado	yatmış olayım, olsam
(Tú) te hayas acostado	yatmış olasın, olsan
(Él, ella) se haya acostado	yatmış ola, olsa
(Usted) se haya acostado	yatmış olsanız
(Nosotros) nos hayamos acostado	yatmış olalım, olsak
(Vosotros) os hayáis acostado	yatmış olsanız
(Ellos, ellas) se hayan acostado	yatmış olsalar

(Ustedes) se hayan acostado	yatmış olsanız

afeitarse "tıraş olmak" fiilinin **pretérito perfecto de subjuntivo** çekimi:

(Yo) me haya afeitado	tıraş olmuş olayım, olsam
(Tú) te hayas afeitado	tıraş olmuş olasın, olsan
(Él, ella) se haya afeitado	tıraş olmuş ola, olsa
(Usted) se haya afeitado	tıraş olmuş olsanız
(Nosotros) nos hayamos afeitado	tıraş olmuş olalım, olsak
(Vosotros) os hayáis afeitado	tıraş olmuş olsanız
(Ellos, ellas) se hayan afeitado	tıraş olmuş olsalar
(Ustedes) se hayan afeitado	tıraş olmuş olsanız

Bazı düzensiz fiiller:

ver "görmek" fiilinin **pretérito perfecto de subjuntivo** çekimi:

(Yo) haya visto	görmüş olayım, olsam
(Tú) hayas visto	görmüş olasın, olsan
(Él, ella) haya visto	görmüş ola, olsa
(Usted) haya visto	görmüş olsanız
(Nosotros) hayamos visto	görmüş olalım, olsak
(Vosotros) hayáis visto	görmüş olsanız
(Ellos, ellas) hayan visto	görmüş olsalar
(Ustedes) hayan visto	görmüş olsanız

decir "söylemek, demek" fiilinin **pretérito perfecto de subjuntivo** çekimi:

(Yo) haya dicho	söylemiş olayım, olsam
(Tú) hayas dicho	söylemiş olasın, olsan
(Él, ella) haya dicho	söylemiş ola, olsa
(Usted) haya dicho	söylemiş olsanız
(Nosotros) hayamos dicho	söylemiş olalım, olsak
(Vosotros) hayáis dicho	söylemiş olsanız
(Ellos, ellas) hayan dicho	söylemiş olsalar
(Ustedes) hayan dicho	söylemiş olsanız

poner "koymak" fiilinin **pretérito perfecto de subjuntivo** çekimi:

(Yo) haya puesto	koymuş olayım, olsam
(Tú) hayas puesto	koymuş olasın, olsan
(Él, ella) haya puesto	koymuş ola, olsa
(Usted) haya puesto	koymuş olsanız

(Nosotros) hayamos puesto	koymuş olalım, olsak
(Vosotros) hayáis puesto	koymuş olsanız
(Ellos, ellas) hayan puesto	koymuş olsalar
(Ustedes) hayan puesto	koymuş olsanız

hacer "yapmak" fiilinin **pretérito perfecto de subjuntivo** çekimi:

(Yo) haya hecho	yapmış olayım, olsam
(Tú) hayas hecho	yapmış olasın, olsan
(Él, ella) haya hecho	yapmış ola, olsa
(Usted)haya hecho	yapmış olsanız
(Nosotros) hayamos hecho	yapmış olalım, olsak
(Vosotros) hayáis hecho	yapmış olsanız
(Ellos, ellas) hayan hecho	yapmış olsalar
(Ustedes) hayan hecho	yapmış olsanız

Cümleler:

Luis se extraña de que no haya llegado todavía el tren.	Luis trenin henüz varmamış olmasına şaşıyor.
Se alegra Juan de que hayan venido a recogerle.	Juan onu almaya gelmiş olmalarına seviniyor.
No creo que hayan llegado a Madrid.	Madrit'e varmış olduklarını sanmıyorum.
No me gusta que te hayas despertado tan tarde.	Bu kadar geç kalkmış olman hoşuma gitmiyor.
¿Han alquilado ellos el piso? **No creo que lo hayan alquilado.**	Daireyi kiraladılar mı? Onu kiralamış olduklarını sanmıyorum.
¿Ha comprado el coche? **No creo que lo haya comprado.**	Otomobili satın aldı mı? Onu satın almış olduğunu sanmıyorum.
¿Habéis aprobado el examen? **No creo que lo hayamos aprobado.**	Sınavı geçtiniz mi? Onu geçmiş olduğumuzu sanmıyorum.
¿Han perdido el tren? **No creo que lo hayan perdido.**	Treni kaçrdılar mı? Onu kaçırmış olduklarını sanmıyorum.

¿Ha venido ya Luis? **No creo que él haya venido.**	Luis geldi mi? Onun gelmiş olduğunu sanmıyorum.
¿Han encontrado una habitación? **No creo que la hayan encontrado.**	Oda buldular mı? Onu bulmuş olacaklarını sanmıyorum.
¿Han salido ellos hoy de viaje? **No creo que hayan salido.**	Bugün tatile çıktılar mı? Çıkmış olduklarını sanmıyorum.
¿Ha nevado en las montañas? **No creo que haya nevado.**	Dağlara kar yağdı mı? Onlara kar yağdığını sanmıyorum.
¿Han podido coger el avión? **No creo que lo hayan podido coger.**	Uçağı yakaladılar mı? Onu yakalamış olduklarını sanmıyorum.
¿Habrá llegado Antonio a tiempo?	Antonio vaktinde varmış olacak mı?
¡Ojalá haya llegado Antonio a tiempo!	İnşallah Antonio vaktinde varmış olur.
¿Habrá llegado ya el tren? **¡Ojalá haya llegado!**	Tren varmış olacak mı? İnşallah varmış olur.
¿Habrá ganado nuestro equipo de fútbol?	Bizin futbol takımımız kazanmış olacak mı?
¡Ojalá haya ganado nuestro equipo de fútbol!	İnşallah bizim futbol takımımız kazanmış olur.
¿Habrá dicho Pilar la verdad? **¡Ojalá la haya dicho!**	Pilar gerçeği söylemiş olacak mı? İnşallah onu söylemiş olur.
¿Habrá firmado el médico la receta?	Doktor reçeteyi imzalamış olacak mı?
¡Ojalá la haya firmado!	İnşallah onu imzalamış olur.
¿Habrá capturado la policía al ladrón? **¡Ojalá haya capturado la policía al ladrón!**	Polis hırsızı yakalamış olacak mı? İnşallah polis hırsızı yakalamış olur.

EL ADVERBIO – belirteç

"Nerede?", "Ne zaman?", "Nasıl?", "Ne kadar?" sorularını yanıtlayan belirteçler şu gruplar altında toplanabilir:

1) **Adverbios de lugar** (yer belirteçleri):

donde (ki orada)
ahí (şurada)
acá (buraya)
encima (üstte)
delante (önde)
dentro (içte)
debajo (altta)
detrás (arkada)
fuera (dışta)

aquí (burada)
allí (orada)
allá (orada)
arriba (yukarıda)
adelante (ileride)
cerca (yakında)
abajo (aşağıda)
atrás (geride)
lejos (uzakta)

Not: Bu belirteçler "de" edatıyla birlikte "yer bildiren edat" (**preposición**) olarak da kullanılır:

encima de la cama (yatağın üstünde)
debajo de la mesa (masanın altında)

2) **Adverbios de tiempo** (zaman belirteçleri):

cuando (ki o zaman)
hoy (bugün)
ahora (şimdi)
después (sonra)
entonces (o zaman)
temprano (erken)
siempre (her zaman)
jamás (asla)
mientras (sırasında)
inmediatamente (derhal)
de noche (geceleyin)

ayer (dün)
mañana (yarın)
antes (önce)
luego (sonra)
tarde (geç)
pronto (hemen)
nunca (hiçbir zaman)
ya (bile)
todavía (henüz)
de día (gündüzün)

3) **Adverbios de modo** (hal belirteçleri):

bien (iyi)
tal (öyle)
deprisa (aceleyle)
apenas (az daha, henüz)
en vano (boşuna)
de este modo (böyle, bu şekilde)

mal (kötü)
casi (hemen hemen)
despacio (yavaş yavaş)
así (böyle)
en general (genellikle)

–mente takısıyla biten tüm belirteçler: **felizmente** (mutlu bir şekilde), **fuertemente** (güçlü bir şekilde), **buenamente** (iyi bir şekilde), etc.

4) **Adverbios de cantitad** (miktar belirteçleri):

más (daha fazla)
menos (daha az)
mucho (çok)
poco (az)
bastante (yeterince)
demasiado (fazlasıyla)
tan (o kadar)
tanto (bu kadar)
cuanto (ne kadar)
casi (hemen hemen, yaklaşık)

5) **Adverbios de orden** (sıra belirteçleri):

primeramente (ilk olarak)
últimamente (son olarak)
después (sonra)
sucesivamente (peş peşe)

6) **Adverbios de afirmación** (olumlu belirteçler):

sí (evet)
cierto (elbete)
ciertamente (her halde)
seguramente (şüphesiz, muhakkak)
verdaderamente (gerçekten)
también (dahi)
desde luego (tabii)

7) **Adverbios de negación** (olumsuz belirteçler):

no (hayır)
nunca (hiçbir zaman)
jamás (asla)
ni siquiera (bile değil)

8) **Adverbios de duda** (kuşku belirteçleri):

quizá (belki)
acaso (yoksa)
tal vez (belki)
a lo mejor (belki)

LA PREPOSICIÓN – edat

Her dilde olduğu gibi İspanyolcada da, cümledeki belli sözcüklerin arasındaki bağlantıyı sağlayan sözcükler vardır. Bunlara edat denir. Edatlar cümle yapısında önemli rol oynarlar.

EN – -de, -da, içinde

En edatının anlamı "-de, -da, içinde"dir. Cümledeki yerini ve kullanılış şeklini aşağıdaki örneklerde inceleyiniz.

en	-de, -da, içinde
en la caja	kutunun içinde (kutuda)
en la cartera	çantanın içinde (çantada)
en el libro	kitabın içinde (kitapta)
en casa	evin içinde (evde)
en la cesta	sepetin içinde (sepette)
en la habitación	odanın içinde (odada)
en la escuela	okulun içinde (okulda)
en la tienda	dükkânın içinde (dükkânda)

Türkçede genellikle "içinde" sözcüğü kaldırılarak bunun yerine ismin sonuna "-de, -da" eklenir. Zira,

"kutunun içinde" yerine "kutuda"
"arabanın içinde" yerine "arabada"
"vazonun içinde" yerine "vazoda"

demekle aynı anlamı vermiş oluruz.

en la habitación odanın içinde = odada

Cümleler:

La silla está en la habitación.	Sandalye odadadır.
La regla está en la cartera.	Cetvel çantadadır.
La llave está en la caja.	Anahtar kutudadır.
El hombre está en casa.	Adam evdedir.
Los alumnos están en clase.	Öğrenciler sınıftadır.
El pájaro está en la cesta.	Kuş sepettedir.
Las mujeres están en casa.	Kadınlar evdedir.

Cümleyi çoğul yapmak için, özne olan ismin çoğul hale gelmesi ve **está** yerine de **están** konulması gerektiğini yukarıdaki örneklerde de görüyoruz.

Cümleyi soru yapmak için, **está** veya **están**'ın başa alındığını, olumsuz yapmak için de **esta** veya **estan**'ın önüne **no** getirildiğini biliyoruz.

El perro está en la habitación.	Köpek odadadır.
¿Está el perro en la habitación?	Köpek odada mıdır?
El perro no está en la habitación.	Köpek odada değildir.
Los cuadernos están en la cartera.	Defterler çantadadır.
¿Están los cuadernos en la cartera?	Defterler çantada mıdır?
Los cuadernos no están en la cartera.	Defterler çantada değildir.

La mujer está en la habitación.
Kadın odadadır.

Las chicas están en casa.
Kızlar evdedir.

DENTRO DE – içinde

Dentro edatının anlamı "içinde"dir. Cümle içindeki kullanılışı **en** edatı gibidir. Örnekleri inceleyiniz:

dentro de	içinde
dentro de casa	evin içinde
dentro de la cartera	çantanın içinde
dentro de la cesta	sepetin içinde
dentro de la caja	kutunun içinde

Cümleler:

Los libros están dentro de la cartera.	Kitaplar çantanın içindedir.
El gato está dentro de la habitación.	Kedi odanın içindedir.
Las llaves están dentro de la caja.	Anahtarlar kutunun içindedir.
Las chicas están dentro de la tienda.	Kızlar dükkânın içindedir.

SOBRE – üstünde

Sobre "üstünde anlamına gelir. Cümle içindeki yeri ve kullanılış şekli **en** edatında olduğu gibidir.

sobre	üstünde
sobre la mesa	masanın üstünde
sobre la silla	sandalyenin üstünde
sobre el libro	kitabın üstünde
sobre la pared	duvarın üstünde
sobre la caja	kutunun üstünde
sobre el sombrero	şapkanın üstünde

Aşağıdaki örneklerde **sobre** edatının cümle içinde kullanılışını ve yerini iyice öğreniniz.

Cümleler:

La cartera está sobre la mesa.	Çanta masanın üstündedir.
El lápiz está sobre la mesa.	Kalem masanın üstündedir.
El lápiz no está sobre la mesa.	Kalem masanın üstünde değildir.
Los sombreros están sobre la silla.	Şapkalar sandalyenin üstündedir.
La regla está sobre la mesa.	Cetvel masanın üstündedir.
Los chicos están sobre el caballo.	Çocuklar atın üstündedir.
La regla está sobre el libro.	Cetvel kitabın üstündedir.
¿Está la regla sobre el libro?	Cetvel kitabın üstünde midir?
La regla no está sobre el libro.	Cetvel kitabın üstünde değildir.
La llave está sobre la mesa.	Anahtar masanın üstündedir.
Las llaves no están sobre la mesa.	Anahtarlar masanın üstünde değildir.
El gato está sobre la silla.	Kedi sandalyenin üstündedir.
El hombre está sobre el caballo.	Adam atın üstündedir.

AL LADO DE – yanında, yakınında

"... in yanında, ... ın yakınında" anlamına gelen **al lado de** dė **sobre, en** gibi bir edattır.

al lado de + isim (tekil ya da çoğul isim)

biçiminde kullanılır. Buradaki isim tekil ya da çoğul olabilir.

al lado de...	... in yanında, ... ın yakınında
al lado de la tienda	dükkanın yanında
al lado de la casa	evin yanında
al lado de la mesa	masanın yanında
al lado de la pelota	topun yanında
al lado de la cama	yatağın yanında
al lado del profesor	öğretmenin yanında
al lado del libro	kitabın yanında
al lado del reloj	saatin yanında
al lado del hombre	adamın yanında
al lado del árbol	ağacın yanında

Yukarıdaki örneklerde üzerinde duracağımız noktalar şunlardır:

Birincisi; **al lado de** kalıbındaki **de** sözcüğünden sonra dişil tekil isim geldiğinde hiç değişiklik olmamaktadır.

İkincisi, aynı kalıbın **de** sözcüğünden sonra eril tekil bir isim geldiğinde:

de + el = del (del)

olmaktadır.

de + el = del

de + la = de la

al lado de kalıbından sonra;

al lado de + isim (çoğul)

biçiminde çoğul isim geldiğinde **de**'den sonra isimle beraber tanımlığı da çoğul olur.

Bu örnekleri inceleyiniz.

al lado de las tiendas	dükkanların yanında
al lado de las escuelas	okulların yanında
al lado de los árboles	ağaçların yanında
al lado de los libros	kitapların yanında

yukarıdaki örneklerde dikkat edilmesi gereken nokta şudur:

al lado de kalıbından sonra isim çoğul olduğunda tanımlığı da çoğul oluyor ve eril çoğul ismin tanımlığı olan **los, de**'den ayrı yazılıyor.

de + los = de los

de + las = de las

Şimdi de **al lado de** kalıbının cümle içinde nasıl kullanıldığını görelim. Örnek cümleleri inceleyiniz.

La regla está al lado de la caja.	Cetvel kutunun yanındadır.
El lápiz está al lado del libro.	Kalem kitabın yanındadır.
El árbol no está al lado de la escuela.	Ağaç okulunyanında değildir.
Las pelotas están al lado de la cesta.	Toplar sepetin yanındadır.
Los niños no están al lado de la tienda.	Çocuklar dükkanın yanında değildir.
Los autobuses están al lado del jardín.	Otobüsler bahçenin yanındadır.
El perro está al lado del árbol.	Köpek ağacın yanındadır.
Los gatos están al lado de la ventana.	Kediler pencerenin yanındadır.
El hombre está al lado de la casa.	Las flores están al lado de la silla.

İsim	**está están**	**al lado de**	**isim**
La silla El caballo Las casas	**está está están**	**al lado de al lado del al lado de**	**la mesa. árbol. las tiendas.**

DEBAJO DE – altında

"Altında" anlamına gelen **debajo de** de bir edattır. Cümle içindeki yeri **sobre, en, al lado de** sözcüklerinde olduğu gibidir.

debajo de	altında
debajo de la mesa	masanın altında
debajo del libro	kitabın altında
debajo del sombrero	şapkanın altında
debajo de la silla	sandalyenin altında
debajo de la regla	cetvelin altında
debajo de la cesta	kutunun altında

El gato está debajo de la silla. Kedi sandalyenin altındadır.

La cesta está debajo de la mesa. Sepet masanın altındadır.

Los gatos están debajo del árbol. Köpekler ağacın altındadır.

Los lápices están debajo de los libros. Kalemler kitapların altındadır.

Los lápices largos están debajo del libro. Uzun kalemler kitabın altındadır.

El pájaro está debajo de la silla. Kuş sandalyenin altındadır.

¿Está el pájaro debajo de la silla? Kuş sandalyenin altında mıdır?

El pájaro no está debajo de la silla. Kuş sandalyenin altında değildir.

Las reglas están debajo del libro. Cetveller kitabın altındadır.

¿Están las reglas debajo del libro? Cetveller kitabın altında mıdır?

Las reglas no están debajo del libro. Cetveller kitabın altında değildir.

Los lápices están debajo de la caja. Kurşun kalemler kutunun altındadır.

Los sombreros están debajo de la silla.
Şapkalar sandalyenin altındadır.

El perro está debajo de la mesa.
Köpek masanın altındadır.

Los gatos están debajo del autobús.
Kediler otobüsün altındadır.

Los gatos están debajo de la mesa.
Kediler masanın altındadır.

"**A**" edatı

Türkçede ses uyumu kuralına uygun olarak "-e, -a, -ye, -ya" anlamını karşılar. **A** edatını genellikle İspanyolcadaki fiillere bağlı olarak düşünmek ve onlara göre öğrenmek gerekir. Örneğin, "Dergiye bakıyorum, Kitaba bakıyorum." derken, "dergi, kitap" sözcüklerinin sonuna "-ye, -a" ekleri gelmiştir. Aynı cümleleri İspanyolcaya çevirirken, bu ekler bizi yanıltabilir. Çünkü İspanyolcada **mirar** fiili bu tür cümlelerde **a** edatı almaz. Bu bakımdan Türkçeden farklıdır.

Miro la revista. Dergiye bakıyorum.
Mi amiga mira el libro. Arkadaşım kitaba bakıyor.
Miramos los pájaros. Kuşlara bakıyoruz.
Ellos miran las casas. Onlar evlere bakıyorlar.
Miras el bebé. Bebeğe bakıyorsun.

Bunun yanında **ir** fiili **a** edatını almadan kullanılmaz.

¿Vas al cine hoy? Bugün sinemaya gidiyor musun?
Vamos al colmado. Biz bakkala gidiyoruz.
Ellos van a la tienda. Onlar dükkana gidiyorlar.
Los estudiantes van a la escuela. Öğrenciler okula gidiyorlar.
¿Va a casa? Siz eve mi gidiyorsunuz?
Mi hermana y yo vamos al cine. Kız kardeşim ve be sinemaya gidiyoruz.

Ancak bazı durumlarda **ir** fiili edat almadan kullanılabilir:

Me voy. Ben gidiyorum.

A edatı iyelik sıfatlarının önünde de hiç değişmeden kalır.

Le doy un libro a mi amigo. Arkadaşıma bir kitap veriyorum.
Le damos unas revistas a su padre. Onun babasına dergiler veriyoruz.
¿Le das té a tu bebé? Bebeğine çay veriyor musun?
Los niños le dan la pelota a su profesor. Çocuklar topu öğretmenine veri-. yorlar.

A edatı aynı zamanda kent ve ülke isimlerinin önünde de kullanılır ve burada -e, -a anlamını verir.

¿A dónde vas?	Nereye gidiyorsun?
A Italia.	İtalya'ya (gidiyorum).
Vamos a Antalya.	Antalya'ya gidiyoruz.
Mis amigos van a Italia.	Arkadaşlarım İtalya'ya gidiyorlar.
Voy a Estambul.	İstanbul'a gidiyorum.
Mi padre va a España.	Babam İspanya'ya gidiyor.

"DE" edatı

"-den, -dan" anlamına gelen **de** edatını da fiillere bağlı olarak düşünmek ve ona göre öğrenmek gerekir. Başka bir deyişle, bir fiili öğrenirken, o fiilin **de** edatı alıp almadığı birlikte öğrenilmelidir. Örneğin, **venir** fiili genel olarak **de** edatı ile birlikte kullanılır.

¿Este niño viene del jardín?	Bu çocuk bahçeden mi geliyor?
Vengo de la escuela.	Okuldan geliyorum.
Venimos del cine.	Sinemadan geliyoruz.
¿Viene de la carnicería?	Kasap dükkanından mı geliyorsunuz?
Ellos vienen de Francia.	Onlar Fransa'dan geliyorlar.
Mi padre viene de la farmacia.	Babam eczaneden geliyor.

"Çıkmak" anlamına gelen **salir** fiili de **de** edatıyla birlikte kullanılır.

Salga de esta habitación.	Bu odadan çıkınız.
Salimos de la clase.	sınıftan çıkıyoruz.
Ellos salen de la farmacia.	Onlar eczaneden çıkıyorlar.
¿Sale la mujer del mercado?	Kadın bakkal dükkanından çıkıyor mu?

"Bir şeyi bir yerden almak" anlamına gelen **tomar** fiili de, **de** edatıyla birlikte kullanılır.

Toma estos libros de la estantería.	Bu kitapları raftan al.
Tomo los lápices de la mesa.	Kurşunkalemleri masadan alıyorum.
Tome el mapa de la pared.	Haritayı duvardan alınız.

"PARA" edatı

"-için, -e" anlamına gelen **para** edatı şimdiye kadar öğrendiğimiz kadarıyla **comprar** fiili ile birlikte kullanılır.

Ella compra leche para su bebé.	O bebeğine süt alıyor. (O bebeği için süt alıyor.)

Compro un lápiz rojo para mi hermano. Erkek kardeşime kırmızı bir kurşun kalem alıyorum. (Erkek kardeşim için kırmızı bir kurşunkalem alıyorum.)

Para edatı iyelik sıfatlarının önünde de kullanılır.

Compras un sombrero para tu padre. Sen babana bir şapka alıyorsun.
Nosotros compramos unos regalos para nuestros profesores. Öğretmenlerimize armağanlar alıyoruz.
¿Compra él un paraguas para su hija? O kızına bir şemsiye alır mı?
El hombre compra muchas pelotas para sus hijos. Adam çocukları için çok top alıyor.

Para edatı isimlerin önünde de yer alır.

Hay una carta para Emre. Emre'ye bir mektup var.
No hay una carta para mi. Bana mektup yok.
Mi madre compra un cuaderno para Carmen. Annem Carmen'e defter alıyor.
Compro un regalo para Miguel. Miguel'e hediye alıyorum.

"CON" edatı

"İle, ile birlikte" anlamına gelen **con** edatı, genel olarak **hablar** ve **escribir** fiilleriyle kullanılır.

Mi padre habla con el profesor. Babam öğretmenle konuşuyor.
Nosotros hablamos con los estudiantes. Biz öğrencilerle konuşuyoruz.
El señor Carpintero escribe una carta con lápiz. Bay Carpintero kurşunkalemle bir mektup yazıyor.
No hablo con mi hermana. Kız kardeşimle konuşmuyorum.

Yukarıdaki örneklerde de görüldüğü gibi **con** edatı daha çok "ile" anlamıyla kullanılmaktadır. "İle birlikte" anlamındaki örnekleri inceleyiniz.

Ella está en el jardín con su perro. O köpeğiyle birlikte bahçededir.
Emre va al cine con su hermana. Emre kız kardeşiyle birlikte sinemaya gidiyor.
Jugamos con los amigos. Arkadaşlarla birlikte oynuyoruz.
Ella sale de la casa con su madre. O evden annesiyle birlikte çıkıyor.

"POR" edatı

De ile **por** edatları aynı anlamdaymış gibi görünür. Her ikisi de "-den, -dan" anlamlarına gelmekle birlikte, **por** edatı daha çok "o yoldan" ya da " vasıtasıyla" anlamında kullanılır. Bu bakımdan **de**'den farklıdır.

Cümleler:

Salimos de esta casa.	Bu evden çıkıyoruz.
Salimos por esta puerta.	Bu kapıdan çıkıyoruz.
Salga por la ventana.	Pencereden çıkınız.
Salga de la habitación.	Odadan çıkınız.

İki kelimeyi birbirine bağlayarak aralarındaki ilişkiyi belirleyen edatlar şunlardır:

a (–ya)
de (–nin, –den)
por (için, tarafından)
desde (–de, –den beri)
entre (arasında)
hacia (–a doğru)
sin (–siz, –meden)
durante (sırasında)
sobre (hakkında)
aparte de (–den başka)
tras (arkasından)

en (–de)
para (için)
hasta (–e kadar)
con (ile)
mediante (vasıtasıyla)
contra (karşı)
según (göre)
ante (önünde)
acerca de (hakkında)
a pesar de (rağmen)

LA CONJUNCIÓN – bağlaç

İki cümlecik veya bir cümlenin iki elemanı arasında bağ kuran bağlaçlar şunlardır:

1) **Copulativas** (birleştirici):

y (**e**) (ve)
ni (ne)

2) **Disyuntivas** (ayırıcı):

o (**u**) (veya)
ya (kâh)

3) **Adversativas** (karşıt):

pero (fakat)
mas (fakat)
sino (değil de)

sin embargo (bununla beraber, mamafih)
no obstante (bununla beraber, mamafih)
aunque (rağmen, –mekle beraber, her ne kadar)

4) **Enunciativa** (açıklayıcı):

que (ki)

5) **Causales** (neden):

porque (çünkü)
puesto que (madem ki)
ya que (zira)

6) **Finales** (amaç):

para (için)
para que (–mesi için)
a fin de que (amacıyla)

7) **Condicionales** (şart):

si (eğer)
como (nasıl ki)
con tal que (şartıyla)
siempre que (–diği sürece)

8) **Consecutivas** (sonuç):

luego (sonra)
conque (demek ki)
por tanto (bu nedenle)
por consiguiente (bu yüzden)

9) **Comparativas** (karşılaştırma):

como (gibi, nasıl ki)
así como (hem de)

10) **Concesivas** (kabullenme):

aunque (gerçi)
por mucho que (her ne kadar)
por más que (her ne kadar)

11) **Modales** (hal):

como si (sanki)

de modo que (öyle ki)

12) **Dubitativas** (kuşku):

si (eğer)

13) **Temporales** (zaman):

siempre que (–diği sürece)
mientras que (o sırada)
hasta que (–ceye kadar)
desde que (–den beri)

14) **Negativas** (olumsuzluk):

sin que (–meden, –sizin)

ESTILO DIRECTO & ESTILO INDIRECTO – dolaylı anlatım

Bir kişinin söylediği bir sözün diğer bir kişi tarafından başkalarına nakledilmesine "dolaylı anlatım" denir.

Bir söz, konuşanın sözlerini aynen alıp "dedi" veya "diyor" sözcüklerini ekleyerek nakledilebilir.

Juan bana "Kapıyı kapat." dedi.
Öğretmen bize "Ödevlerinizi yapın." dedi.

Bu cümlelerde "Kapıyı kapat." ve "Ödevlerinizi yapın." sözleri, sözü ilk söyleyene aittir ve onların ağzından çıktığı gibi, hiç değişmemiş durmdadırlar.

Bir kişinin söylediği söz başkasına nakledilirken, nakleden kimsenin ifadesiyle birleşerek ilk söyleniş şeklinden değişik bir hal alır.

Yukarıdaki cümleleri sözü nakledenin kendi ifadesiyle söylersek durum şöyle olur:

Juan bana kapıyı kapatmamı söyledi.
Öğretmen bize ödevlerimizi yapmamızı söyledi.

Görüldüğü gibi bu ifadelerde Juan'ın "Kapıyı kapat." ve öğretmenin "Ödevlerinizi yapın." sözleri ayrı olarak değil, sözü nakledenin ifadesiyle birleşmiş durumdadır.

Türkçede dolaylı anlatım konusunu bu şekilde gözden geçirdikten sonra şimdi İspanyolcada bu çeşit konuşmanın nasıl yapıldığını görelim:

Juan me dice: "Estoy cansado."

Juan bana şöyle diyor: "Yorgunum."

Yukarıdaki cümlede Juan'ın sözü aynen tekrarlanmıştır. Bu sözü kendi ifademizle birleştirirsek " Juan bana yorgun olduğunu söylüyor." şeklinde bir ifade ortayaçıkar ki İspanyolcada bu cümle **que** yardımı ile kurulur:

Juan me dice: "Estoy cansado."
Juan me dice que está cansado.
Juan bana yorgun olduğunu söylüyor.

Şimdi cümleyi nakleden kişinin, **decir** "söylemek" fiilini **presente** (şimdiki zaman), **pretérito perfecto** (yakın geçmiş zaman) ve **futuro** (gelecek zaman) zamanlarda naklemesi durumunda, konuşmada ilk sözü söyleyenin ifadesinin nasıl değiştiğini tablo içinde verelim:

ESTILO DIRECTO	ESTILO INDIRECTO
DICE / HA DICHO / DIRÁ:	DICE / HA DICHO / DIRÁ
"Soy español." "Estaba muy nervioso." "Llegué ayer por la noche." "Me he levantado muy tarde." "Nosotros habíamos ido al cine." "Voy a comer ahora." "Os ayudaré."	que es español. que estaba muy nervioso. que llegó ayer por la noche. que se ha levantado muy tarde. que ellos han ido al cine. que va a comer ahora. que nos ayudará.

Cümleler:

"Estoy muy contento con mi trabajo."
Dice/ ha dicho / dirá que está muy contento con su trabajo.

İşimden çok memnunum.
İşinden çok memnun olduğunu söylüyor / söyledi / söyleyecek.

"Saldré de viaje mañana."
Dice/ ha dicho / dirá que saldrá de viaje manana.

Yarın seyahate çıkacağım.
Yarın seyahate çıkacağını söylüyor / söyledi / söyleyecek.

"Hemos alquilado un piso frente al mar."
Dice/ ha dicho / dirá que han alquilado un piso frente al mar.

Denize karşı bir daire kiraladık.
Denize karşı bir daire kiraladıklarını söylüyor / söyledi / söyleyecek.

"En España hace mucho calor en verano, me baño todos los días."	İspanya'da yazın hava çok sıcak olur ve her gün banyo yaparım.
Dice/ ha dicho / dirá que en España hace mucho calor en verano y que se baña todos los días.	İspanya'da yazın havanın çok sıcak olduğunu ve her gün banyo yaptığını söylüyor / söyledi / söyleyecek.
"No estábamos en casa cuando nos robaron."	Bizi soyduklarında evde değildik.
Dice/ ha dicho / dirá que no estaban en casa cuando les robaron.	Onları soyduklarında evde olmadıklarını söylüyor / söyledi / söyleyecek.
"Cuando fui a verle, él ya se había ido."	Onu görmeye gittiğimde, o gitmişti bile.
Dice/ ha dicho / dirá que cuando fue a verle, él ya se había ido.	Onu görmeye gittiğinde onun gitmiş olduğunu söylüyor / söyledi / söyleyecek.
"Esta semana ha nevado mucho."	Bu hafta çok kar yağdı.
Dice/ ha dicho / dirá que esta semana ha nevado mucho.	Bu hafta çok kar yağdığını söylüyor / söyledi / söyleyecek.
"Si mañana hace buen tiempo, iremos a la playa."	Yarın hava iyi olursa plaja gideriz.
Dice/ ha dicho / dirá que si mañana hace buen tiempo, irán a la playa.	Yarın hava iyi olursa plaja gideceklerini söylüyor / söyledi / söyleyecek.
"Usted no debe fumar tanto."	Bu kadar sigara içmemelisiniz.
Dice/ ha dicho / dirá que no debo fumar tanto.	Bu kadar sigara içmememi söylüyor / söyledi / söyleyecek.
"No podemos ir."	Gidemeyiz.
Dice/ ha dicho / dirá que no pueden ir.	Gidemeyeceklerini söylüyor / söyledi / söyleyecek.
"Me duele la cabeza."	Başım ağrıyor.
Dice/ ha dicho / dirá que le duele la cabeza.	Başının ağrıdığını söylüyor / söyledi / söyleyecek.

Soru cümleleri ise şu şekilde nakledilir:

ESTILO DIRECTO	ESTILO INDIRECTO
"¿A qué hora empieza la película?" **"¿Está muy lejos la estación?"**	**Él pregunta que a qué hora empieza la película.** **Él pregunta si está muy lejos la estación.**

Cümleler:

Antonio me pregunta: "¿Cuándo empieza la película?"
Antonio me pregunta que cuándo empieza la película.

Antonio bana soruyor: "Film ne zaman başlıyor?
Antonio bana filmin ne zaman başladığını soruyor.

"¿Dónde está la parada del autobús?"
Él me pregunta que dónde está la parada del autobús.

Otobüs durağı neredir?
O bana otobüs durağının nerede olduğunu soruyor.

"¿Ha llegado ya el tren?"
Él me pregunta si ha llegado el tren.

Tren geldi mi?
O bana trenin gelip gelmediğini soruyor.

"¿A qué hora saldréis mañana de excursión?"
Él me pregunta que a qué hora saldremos mañana de excursión.

Yarın saat kaçte geziye çıkacaksınız?
O bana yarın saat kaçta geziye çıkacağımızı soruyor.

"¿Ha comprendido usted todo?"
Él me pregunta si he comprendido todo.

Her şeyi anladınız mı?
O bana her şeyi anlayıp anlamadığımı soruyor.

"¿Cuánto cuesta un billete para Barcelona?"
Él me pregunta que cuánto cuesta un billete para Barcelona.

Barselona'ya bir bilet ne kadar?

O bana Barselona'ya birbiletin ne kadar olduğunu soruyor.

"¿Me ha llamado alguien por teléfono?"
Él me pregunta si le ha llamado alguien por teléfono.

Beni telefonla biri aradı mı?
O bana onu telefonla arayanın olup olmadığını sordu.

"¿Cuál es el camino más corto?" **Él me pregunta que cuál es el camino más corto.**	En kısa yol hangisidir? O bana en kısa yolun hangisi olduğunu sordu.
"¿Habéis oído el ruido?" **Él nos pregunta si hemos oído el ruido.**	Gürültüyü duydunuz mu? O bize gürültüyü duyup duymadığımızı soruyor.
"¿De quién es este abrigo azul?" **Él me pregunta que de quién es este abrigo azul.**	Bu mavi palto kimin? O bana bu mavi paltonun kimin olduğunu soruyor.
"¿Qué hora es?" **Él me pregunta que qué hora es.**	Saat kaç? O bana saatin kaç olduğunu soruyor.

Şimdi cümleyi nakleden kişinin, **decir** "söylemek" fiilini **pretérito indefinido** (-di'li geçmiş zaman), **pretérito imperfecto** (şimdiki zamanın hikayesi) ve **pretérito pluscuamperfecto** (-miş'li geçmişin hikayesi) zamanlarda naklemesi durumunda, konuşmada ilk sözü söyleyenin ifadesinin nasıl değiştiğini tablo içinde verelim:

ESTILO DIRECTO	ESTILO INDIRECTO
ÉL DIJO / DECÍA / HABÍA DICHO:	**ÉL DIJO / DECÍA / HABÍA DICHO**
"Soy español."	**que era español.**
"Yo estaba muy nervioso."	**que estaba muy nervioso.**
"Llegué ayer por la noche."	**que había llegado ayer por la noche.**
"Me he levantado muy tarde."	**que se había levantado muy tarde.**
"Nosotros habíamos ido al cine."	**que ellos habían ido al cine.**
"Voy a visitar a mi amigo."	**que iba a comer ahora.**
"Os ayudaré."	**que nos ayudaría.**
"Habrá solucionado todo."	**que habría solucionado todo.**

Yukarıdaki tabloda da görüldüğü gibi, söylenen cümleyi nakleden kişi cümleye **dijo** (söyledi), **decía** (söylüyordu) ya da **había dicho** (söylemişti) ile başlarsa ilk söylenen cümle:

presente ise (şimdiki zaman), **pretérito imperfecto** (şimdiki zamanın hikayesi); **pretérito imperfecto** ise (şimdiki zamanın hikayesi), **pretérito imperfecto** (şimdiki zamanın hikayesi);

pretérito indefinido ise (-di'li geçmiş zaman), **pretérito pluscuamperfecto** (-miş'li geçmişin hikayesi);
pretérito perfecto ise (yakın geçmiş zaman), **pretérito pluscuamperfecto** (-miş'li geçmişin hikayesi);
futuro ise (gelecek zaman), **condicional** (şart) olarak değişir.

Cümleler:

"Tengo sed." **Carmen me dijo / decía / había dicho que tenía sed.**	Susadım. Carmen bana susadığını söyledi / söylüyordu / söylemişti.
"No puedo ayudaros." **Miguel me dijo / decía / había dicho que no podía ayudarnos.**	Size yardım edemem. Miguel bize yardım edemeyeceğini söyledi / söylüyordu / söylemişti.
"Lo siento mucho." **Marta me dijo / decía / había dicho que lo sentía mucho.**	Çok üzgünüm. Marta bana çok üzgün olduğunu söyledi / söylüyordu / söylemişti.
"No sé escribir." **José me dijo / decía / había dicho que no sabía escribir.**	Yazma bilmiyorum. José bana yazma bilmediğini söyledi / söylüyordu / söylemişti.
"No nos gusta esta lección." **Ellos me dijeron / decían / habían dicho que les gustaba esta lección.**	Bu dersi sevmiyoruz. Onlar bana bu dersi sevmediklerini söylediler / söylüyorlardı / söylemişlerdi.
"No podemos salir esta noche." **Ellos me dijeron / decían / habían dicho que no podían salir esta noche.**	Bu gece çıkamayız. Onlar bana bu gece çıkamayacaklarını söylediler / söylüyorlardı / söylemişlerdi.
"No quiere ir de vacaciones." **Pedro me dijo / decía / había dicho que no quería ir de vacaciones.**	Tatile gitmek istemiyorum. Pedro bana tatile gitmek istemediğini söyledi / söylüyordu / söylemişti.
"Estamos muy ocupados." **Ellos me dijeron / decían / habían dicho que estaban muy ocupados.**	Çok meşgulüz. Onlar bana çok meşgul olduklarını söylediler / söylüyorlardı / söylemişlerdi.
"Juegan muy mal al fútbol." **Antonio me dijo / decía / había dicho que jugaban muy mal al fútbol.**	Çok kötü futbol oynuyorlar. Antonio bana çok kötü futbol oynadıklarını söyledi / söylüyordu / söylemişti.

"No he comprado mantequilla." **Pedro me dijo / decía / había dicho que no había comprado mantequilla.**	Tereyağı almadım. Pedro bana tereyağı almadığını söyledi / söylüyordu / söylemişti.
"Hemos perdido los cuadernos." **Ellos me dijeron / decían / habían dicho que habían perdido los cuadernos.**	Defterleri kaybettik. Onlar bana defterleri kaybettiklerini söylediler / söylüyorlardı / söylemişlerdi.
"Me he olvidado de cerrar la ventana." **Ella me dijo / decía / había dicho que se había olvidado de cerrar la ventana.**	Pencereyi kapatmayı unuttum. O bana pencereyi kapatmayı unuttuğunu söyledi / söylüyordu / söylemişti.
"Te he escrito diez cartas." **Luisa me dijo / decía / había dicho que me había escrito diez cartas.**	Sana on tane mektup yazdım. Luisa bana on tane mektup yazdığını söyledi / söylüyordu / söylemişti.
"Nos hemos levantado muy tarde." **Ellos me dijeron / decían / habían dicho que se habían levantado muy tarde.**	Çok geç kalktık. Onlar bana çok geç kalktıklarını söylediler / söylüyorlardı / söylemişlerdi.
"He aprobado el examen." **Juan me dijo / decía / había dicho que había aprobado el examen.**	Sınavı geçtim. Juan bana sınavı geçtiğini söyledi / söylüyordu / söylemişti.
"Hemos estado en el parque." **Ellos me dijeron / decían / habían dicho que habían estado en el parque.**	Parktaydık. Onlar bana parkta olduklarını söylediler / söylüyorlardı / söylemişlerdi.
"Fui a China en 1965." **Juan me dijo / decía / había dicho que había ido a China en 1965.**	1965'te Çin'e gittim. Juan bana 1965'te Çin'e gittiğini söyledi / söylüyordu / söylemişti.
"Estuvo en París en 1999." **Ella me dijo / decía / había dicho que había estado en París en 1999.**	1999'da Paris'teydim. O bana 1999'da Paris'te olduğunu söyledi /söylüyordu / söylemişti.
"Compré un paraguas." **Ella me dijo / decía / había dicho que había comprado un paraguas.**	Bir şemsiye satın aldım. O bana bir şemsiye satın aldığını söyledi /söylüyordu / söylemişti.
"Vi esa película." **Él me dijo / decía / había dicho que había visto esa película.**	Şu filmi gördüm. O bana şu filmi gördüğünü söyledi /söylüyordu / söylemişti.

"Aprendí a esquiar en Suiza."	Kayak yapmayı İsviçre'de öğrendim.
Ella me dijo / decía / había dicho que había aprendido a esquiar en Suiza.	O bana kayak yapmayı İsviçre'de öğrendiğini söyledi /söylüyordu / söylemişti.
"Conocí a Carmen en junio de 1970."	Carmen'i 1970 haziranında tanıdım.
Ella me dijo / decía / había dicho que había conocido a Carmen en junio de 1970.	O bana Carmen'i 1970 haziranında tanıdığını söyledi /söylüyordu / söylemişti.
"Tuvimos nuestro primer hijo en 1977."	İlk çocuğumuza 1977'de sahip olduk.
Ellos me dijeron / decían / habían dicho que habían tenido su primer hijo en 1977.	Onlar bana ilk çocuklarına 1977'de sahip olduklarını söylediler / söylüyorlardı / söylemişlerdi.
"Me casé con ella en febrero de 2000."	Onunla 2000'in şubatında evlendim.
Él me dijo / decía / había dicho que se había casado con ella en febrero de 2000.	O bana onunla 2000'in şubatında evlendiğini söyledi / söylüyordu / söylemişti.
"Nos divorciamos en marzo de 1976."	1976'nın martında boşandık.
Él me dijo / decía / había dicho que se habían divorciado en marzo de 1976.	O bana 1976'nın martında boşandıklarını söyledi / söylüyordu / söylemişti.
"Nos casaremos el año que viene."	Gelecek yıl evleneceğiz.
Él me dijo / decía / había dicho que se casarían el año que viene.	O bana gelecek yıl evleneceklerini söyledi / söylüyordu / söylemişti.
"Cuando era joven, hacía mucho deporte."	Gençken çok spor yapardım.
Él me dijo / decía / había dicho que cuando era joven hacía mucho deporte.	O bana gençken çok spor yaptığını söyledi / söylüyordu / söylemişti.
"Hay mucha gente en la cola."	Sırada çok insan vardı.
Él me dijo / decía / había dicho que había mucha gente en la cola.	O bana sırada çok insan olduğunu söyledi / söylüyordu / söylemişti.
"No he podido llamaros por teléfono."	Size telefon edemedim.
Él nos dijo / decía / había dicho que no había podido llamarnos por teléfono.	O bize telefon edemediğini söyledi / söylüyordu / söylemişti.

"Ayer fui a ver a mis abuelos."

Dün büyükbabamları görmeye gittim.

Él me dijo / decía / había dicho que ayer había ido a ver a sus abuelos.

O bana dün büyükbabalarını görmeye gittiğini söyledi / söylüyordu / söylemişti.

"La semana próxima nos iremos de vacaciones."

Gelecek hata tatile gideceğiz.

Miguel me dijo / decía / había dicho que la semana próxima se irían de vacaciones.

Miguel bana gelecek hafta tatile gideceklerini söyledi / söylüyordu / söylemişti.

"Yo no sabía nada del asunto."

Olay hakkında hiçbir şey bilmiyordum.

Julia me dijo / decía / había dicho que no sabía nada del asunto.

Julia bana olay hakkında hiçbir şey bilmediğini söyledi /söylüyordu / söylemişti.

"Hemos visto una película muy interesante."

Çok ilginç bir film izledik

Juan me dijo / decía / había dicho que habían visto una película muy interesante.

Juan bana çok ilginç bir film izlediklerini söyledi /söylüyordu / söylemişti.

"Os escribiré pronto."

Size hemen yazacağım.

Pedro nos dijo / decía / había dicho que nos escribiría pronto.

Pedro bize hemen yazacağını söyledi /söylüyordu / söylemişti.

"Voy a dormir mucho."

Çok uyuyacağım.

Felipe me dijo / decía / había dicho que iba a dormir mucho.

Felipe bana çok uyuyyacağını söyledi /söylüyordu / söylemişti.

Soru cümleleri ise şu şekilde nakledilir:

"¿Fuma usted mucho?"

Çok sigara içiyormusunuz?

Ella me preguntó si fumaba mucho.

O bana çok sigara içip içmediğimi sordu.

"¿Hasta qué hora están abiertas las tiendas?"

Dükkanlar saat kaça kadar açıktır?

Ella me preguntó que hasta qué hora estaban abiertas las tiendas.

O bana dükkanların saat kaça kadar açık olduklarını sordu.

"¿A qué hora ha terminado la clase?"

Ders saat kaçta bitti?

Ella me preguntó que a qué hora había terminado la clase.

O bana dersin saat kaçta bittiğini sordu.

“¿Me puede usted ayudar?” Ella me preguntó si le podía ayudar.	Bana yardım edebilir misiniz? O bana ona yardım edip edemeyeceğimi sordu.
“¿A qué hora estarás mañana en casa?” Ella me preguntó que a qué hora estaría mañana en casa.	Yarın saat kaçta evde olacaksın O bana yarın saat kaçta evde olacağımı sordu.
“¿Has comprendido todo?” Ella me preguntó si había comprendido todo.	Her şeyi anladın mı? O bana her şeyi anlayıp anlamadığımı sordu.
“¿Eres feliz?” Ella me preguntó si era feliz.	Mutlu musun? O bana mutlu olup olmadığımı sordu.
“¿Cuántos hermanos sois?” Ella me preguntó que cuántos hermanos somos.	Kaç kardeşsiniz? O bana kaç kardeş olduğumuzu sordu.
“¿Ha estado usted alguna vez en Japón?	Hiç Japonya’da bulundunuz mu?
Ella me preguntó si había estado alguna vez en Japón.	O bana Japonya’da hiç bulunup bulunmadığımı sordu.
“¿Dónde podré encontrar un taxi?” Ella me preguntó que dónde podría encontrar un taxi.	Nerede bir taksi bulabilirim? O bana nerede bir taksi bulabileceğini sordu.
Dijo que había regado el jardín ayer por la noche.	Bahçeyi dün akşam suladığını söyledi.
Dijeron que habían jugado con la arena.	Kumla oynadıklarını söylediler.
Dijo que había aprendido a bailar.	Dans etmeyi öğrendiğini söyledi.
Dijeron que preferían viajar en barco.	Gemiyle seyahat etmeyi tercih ettiklerini söylediler.
Dijo que había comprado sobres y sellos. Dijeron que se habían divorciado.	Zarf ve pul aldığını söyledi. Boşandıklarını söylediler.
Me dijo que no estaba permitido fotografiar los cuadros.	Bana tabloların fotoğraflarının çekilmesine izin verilmediğini söyledi.
He alquilado un coche. Dijo que había alquilado un coche.	Bir araba kiraladım. Bir araba kiraladığını söyledi.

Hemos fotografiado a los animales del zoo.	Hayvanat bahçesindeki hayvanların fotoğraflarını çektik.
Dijeron que habían fotografiado a los animales del zoo.	Hayvanat bahçesindeki hayvanların fotoğraflarını çektiklerini söylediler.
Tengo mucha prisa.	Çok acelem var.
Dijo que tenía mucha prisa.	Çok acelesi olduğunu söyledi.
No me gusta conducir de noche.	Gece araba kullanmayı sevmiyorum.
Dijo que no le gustaba conducir de noche.	Gece araba kullanmayı sevmediğini söyledi.
Anoche fuimos al teatro.	Dün akşam tiyatroya gittik.
Dijeron que habían ido al teatro anoche.	Dün akşam tiyatroya gittiklerini söylediler.
Olvidé tu número de teléfono.	Telefon numaranı unuttum.
Dijo que había olvidado mi número de teléfono.	Telefon numaramı unuttuğunu söyledi.
Te escribiré una carta larga.	Sana uzun bir mektup yazacağım.
Dijo que me escribiría una carta larga.	Bana uzun bir mektup yazacağını söyledi.
Nos hemos casado.	Evlendik.
Dijeron que se habían casado.	Evlendiklerini söylediler.
Voy a visitar a mi abuela.	Büyükannemi ziyaret edeceğim.
Él dijo que iba a visitar a su abuela.	Büyükannesini ziyaret edeceğini söyledi.
No dormiré mucho.	Çok uyumayacağım.
Ella había dicho que no dormiría mucho.	Çok uyumayacağını söylemişti.
¿A qué hora empieza la película?	Film saat kaçta başlıyor?
Él me preguntó que a qué hora empezaba la película.	Bana filmin saat kaçta başladığını sordu.

ORDEN EN EL ESTILO INDIRECTO – dolaylı anlatımda emir

ORDEN / MANDATO EN EL ESTILO INDIRECTO:	
ESTILO DIRECTO	**ESTILO INDIRECTO**
1) **ÉL DICE / HA DICHO** **"Sed puntuales."** **"No hables tanto."** 2) **ÉL DIJO / DECÍA / HABÍA DICHO** **"Trabaje Ud. más."** **"No vengáis tarde."**	1) **ÉL DICE / HA DICHO** **que seamos puntuales.** **que no hable tanto.** 2) **ÉL DIJO / DECÍA / HABÍA DICHO** **que trabajara yo más.** **que no viniéramos tarde.**
1) **PRESENTE / PERFECTO**	**+ QUE + PRESENTE DE SUBJUNTIVO**
2) **INDEFINIDO / IMPERFECTO/ PLUSCUAMPERFECTO**	**+ QUE + IMPERFECTO DE SUBJUNTIVO**

Dolaylı anlatımda emir, yukarıdaki tabloda da görüldüğü gibi yapılır: Eğer cümleyi nakleden kişi **decir** fiilinin **presente** ya da **perfecto** zamanını kullanırsa, nakledilen cümle **presente de subjuntivo** olur; şayet **decir** fiilinin **indefinido** / **imperfecto** ya da **pluscuamperfecto** zamanı ile cümleye başlarsa, cümle **imperfecto de subjuntivo** olur:

Cümleler:

"Llámame a las siete por teléfono."
Él me dijo que le llamara a las siete por teléfono.

Bana saat yedide telefon et.
Bana ona saat yedide telefon etmemi söyledi.

"Comed mucha fruta."
La madre les dice a los niños que coman mucha fruta.

Çok meyve yiyin.
Anne çocuklarına çok meyve yemelerini söylüyor.

"Préstame dinero."
Él me pidió que le prestara dinero.

Bana borç para ver.
Benden ona borç para vermemi istedi.

"Tráigame una taza de café." **Ella me pidió que le trajera una taza de café.**	Bana bir fincan kahve getirin. Benden ona bir fincan kahve götürmemi istedi.
"Apagad la luz." **Mi madre dice que apaguemos la luz.**	Işığı söndürün. Annem ışığı söndürmemizi söylüyor.
"Fume sólo diez cigarrillos al día." **El médico me ha dicho que fume sólo diez cigarrillos al día.**	Günde sadece on sigara için. Doktar bana günde sadece on sigara içmemi söyledi.
"No salgáis de noche." **Mi madre nos prohibía que saliéramos de noche.**	Gece çıkmayın. Annem bize gece çıkmamızı yasaklıyordu.
"Eche esta carta en Correos." **Él me ha dicho que eche esta carta en Correos.**	Bu mektubu postanede atın. Bana bu mektubu postanede atmamı söyledi.
"Pregunten a aquel guardia." **Él nos aconsejó que preguntáramos a aquel guardia.**	O bekçiye sorun. Bize o bekçiye sormamızı tavsiye etti.
"Sal de la habitación." **Él me dijo que saliera de la habitación.**	Odadan çık. Bana odadan çıkmamı söyledi.
"Tened prisa." **Él nos dice que tengamos prisa.**	Acele edin. Bize acele etmemizi söyledi.
"Despiértame a las cinco." **Ella me dijo que la despertara a las cinco.**	Beni saat beşte uyandır. Bana onu saat beşte uyandırmamı söyledi.
"Cómprate los zapatos." **Ella me ha dicho que me los compre.**	Ayakkabıları satın al. Bana onları satın almamı söyledi.
"Ponte el abrigo." **La madre le dice al niño que se ponga el abrigo.**	Paltonu giy. Anne çocuğa paltoyu giymesini söylüyor.
"Aprended las palabras." **El profesor nos decía que aprendiéramos las palabras.**	Kelimeleri öğrenin. Öğretmen bize kelimeleri öğrenmemizi söylüyordu.
"Riega las flores." **Mi padre me dice que riegue las flores.**	Çiçekleri sula. Babam bana çiçekleri sulamamı söylüyor.

"Cerrad bien la puerta." **Él nos había dicho que cerráramos bien la puerta.**	Kapıyı iyi kapatın. O bize kapıyı iyi kapatmamızı söylemişti.
"No aparque Ud. aquí." **El policía me dijo que no aparcara aquí.**	Buraya parketmeyin. Polis bana buraya parketmememi söyledi.
"Tened prisa." **Él nos dice que tengamos prisa.** **Él nos dijo que tuviéramos prisa.**	Acele edin. Bize acele etmemizi söylüyor. Bize acele etmemizi söyledi.
"No hables tanto." **Él me dice que no hable tanto.** **Él me dijo que no hablara tanto.**	Bu kadar konuşma. Bana bu kadar konuşmamamı söylüyor. Bana bu kadar konuşmamamı söyledi.
"Estudie Ud. más." **Él me dice que estudie yo más.** **Él me dijo que estudiara yo más.**	Daha fazla çalışın. Bana daha fazla çalışmamı söylüyor. Bana daha fazla çalışmamı söyledi.

GERUNDIO – ulaç, bağ fiil

"Koşarak, yürüyerek, bakarak, sorarak, çalışarak" gibi sözcükler İspanyolcada şu şekilde yapılır:

Eğer fiili birinci gruptansa, yani mastar eki **–ar** ise, bu ek kaldırılır ve yerine **–ando** eki getirilir.

Şayet fiil ikinci ya da üçüncü gruptan bir fiilse, yani mastar eki **–er** ya da **–ir** ise, bu mastar eki kalkar ve yerine **–iendo** eki getirilir.

Mastar eki **–ar** olanlar:

andar **andando**	yürümek yürüyerek
estar **estando**	olmak, bulunmak olarak, bulunarak
amar **amando**	sevmek severek

hablar **hablando**	konuşmak konuşarak
limpiar **limpiando**	temizlemek temizleyerek
escuchar **escuchando**	dinlemek dinleyerek
trabajar **trabajando**	çalışmak çalışarak
mirar **mirando**	bakmak bakarak
nadar **nadando**	yüzmek yüzerek

Mastar eki –**er** olanlar:

ser **siendo**	olmak olarak
beber **bebiendo**	içmek içerek
hacer **haciendo**	yapmak yaparak
saber **sabiendo**	bilmek bilerek
comer **comiendo**	yemek yemek yemek yiyerek
ver **viendo**	görmek görerek
correr **corriendo**	koşmak koşarak

Mastar eki –**ir** olanlar:

abrir **abriendo**	açmak açarak

vivir	yaşamak
viviendo	yaşayarak
salir	çıkmak
saliendo	çıkarak
escribir	yazmak
escribiendo	yazarak

bazı düzensizler:

ir	gitmek
yendo	giderek
decir	söylemek
diciendo	söyleyerek
leer	okumak
leyendo	okuyarak
traer	getirmek
trayendo	getirerek
caer	düşmek
cayendo	düşerek
venir	gelmek
viniendo	gelerek
dormir	uyumak
durmiendo	uyuyarak

Cümleler:

He oido un ruido viniendo de la cocina.	Mutfaktan gelen bir gürültü duydum.
Yendo a la finca, ví al padre de Miguel.	Çiftliğe giderken Miguel'in babasını gördüm.
Comiendo mucho, mi hermana ha engordado.	Çok yiyerek, kız kardeşim şişmanladı.

ESTAR + gerundio

Estar + gerundio şu anda yapılan bir işi anlatmak için kullanılır:

ESTAR + gerundio		
Estoy **Estás** **Está** **Estamos** **Estáis** **Están**	**limpiando** **escribiendo** **leyendo**	**la mesa.** **una carta.** **una novela.**

Bir fiilin **gerundio** (ulaç, bağ fiili) haline nasıl getirildiğini daha önceki derslerimizde öğrenmiştik. Bu dersimizde **estar** fiili ile **gerundio**'nun bir arada şimdiki zamanı anlatmak için nasıl kullanıldığını göreceğiz:
Cümleler:

¿Qué haces?
Estoy escribiendo una novela.
Ne yapıyorsun?
Bir roman yazıyorum.

¿Qué hace María?
Está leyendo la carta.
José ne yapıyor?
Mektubu okuyor.

¿Qué hacéis aquí?
Estamos esperando el autobús.
Burada ne yapıyorsunuz?
Otobüsü bekliyoruz.

¿Qué hace Ud.?
Estoy escuchando la radio.
Ne yapıyorsunuz?
Radyo dinliyorum.

¿Qué hace Luis?
Está hablando con María.
Luis ne yapıyor?
María ile konuşuyor.

¿Qué hacen Uds.?
Estamos arreglando el coche.
Ne yapıyorsunuz?
Otomobili tamir ediyoruz.

¿Qué hacen los niños?
Están jugando en el jardín.
Çocuklar ne yapıyorlar?
Bahçede oynuyorlar.

¿Qué hace la Sra. Pérez?
Está preparando la mesa.
Sra. Pẹrez ne yapıyor?
Sofrayı kuruyor.

¿Quién está escribiendo una carta? **Miguel está escribiendo una carta.**	Kim bir mektup yazıyor? Miguel bir mektup yazıyor.
¿Quién está arreglando el coche? **Ud. está arreglando el coche.**	Arabayı kim tamir ediyor? Arabayı siz tamir ediyorsunuz.
¿Quién está fumando un cigarrillo? **Mi amigo está fumando un cigarrillo.**	Kim bir sigara içiyor? Benim arkadaşım sigara içiyor.
¿Quién está haciendo la maleta? **Yo estoy haciendo la maleta.**	Kim bavulu hazırlıyor? Bavulu ben hazırlıyorum.
Carlos y Carmen están esperando el autobús.	Carlos ve Carmen otobüsü bekliyorlar.
Los niños están haciendo los deberes. **Isabel está peinandose.**	Çocuklar ödevlerini yapıyorlar. Isabel saçlarını tarıyor.
Doña Pilar está poniendose el abrigo. **Felipe y Luis están nadando en la piscina.**	Doña Pilar paltosunu giyiyor. Felipa ve Luis havuzda yüzüyorlar.
Carmen está mirándose en el espejo.	Carmen aynaya bakıyor.
Los niños están pidiendo dinero.	Çocuklar para istiyorlar.
José está bebiendo agua.	José su içiyor.
Mi madre está limpiando las ventanas.	Annem pencereleri temizliyor.
Luis y Pepe están yendo a la escuela.	Luis ve Pepe okula gidiyorlar.
Miguel está afeitándose.	Miguel tıraş oluyor.
Los niños están jugando al escondite.	Çocuklar saklambaç oynuyorlar.
Mi padre está viendo la tele.	Babam televizyon seyrediyor.

SEÑOR, SEÑORA, SEÑORİTA

Señor "bay", **señora** "bayan" (evli), **señorita** "bayan" (evlenmemiş) anlamına gelir. Türkçede "bay" ve "bayan" sözcükleri isimlerin önünde kullanılır.

İspanyolcada bunların karşılığı olan **señor, señora, señorita** sözcükleri hem ad, hem soyad hem de ad ve soyadla birlikte bunların önünde kullanılır.

Samimi olmadığımız birisinden söz ederken ya da bizzat kendisine hitap ederken, o kişinin adının, soyadının ya da ad ve soyadının önüne cinsiyetine göre bu sözcüklerden birisi getirilerek söylenir. Samimi olma durumlarında ise yalnız isimleri söylenir.

Cümleler:

El señor Martínez es un hombre bueno.	Bay Martínez iyi bir adamdır.
La señora Isabel Duarte está en la escuela.	Bayan Isabel Duarte okuldadır.
Éste es el señor Robles.	Bu, Bay Robles'tir.
Buenos días, señorita Antonia.	Günaydın, Bayan Antonia.